讀故事 學外交
陳安邦◎著
原書名：關於外交的00個故事

編輯序

由對抗走向對話

什麼是外交呢？

簡單來說，外交就是「人與人之間的交往」，只要有人的地方，就會有外交行為。

外交（Diplomacy）一詞，源自古希臘文的（diploma），它原指摺疊的文件，用以證明持有人的身份，以及所賦予的通行和其他的權利，現在則衍伸為我們所熟知的外交概念，也就是——國與國之間，透過領導人、外交官或外交機構等，進行談判、溝通、協商，以達到維繫和平、滿足彼此文化經濟貿易需求，或解決戰爭問題等的過程。

有一句話，道出了外交的精髓——「外交，就是由對抗走向對話。」

我們身處在這小小的地球，資源太少，而人們的野心又太大，在資源分配的過程中，難免會有衝突，人們被各種利益所蒙蔽，於是各種戰爭一觸即發，地球的某些角落總是硝煙四起，生命如同螻蟻，轉瞬即逝。

慢慢地，人們發現戰爭造成難以抹滅的巨大傷害，用生命換取資源的代價太高昂也太慘痛，為了避免這樣的情形，人們便發展出了一種更文明的手段，企圖解決資源分配的問題——這就是外交。

外交，追求的是以一種「不使用武力、不引起仇恨」的方式，達到追求國家最大利益的目的。

外交是一門「談」出來的藝術，任何一種外交都缺少不了當面溝通，這是最能達到目的的一種談判方式。

如兩千多年前中國的齊國卿相晏子，他雖身材矮小，卻機敏過人，口齒伶俐，為自己的國家賺足了面子。

有一次，晏子受齊王指派首次出使楚國。楚王打心眼裡瞧不起這個矮個子宰相，就刻薄地問道：「齊國沒人了嗎？怎麼會派你過來呢？」

晏子禮貌地回敬道：「那是因為賢能的人都去了賢能的國家，我這個無才之人只好到這裡來了！」楚王頓時啞口無言，羞愧不已，沒想到本想羞辱晏子，結果變成自取其辱，只好笑著打圓場，從此將晏子視為座上賓。

而齊國也因此獲得了楚國的敬重，兩國長期保持了友好的關係。

另一位傑出的外交家，英國首相邱吉爾，在二戰時期，與美國總統羅斯福磋商的過程，也有很精彩的演出。

當時納粹席捲大半個歐洲，西線只剩英國在艱苦對抗，邱吉爾的首要任務，就是說服羅斯福和美國政界，把軍力和資源都投入歐洲，而非亞洲戰線。戰火漫天的日子，哪怕長途跋涉和冒險，邱吉爾也毅然決定親自飛往美國一趟，因為他相信只要能面對面，便有機會去說服羅斯福。期間，邱吉爾住在鄰近白宮的國會賓館裡，以便能就近與羅斯福總統交流。

有一天晚上，門鈴響時，邱吉爾正在洗澡，他光著身子就跑出去開門。門一打開，居然是羅斯福總統。羅斯福一看，尷尬地說：「對不起！」就要轉身離去。

邱吉爾笑著說：「請進請進，大英帝國的首相在美國總統面前是沒有什麼可遮掩的。」

就這樣，邱吉爾的裸體消除了兩國之間潛在的隔閡，兩位政治巨人建立了深厚的友誼，這份友誼成了英美兩國在外交和政治上共同進退的穩固基礎，這段故事更成為歷史上著名的「裸體外交」，並成為一段佳話。

如今，越來越多的國家都積極展開對外的交往，用智慧的頭腦與靈活的手腕化解僵局與困境。

儘管外交的目的有時並不是那麼純粹，充滿了利益交換，但這起碼是人類發展史上的一個進步——用談判代替了戰爭，用文明代替了野蠻。

尊重與愛，是外交存在的意義，唯有這樣，我們才能讓這個世界往更好的方向邁進。

自序

學外交，為了活得更好

只要有人的地方就有外交，不管你願不願意，生活總在不經意間，就將我們推進了外交現場。

我們的生活裡充滿了外交協商的情境，小至孩童之間：「我用這張貼紙，換你手上那顆糖果」，大至國與國之間的經貿合作，都離不開外交。

外交，是來回磋商的過程，既是一種權力角力的周旋，也像兩人的探戈舞，一方往前一步，另一方就得迎合後退，往前的一方還要小心注意，不要踩痛對方的腳，這舞才跳得起來。

而外交談判的最高境界，也像兩位武林高手的巔峰對決，一個眼神間，交換了數百條訊息，談笑間，檣櫓灰飛煙滅。

在外交的場合中，許多不經意的動作或手勢，都暗藏著玄機。

像是美國的前國務卿，馬德琳・歐布萊特女士，就特別喜歡在外交的場合，配戴各式圖案的胸針。她私人收藏的胸針，更高達兩百多枚。

難道這些胸針只是裝飾嗎？當然不是。

歐布萊特每次出席會談時配戴的胸針，都在透露著她所抱持的立場。當她與巴勒斯坦前總統亞西爾・阿拉法特會晤時，佩戴了一枚黃蜂胸針，黃蜂有著令人害怕的毒刺，這正是歐布萊特所要說的：她絕不會妥協。

而在她與韓國前總統金大中見面時，特地選了一枚太陽胸針，希望藉太陽的溫暖來營造出會面的溫馨氛圍，可見她對金大中是持歡迎態度的。

這些胸針除了具備裝扮禮儀的功能，更彰顯了歐布萊特強烈的個性，成了表達政治語言和立場的武器，她鮮明的風格被人們譽為「胸針外交」。

外交的方式多元而靈活，談判桌上不只是男人博弈的戰場，許多女性更透過柔軟的手腕，帶來意想不到的強大力量。

美國總統歐巴馬的妻子蜜雪兒就是一個很好的例子。

自歐巴馬上臺之後，蜜雪兒就頻繁地和丈夫一起出現在鏡頭前，當歐巴馬為推進醫療改革，卻遭到抵制而苦惱不已時，蜜雪兒適時走到白宮的演講臺前，為國人進行了一場近半個小時的演說。她以一個母親的身分說明擴大醫療保險範圍的重要性，贏得了相當多女性國民的支持。

而除了利益的分配與周旋外，外交史上也發生了許多感人的故事。

二戰時期，被譽為「日本辛德勒」的日本外交官杉原千畝，就因為外交官的身分，拯救了數千條猶太人的性命。

西元 1939 年，納粹入侵波蘭後，許多波蘭猶太人逃到鄰近的立陶宛避難，然而，希特勒的軍隊正快速西移逼近，這些猶太人要活下去，只有一條路：穿越西伯利亞，前往蘇聯。然而沒有第三國的入境準許，蘇聯是不會讓他們過境的。

當時，駐任立陶宛的日本領事館大使，杉原千畝（Chiune Sugihara）所核發的簽證，成了他們生存下來的最後希望。儘管遭到東京外務省的反對，杉原千畝依然秉持著人道精神，每天發放 300 個簽證給猶太難民，甚至東京指示杉原離開立陶宛遷往柏林時，他還不斷在駛離中的火車上核發簽證，並丟出窗口給猶太難民。最後總計約發出了 6000 多張救命的簽證。

事後，當杉原千畝被問及，為何要違抗政府的命令時，他回答道：「我也許不應該違抗我的政府，但如果不這樣做，我就等於是在違抗上帝。」杉原感人的故事，也為外交關乎利益分配的核心上，增添了一抹溫暖。

外交，是為了讓我們活得更好。

在這本書裡，有 100 個古今中外的外交故事，在這些故事裡，有人性、有技巧、有籌碼、有取捨、有攻防、有布局，當然也少不了有趣、讓你拍案叫絕的外交戲碼；也有賺人熱淚，引人深思的歷史對話。

這是關於外交的故事，也是你和我的故事，希望透過這些外交的故事，增進自己的視野，看到更廣闊的世界，並累積人生的智慧。

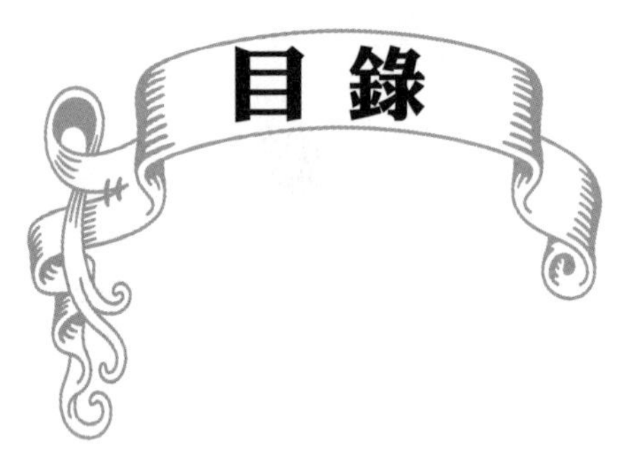
目錄

第三章 多種多樣的外交糾紛

第四章 風雲人物的外交軼事

第一章 外交的歷史起源

1

赫爾墨斯解決金蘋果糾紛

原始社會的外交傳說

外交，一個貌似新潮的詞，其實早在原始社會時期就已產生。

有人的地方就有交往行為，而做為國與國之間的使者，則是外交中重要的一環。那麼，最早的外交故事何時產生的呢？翻一翻古希臘神話，便有了答案。

赫爾墨斯，商業之神，以其伶俐的口舌和敏捷的行動被眾神所青睞，成為諸神的使者。因為擁有這個特殊身分，所以他能頻繁地從奧林匹斯神山來到人間，也因此幫助神和人解決了不少大事。

有一次，眾神之王宙斯的孫子佩琉斯與海洋女神忒提絲結婚，邀請了很多天神來參加婚禮。可能是擔心婚宴上出什麼意外，佩琉斯沒有邀請不和女神厄里斯參加。

眼看著別的神祇帶著禮物，高高興興地去赴宴，自己卻被孤立在一邊，厄里斯非常生氣。

脾氣暴躁的她一邊撕扯著樹葉，一邊惱怒地想：「佩琉斯，你只不過是個半人半神的傢伙，居然敢無視我這樣一位重要的女神，看我怎麼攪亂你的婚禮！」

結果，當天的婚宴上，一顆金蘋果憑空掉落在餐桌上，眾神使者赫爾墨斯好奇地撿起蘋果，發現上面刻有一行小字，便情不自禁地唸了起來：

「獻給最美麗的女神。」

此話被三位女神——天后赫拉、智慧女神雅典娜和美神阿弗洛狄忒聽在耳裡，三女神頓時都想要把金蘋果佔為己有。

事實證明，得罪誰也別得罪小人。三女神大打出手，把婚禮搞得一團糟，讓一對新人當場傻了眼。

三位女神爭論到口乾舌燥，依然得不出結果，這時赫爾墨斯提議：「還是讓宙斯來評判該把金蘋果給誰吧！」

於是，這顆引起爭端的金蘋果被送到宙斯的面前，宙斯為難了起來，眼前是自己的老婆、女兒和情人，每一個都不能得罪，識時務的他只好裝聾作啞，藉口「很忙」，拒絕當裁判。

女神們非常失望，加上生氣，又想吵架，赫爾墨斯只好再度站出來，帶她們去找特洛伊國王普里阿摩斯的兒子帕里斯。

帕里斯非常英俊，卻因為在出生前被祭司預言將給特洛伊帶來滅頂之災而被趕到伊達山上，終日以放牧維生。

赫爾墨斯找到帕里斯後，說明了來意。美男子帕里斯天生有一顆憐香

帕里斯將象徵最美女神的金蘋果交給了阿弗洛狄忒。

惜玉的心，他當即答應幫忙解決難題。

女神們為了得到金蘋果，紛紛開出令人難以抗拒的條件來誘惑帕里斯。

赫拉許諾：「你若把金蘋果給我，我就讓你得到至高無上的權力！」

雅典娜承諾：「你若選了我，我就讓你擁有無人能及的智慧！」

阿弗洛狄忒也不甘示弱，表態道：「我讓你得到全世界最美的女人！」

這時，帕里斯的眼睛亮了，他顯然是個愛美人不愛江山的風流公子哥，於是，他沒有猶豫，將金蘋果遞給了阿弗洛狄忒。

赫拉和雅典娜一看，都氣炸了。赫爾墨斯嗅到了空氣中劍拔弩張的氣味，趕緊笑著打圓場：「既然已有結果，大家就別再爭了，趕緊回去吧！」

未得到金蘋果的赫拉和雅典娜只好無可奈何地走了。

後來，阿弗洛狄忒讓帕里斯拐走了斯巴達王后海倫，從而導致斯巴達與特洛伊的戰爭。

最終，特洛伊戰敗，帕里斯被殺死，這些都是後話了。

帕里斯和海倫。

雖然金蘋果與女神只是一個傳說，但從中也能窺探出外交所產生的巨大作用。

外交是一種和平交往，是使國與國之間的利益達到最大化的手段，因此受到各國越來越多的重視。

眾神使者赫爾墨斯除解決了金蘋果糾紛外，還曾解救了宙斯的情人伊娥公主、戰神阿瑞斯，並幫宙斯從蛇妖德爾菲涅處尋到了被堤豐所割的肌腱，不過運用外交手段來處理爭執，唯有金蘋果一例。

【小常識】

唯一從父親體內出生的女神——雅典娜

雅典娜的母親墨提斯是智慧女神，且是人與神中最睿智者。預言者認為，墨提斯所生下的兒子會推翻宙斯的統治，宙斯就誘騙墨提斯見面，然後將對方吞進肚裡，而此時，墨提斯已經懷有身孕。從此，宙斯就頭痛欲裂，被疼痛折磨的他終於忍不住，讓普羅米修士拿斧頭砍開了自己的頭顱。這時，全副武裝的雅典娜從宙斯頭裡跳了出來，成為唯一被父親所生的女神。

雅典娜。

2

奧運競技化解敵對情緒

古希臘的運動外交

在熱情洋溢的愛琴海畔，矗立著一個古老的國度——希臘。希臘的最高點為奧林匹斯山，據說山上燃燒著天神的聖火，從未熄滅過。

聖火是先知普羅米修士從太陽神阿波羅那裡盜走的，先知為此受到眾神之王宙斯的懲罰，被綁在高加索山上忍受蒼鷹無情的啄食。

因為感激普羅米修士的犧牲，希臘人對奧林匹斯山和聖火無比膜拜，因而都希望將山下的城市奧林匹亞變成自己的領土。

普羅米修士堅定地面對苦難，從來不在宙斯面前喪失勇氣。

當時，奧林匹亞隸屬伊利斯，而伊利斯的鄰邦斯巴達則虎視眈眈，時刻想著發動侵略戰爭。

斯巴達人體格健壯，驍勇善戰，和他們打仗異常艱苦，但伊利斯人有著不屈的精神，雙方就一直處於戰爭的膠著狀態，弄得民不聊生，而奧林匹亞經受多年戰火的摧殘，早已喪失了做為一個聖地的輝煌。

此時，希臘另一個國家伯羅奔尼薩斯的國王伊菲圖斯不忍聖地生靈塗炭，便提議三國舉行一次大規模的體育競技，以便祭拜奧林匹斯山上的眾神。古希臘人對神靈異常崇拜，聽說有這麼一場盛況空前的體育紀念活動，紛紛停止了爭鬥，奇蹟般地開始跨國交流起來。

最終，競技會被命名為「奧林匹克」，並訂在希臘夏至開始的第一個月圓之日展開，成為古代奧林匹克運動會的鼻祖。

此次奧運會僅有一個比賽項目，即場地跑，跑道長一百九十二・二七米，比賽地點在奧林匹亞。

比賽當日，三國的百姓齊聚賽場，為自己國家的運動員加油吶喊。

比賽正式開始前，穿著潔白禮服的女祭司點燃聖火，唸誦詩文為國民祈福。眾人則神情肅穆地面朝奧林匹斯山行禮，那一刻，他們都忘了身邊還站著敵國的人民。雖然賽事簡單，但大家的熱情都很高，眾人的呼喊聲沖上雲霄。三國的君王坐在高臺上，看著一臉認真的運動員和周邊興奮的百姓，深深為之動容，尤其是伊利斯國王和斯巴達國王，他們默默地對視了片刻，神情中都有一股愧疚之色。

最終，多利亞人克洛斯摘得桂冠，當他衝到終點的一刻，人們紛紛起立，手握拳頭，用歡呼表達對冠軍的祝賀。君王們也笑容滿面地起身，對這一幕和諧場面欣慰不已。

當頒發完榮譽後，伊利斯國王與斯巴達國王同時揮手，示意大家安靜下來，前者用洪亮的聲音訴諸全場：「今天是個神聖的日子，我們用自己的汗水向諸神進行了崇高的祭拜，我決定，從今以後，伊利斯國與斯巴達國結為同盟，不再發生戰爭！」

斯巴達國王也大聲說：「斯巴達真誠地接受伊利斯的聯盟！」

兩位國王緊緊地擁抱在一起，觀眾們都非常驚訝，旋即露出欣喜之色，百姓們大笑著，爆發出更為激烈的呼聲，互相擁抱、親吻。

從此，伊利斯與斯巴達在很長的時間都是和平共處，兩國的經濟得到了很大的復甦，百姓們安居樂業，不再為戰亂而心力交悴，而奧運會也成為一種傳統，傳承下來，且每屆的聖火都會從奧林匹克山上取得，以紀念和平共處的競技精神。

第一屆奧林會源自西元前七七六年，當時統治者決定以四年為一個週期舉辦奧林會，後來這項規定便沿襲了一千多年。西元三九四年，羅馬帝王狄奧多西一世下令禁止群眾競技，古代奧運會落下帷幕。

在此後的一千五百年裡，奧運會銷聲匿跡，直到西元一八九六年才重新在雅典的帕那辛尼安體育場展開，當時的希臘國王喬治一世深受古希臘因競技休戰故事的影響，在開幕詞中表達了自己的美好願望：願本屆奧運會能增進希臘與各國的友誼，而這，正是奧林匹克精神所一直主張的。

【小常識】

古希臘四大運動會

在古希臘，各個城邦的紀年都不同，因此希臘人制訂出「運動會紀年」的方法。在古希臘，一共有四個大運動會：奧林匹克運動會、匹西亞運動會、尼米亞運動會與伊斯米亞運動會。其中，奧運會為四大運動會之首。四個運動會按順序分別在四個城市舉行，從而形成一個以四年為一週期的「奧林匹克週期」，希臘各城市便依此來計算年份。

3

盟友變成了敵人

奴隸制時期的脆弱聯盟

西元前四五四年，斯巴達的王宮內，國王帕薩尼亞斯臉色陰鬱地坐在王座上，在他的身旁，大臣們膽顫心驚地低著頭，卻又不時偷瞄一下國王的臉色，以便見風轉舵。

只見帕薩尼亞斯狠狠地捏著裝酒的金杯，咬牙切齒地說：「可恨！雅典的野心終於暴露了！」

「是的，陛下！」一個大臣趕緊附和，「二十多年前，要不是我們斯巴達奮力抵抗波斯，希臘諸城怎麼會有現在的和平？當年先帝列奧尼達賠上了自己的性命，在溫泉關阻止薛西斯三十萬大軍，那個時候，雅典人根本就是縮頭烏龜！」

一席話讓其他大臣也憤慨起來，他們難以忘懷溫泉關的浴血一幕，紛紛聲討道：「沒有陛下在布拉底決戰中的勝利，希臘怎會粉碎波斯的第三次遠征！雅典也根本就沒有出頭之日！現在雅典坐享其成，一心想稱霸愛琴海，這是要遭天譴的！」

帕薩尼亞斯越聽越氣憤，他狠狠地將金杯擲於地下，然後從王座上站起，發誓道：「我要讓雅典付出代價！」

此時的斯巴達和雅典依然處於同盟狀態，相互間卻已暗潮湧動。那麼，兩個城邦究竟為何從盟友變成了敵人，這還要從四十年前說起。

西元前四九二年，波斯國王大流士一世一心想要征服希臘，便隨便找了個藉口，大舉興兵，向希臘本土進發。好在雅典人機智地利用地形，以少量士兵神奇地擊潰了大量波斯兵的進攻。

隨後，大流士去世，其子薛西斯更加殘暴，他繼續對希臘發動猛攻。

十一年後，希臘的三十多個城邦為抵禦外敵，在科林斯組成軍事同盟，當時斯巴達擁有強大的陸軍力量，因此被推舉成為盟主。

既然身為盟主，就必須擔當起重任。斯巴達王列奧尼達在第二次波希戰爭中戰死，而在普拉塔亞戰爭中，斯巴達軍遭受到巨大的損失，國王帕薩尼亞斯冒死衝在前線，帶領四萬士兵擊敗了波斯軍隊，並奪取了波斯軍事長官馬多尼烏斯的性命。有了斯巴達的鼎力相助，雅典才獲得了扭轉戰局的機會。

西元前四七八年，雅典帶領一些希臘城邦結盟，因盟址設在提洛島，因此被稱為「提洛同盟」，也被稱為「第一次雅典海上同盟」。

斯巴達王列奧尼達和三百勇士固守溫泉關。

此次同盟的一個重要功能就是設立金庫，以做為抵禦波斯的軍餉。當年希臘各城對此毫無異議，還積極主動地給金庫繳納錢財，很快，提洛同盟的盟國迅速增多，從最初的幾十個城邦逐漸增加到兩百個。

雖然雅典是盟主，但其他同盟國依舊可以保持本國的政體，只是在對外戰爭中需要來提洛島參加同盟會議。因為每個城邦的實力不一樣，所以大家出的錢財和兵力也都是量力而為。

然而，隨著希臘人在波希戰爭中實力的壯大，雅典不再滿足當一個協調事務的盟主，既然波斯已經對希臘不構成威脅，那麼便沒有人能阻止雅典稱霸愛琴海的腳步。

於是，提洛同盟漸漸淪落成雅典控制同盟國的工具。西元前四五四年，雅典不顧盟國的質疑和反對，肆無忌憚地將同盟金庫搬到了自己的城邦中。

五年後，波希戰爭結束了，雅典的殖民統治卻才剛剛開始，大量雅典軍隊駐紮到同盟國，強迫盟國流通雅典的貨幣、建立雅典的政體。此外，盟國的所有重大案件都必須交給雅典處理。

斯巴達第一個跳出來反對，它的實力本不在雅典之下，也曾立下赫赫戰功，因此對雅典的做法極為不滿。其他盟國也一呼百應，覺得提洛同盟已經變質，不再具備民主的特性。

沒想到，雅典變本加厲，開始大力鎮壓那些放話要退出同盟的城邦。在此後的四十年間，希臘本土分崩離析，又展開了一場鎮壓與反鎮壓的混戰。

終於，西元前四〇四年，斯巴達聯合其他盟國，逼雅典解散提洛同盟，理虧的雅典知道自己的做法冒了天下之大不韙，只得趕緊宣告聯盟結束。

提洛同盟是奴隸制時期的一次重要的外交，它建立起了一個不同於當時國家體制的全新政體，對整個希臘的政治、經濟發展產生了重大影響。

但是，當時畢竟是奴隸制社會，奴隸主們壓抑不住內心對慾望的渴望，一旦沒有了外敵的威脅，瘋狂掠奪資源的貪婪之心便開始蠢蠢欲動，所以提洛同盟很快變質，成為大國鎮壓小國的武器，這也說明了奴隸制時期的外交是相當脆弱的。

【小常識】

列奧尼達與斯巴達三百勇士

列奧尼達是斯巴達國王，在波斯國王薛西斯攻佔溫泉關時，他原本率領六千九百人抵禦外敵。然而，戰爭的第三天，一個希臘叛徒帶領波斯軍進攻溫泉關的後方，為保存實力，列奧尼達命大部隊撤離，僅率三百斯巴達勇士、四百底比斯人和七百特斯比亞人死守陣地，最終，他死於波斯人的箭雨之下，從此成為了希臘英雄，西元二〇〇七年，華納兄弟電影公司還根據他的英勇事蹟拍攝了電影《300壯士：斯巴達的逆襲》。

4

凱撒大帝與「前三頭同盟」

從共和制轉變為帝制

外交同盟是一種微妙的關係，在面對著強大的外敵時，它往往能發揮出刀槍不入的作用，一旦外來的壓力消失，內訌卻成為不可避免的事實。

人與人之間的關係莫不如此。

即便是古希臘的最高統治者凱撒也難以阻止外交同盟的失敗，但對他這樣一個野心家來說，同盟失利也許算得上是一件好事。

西元前七三年，著名的斯巴達克斯奴隸起義在羅馬爆發，羅馬帝國心急火燎地派兵鎮壓，其中有兩位將領——克拉蘇和龐培——因卓著的功勳在羅馬顯赫一時。

不過，當時羅馬的最高權力被掌握在元老院手中，將軍即使再有名氣，也不過是元老院的一顆棋子，這讓克拉蘇和龐培十分不滿。

十三年後，有個人闖入了羅馬政權的核心，他就是凱撒。

凱撒也不滿足做元老院的玩偶，於是他找到克拉蘇和龐培，並與這兩個人秘密結成同盟，一致反對元老院，歷史上把這次同盟稱為「前三頭同盟」。

凱撒在世時雕刻的胸像。

凱撒是個利己主義者，為了堅固「前三頭同盟」，他將年僅十四歲的女兒嫁給了五十歲的龐培。

剛開始龐培還挺高興，是凱撒的堅定支持者，可是後來凱撒在出任山南高盧總督期間，花費了三年的時間讓自己的勢力擴張，成為高盧的絕對統治者，龐培便開始嫉妒起自己的岳父來。

西元前五三年，克拉蘇陣亡，龐培與凱撒之間的明爭暗鬥日益激烈，「前三頭同盟」名存實亡。

後來，龐培倒戈相向，向元老院進凱撒的讒言，元老們遂命令凱撒在高盧總督任期結束後解散軍隊，否則將給他安一個叛國的罪名。

凱撒當即惱羞成怒，他暗罵：「我辛辛苦苦打了三年的仗，最後反倒讓你們把成果奪走，簡直做夢！」

結果，凱撒沒有聽命於元老院，反而氣勢洶洶地率軍進攻羅馬。

元老們嚇破了膽，匆忙派龐培抵抗。

已成敵人的翁婿兩人見面，分外眼紅，很快就廝殺在一起。

龐培畢竟老了，敵不過歷經沙場磨練的凱撒，他敗下陣來，逃往希臘。凱撒兵不血刃就將大軍開進了羅馬城，一些未來得及逃跑的元老瑟瑟發抖，紛紛跪拜在凱撒的腳下。

凱撒仍不解氣，繼續追擊龐培。龐培抱頭鼠竄，又逃往埃及。埃及法老懼怕凱撒的勢力，主動殺了龐培向凱撒示好。此後，凱撒又征伐龐培的餘黨，並取得了絕對勝利。

西元前四四年，凱撒回到羅馬，眼見自己已然成為城中最有實力的統治者，他不禁動了稱王的心思。

於是，他藉口為解救羅馬俘虜，需要遠征帕提亞，被買通的占卜師馬上跳出來阻止，稱只有王者才能取得勝利。

這一年的二月，執政官馬克・安東尼在一個盛大的典禮上給凱撒敬獻花環，並尊稱他為王。凱撒表面上拒絕了這一稱謂，並宣布自己是羅馬的終生獨裁官，但實際上，大家心裡都明白，羅馬已經從共和制轉變成了帝制。

「前三頭同盟」讓凱撒壯大了反對共和制的勢力，為其日後的稱帝提供了可能。

有時候，外交就是如此神奇，它能讓一個偶然事件扭轉歷史，讓小人物成為舉足輕重的領袖。

凱撒稱帝後，元老院極為恐慌，就組織反凱撒派在龐貝劇院裡刺殺了凱撒。

當時刺殺人數多達六十多人，凱撒死後，按其遺囑，他的養子屋大維成為羅馬最高統治者，卻沒有立他和埃及豔后克里歐佩特拉的兒子為王，這讓豔后非常失望。

有意思的是，那些刺殺凱撒的人最終都得到了悲慘的結局，甚至有人用刺殺凱撒的匕首殺死了自己，這無異於為凱撒的帝王身分抹上了更神秘的色彩。

凱撒遇刺。

【小常識】

克里歐佩特拉的鼻子

埃及豔后克里歐佩特拉是一位絕世美女，她誘惑了凱撒及凱撒的得力助手安東尼，並成功讓這兩個強大的男人幫助自己鞏固了對埃及的統治。哲學家布萊茲·帕斯卡因此說過一句著名的話：「要是克里歐佩特拉的鼻子長得短一些，整個世界的面貌就會改變。」意思是說，如果她長得不是那麼的美麗，一些事情就不會發生。

埃及豔后克里歐佩特拉與凱撒會面。

5

摩奴法典

—古印度最早成書的外交理論

在充滿神秘感的古印度，誕生了眾多天神的傳說，其中太陽神之子摩奴救梵天是最吸引人的故事之一。據說這個故事催生出了印度最古老的法律文獻——《摩奴法典》，書中關於外交的評述也是印度最早的理論。

在神話傳說中，摩奴是一位法力無邊的修行者，他天賦異稟，卻加倍勤奮，在棗樹河邊苦修千年，終日不知疲倦。

有一天，正當摩奴在岸邊冥思之際，一條小魚忽然游過來，張口說話了：「尊者啊，聽說你是信守誓言的人，所以我要來向你求助。我的身邊全是凶猛的大魚，牠們都想吃掉我，求你帶我離開這危險之地吧！我一定會報答你的！」

摩奴睜開眼，他的心中充滿憐憫，於是伸手將小魚撈出，放進自己的水罐裡。小魚長得很快，沒過幾天水罐已經不能容納小魚了，小魚哀求道：「尊者，請將我放入更大的水塘中吧！」

摩奴連忙為自己的疏忽道歉，將小魚送入了池塘。

又過了一些時候，小魚長得更大了，牠轉動著碩大的尾巴，可憐兮兮地求摩奴：「尊者啊，唯有恆河才能賜予我自由，把我帶到那裡去吧！」

摩奴連忙抱起魚，日夜兼程來到恆河，終於救了魚一命。

回到棗樹河邊的摩奴修行了一段時間，因為不放心魚，就又來到恆河邊。

果然不出他所料，恆河竟然也容不下這條魚了。摩奴將魚龐大的身軀拉上岸，然後帶到海邊，將其放入廣闊的海中。

魚在海水裡游動了一會兒，將頭探出水面，對摩奴說：「尊者啊，感謝你多次救我的性命。我要告訴你一個秘密：未來將會有一場摧毀世界的大洪水來臨，你要趕緊造一艘結實的大船，並將各種植物的種子帶上船，然後你就坐在船上等我，記住，千萬不要出來！」

摩奴儘管半信半疑，卻仍照做了。數月之後，漫天的洪水真的洶湧而來，摩奴從船艙中向外望去，只見在一片浩瀚的汪洋中，一條小山似的魚向船邊游過來，魚的頭上還長著兩隻長長的犄角。

摩奴知道是魚來報恩了，便不顧被惡浪捲走的危險，用纜繩在魚的犄角上繫牢，然後任由魚帶著自己在狂風暴雨中前行。

也不知過了多少年，洪水終於平靜下來，魚把摩奴拉到了雪山之下。摩奴出艙時，發現魚不見了蹤影，取而代之的，是一個長有四張臉的天神。

摩奴認出站在自己眼前的是創世之神梵天，連忙虔誠地跪拜。梵天微笑地點頭，對摩奴說：「天地洪荒，一切都需要你去創造，我將授你恩典，

遠古洪水的故事是世界多個民族的共同傳說，西方人最熟悉的一個版本是《舊約．創世紀》一書中關於諾亞方舟的故事。

以免你在創世之時受到愚昧的蒙蔽。」

說完，梵天消失了，摩奴頓時覺得腦海中被很多知識所填滿，他立刻找來擅長記錄的婆利古仙，將頭腦裡的理論悉數保存下來，便成為了印度的神聖之作《摩奴法典》。直到近代，該書依然對印度及其周邊國家產生了重要影響。

《摩奴法典》中的外交理論講的是對外交官的選拔，該書認為，一國對外關係的好壞，取決於外交官的聰明才智。如果外交官擁有強大的外交能力，那該國與鄰國之間完全可以避免戰爭。所以，法典提出甄選外交官的方法，即選擇德高望重、內外兼修、正直負責、圓滑精明、記憶超群、魄力十足的人。如此一來，外交官就可以在對外交往過程中搶先察覺外國統治者的心思，窺探出對方是否有發動戰爭的陰謀，從而第一時間保衛自己的國家。

此外，法典強調用和平方式解決問題，要求各國平心靜氣地坐下來談判，對武力爭鬥則不以為然。這種思想影響了印度的孔雀王朝和貴霜帝國，使統治者們採取了積極的外交政策來與外國進行互動。

【小常識】

《摩奴法典》

根據學者推斷，《摩奴法典》最早應該成書於西元前三世紀，而後在不同時期被統治者逐漸完善。它是婆羅門根據吠陀經典，加入神話思想而集結的作品，主要以宣揚種姓制度為主，法律理論僅佔全書的四分之一。

6

哈布斯堡王朝的聯姻術

帝國擴張的另一種方法

古時候，兩國之間的外交除了談判外，聯姻也是一種常見的方法。只是得隴望蜀是君王的本性，王室之間的通婚往往不簡單。

西元一四七七年八月的一天，法國宮廷上下一派喜慶氣氛，勃艮第公爵的獨生女瑪麗公主即將出嫁，而婚嫁的另一方是奧地利大公腓特烈三世之子馬西米連一世。

此時此刻，瑪麗公主正坐在閨房裡笑容滿面地穿戴嫁衣，開心地幻想著新郎有多英俊。

只是公主的貼身侍女卻略有憂色，聰明的公主很快察覺，嗔怪道:「茉莉，今天是我大婚的日子，妳怎麼顯得不高興？」

侍女連忙羞愧地低頭，遲疑地說：「我覺得，公主妳完全可以嫁給一個親王，而不是大公。」

公主哭笑不得，取笑侍女道:「妳也真是，親王和大公不都是國君嗎？別胡思亂想了。」

其實這名侍女想說的是，公主的領地比奧地利大公的廣闊得多，一旦結婚，卻要做為嫁妝陪送出去了，這對瑪麗公主來說似乎是個賠錢的買賣。

幾個鐘頭後，在花團錦簇的婚禮上，馬西米連一世向瑪麗公主獻上了一顆重達七十六克拉的鑽石戒指，這便是後來聞名全球的「約瑟夫大公鑽石」。如鴿子蛋大小的鑽石放射出璀璨的光芒，吸引了婚禮上所有貴族的目光，也擄獲了公主的一顆芳心，終於，哈布斯堡王朝的領地成功從法國南部擴張至荷蘭。

如那個名叫茉莉的侍女所想，馬西米連一世確實以聯姻做為帝國擴張的手段之一，且嚐到甜頭的他還屢試不爽，相繼讓自己英俊的兒子菲利浦與西班牙女王胡安娜、孫子斐迪南一世與波希米亞郡主安妮、孫女瑪利亞郡主與匈牙利兼波希米亞國王路易二世聯姻，大大擴張了哈布斯堡王朝在歐洲的勢力版圖，為帝國的霸業打下了根基。

經過這幾樁政治婚姻，當馬西米連死後，他的孫子查理五世成為當之無愧的歐洲霸主，哈布斯堡王朝在此時達到鼎盛時期，這一切都該歸功於馬西米連的聯姻外交。

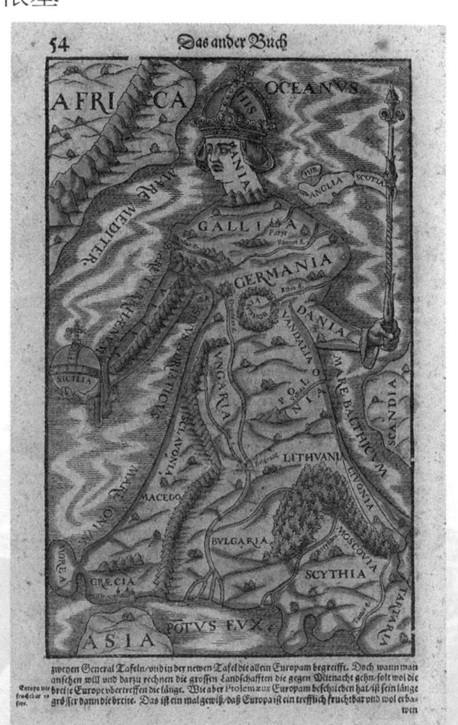

「歐羅巴女王」，象徵哈布斯堡王朝統治的歐洲。

做為歐洲統治領域最廣的王朝，哈布斯堡皇室從誕生之日起就身世顯赫，其祖先為法國的阿爾薩斯公爵，在馬西米連之前，家族成員先後擔任了神聖羅馬帝國皇帝和奧地利大公。

「大公」是公爵的別稱，奧地利公爵在喪失對匈牙利和波西米亞的統治權後，希望藉復興奧地利公國，得到與君王同樣的地位，然而，該稱號並未得到神聖羅馬帝國皇帝查理四世的承認。

隨後，奧利地分裂成兩個分支，直到一百年後，馬西米連一世才重振王朝雄風，並重得神聖羅馬帝國的王冠。

【小常識】

「瘋女王」胡安娜

胡安娜是擁有純正西班牙王室血統的最後一任君王，她因患有精神分裂症而不斷遭到親人利用。她和美男子菲力浦結婚後，發現丈夫不停地出軌，於是變得歇斯底里，結果被丈夫陷害，從此住進了瘋人塔裡。後來，菲力浦英年早逝，胡安娜為情所困徹底發瘋，又被父親斐迪南二世軟禁。斐迪南死後，胡安娜之子查理繼續將母親囚禁。胡安娜直到死去，都沒有走出牢籠一步。

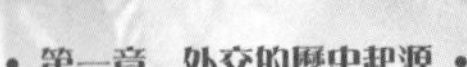

7

《君主論》問世

中世紀末期義大利的王權外交

西元一五〇五年一個寧靜的夜晚，義大利的比薩城陷入死寂，偶有一兩聲金屬敲擊聲迴蕩在漆黑的夜幕中，這裡白天是瀰漫著硝煙的戰場，而到了晚上，卻只有人們百轉千迴的小心機。

在指揮官的房間裡，一個面目堅毅的男人在燭火跳動的陰影中冷冷地吐出一句：「只要目的正確，可以不擇手段！」

他身邊英俊的侍衛反駁道：「指揮官，恕我不能認同您的觀點！如果有合理的手段，我們為什麼不用呢？」

這名叫馬基雅維利的男人轉過身，陰鬱地看了一眼自己的侍衛，嘲諷地一笑，似乎並不願意多說什麼。

也許他是覺得說了對方也不懂，所以沒有可說的必要，但他還是開口了：「看看我們這個國家吧！四分五裂、分崩離析！沒有強權，是建不成一個強大帝國的！如今義大利到處都是如狼似虎的外敵，想要拿公平手段去打擊他們，難！」

「可是長官……」年輕的侍衛仍舊不解其意，想要辯駁。

馬基雅維利卻不給對方這個機會，他厲聲喝道:「夠了！別再說了！」

侍衛乖乖地閉了嘴，他無法知曉是什麼事情促使指揮官產生了這種強硬的想法。

那是在五年前，為了征服比薩，馬基雅維利來到法國向法王求助。

在法國這個強大的君主集權制國家面前，馬基雅維利做為弱國的代表，受盡了奚落和冷遇，最後他不僅沒有得到支援，反而帶著滿腹懊惱回到了義大利。

此事讓他深切意識到君主集權的重要性，並開始希望有一個強勢的君王來統治自己分裂的國家。

當時的義大利連年忍受著西班牙、法國、德國、奧地利等強國的蹂躪，馬基雅維利渴望的統一始終無法實現，這讓他悲憤不已。

就在比薩投降佛羅倫斯後不久，神聖羅馬帝國的皇帝與教皇產生了激烈衝突，馬基雅維利大呼不妙，他趕緊在兩大列強之間左右調停，希望能避免爆發戰爭。

然而，義大利就是引發爭奪的一塊肥肉，怎可能倖免於難？短短一年的時間裡，教皇就派軍隊攻佔了佛羅倫斯，並建立了偽政權，馬基雅維利則鋃鐺入獄，同時遭遇到嚴刑拷打。

最終，馬基雅維利被放了出來，但身心的巨大創傷難以磨滅，透過戰爭，他更加清醒地認識到唯有強大的王權才能驅除外敵，解救義大利。

於是，他隱匿鄉間，開始寫一本名叫《君主論》的論著。在這本書中，他否定君權神授，強調人性，認為軍隊與法律是鞏固國家政權的根本，只有建立起一個有秩序的國家才能防止人類無休止的鬥爭。

《君主論》提出了一個完全不同於世俗的外交觀點：與其做為一個弱國不斷與強國進行睦鄰友好的合作，倒不如先強大自身，讓他國對本國產生敬畏之情，才能避免被欺凌的命運。

由於時代的侷限性，馬基雅維利認為只有建立君主集權制國家才能提升國力，所以他的《君主論》通篇都是對君王的箴言，其中帶有很多腹黑的理論，如君王的政治行為不應受到道德規範的束縛，而應著眼於實際效率、君王應懂得如何運用人性和獸性等。

不過，在中世紀的歐洲，封建制是主流制度，所以《君主論》儘管毀譽參半，卻在問世之後立刻受到歐洲歷代君王的歡迎，被稱為政治家的最高指南，並與《聖經》、《資本論》等合稱為人類歷史上的十大著作。

【小常識】

馬基雅維利

馬基雅維利是佛羅倫斯一個沒落的貴族，因為家境貧寒，所以天資聰穎的他靠自學成才。年輕時的馬基雅維利曾擔任佛羅倫斯的執政委員會秘書，經常出使別國，因此累積了很多外交經驗，後來教皇控制了佛羅倫斯，他被免職，寫下兩本著作—《君主論》和《論蒂托·李維的最初十年》。他還是一位詩人和劇作家，創作了喜劇《曼德拉草根》、《克麗齊婭》。不過，自《君主論》寫成後，他的政治生涯畫上了句號，最終抑鬱而死，年僅五十八歲。

8

腓力二世的天主教帝國戰略

西班牙的外交觀

中世紀的哈布斯堡王朝是一個強大的帝國，在多位先王的不懈努力下，到了查理五世時期，該王朝蒸蒸日上，已在歐洲稱霸一時。

查理五世逝世時，將王朝分給兒子腓力二世和弟弟斐迪南一世。做父親的明顯偏心，兒子分到了擁有強大經濟和軍事實力的西班牙、尼德蘭及其他殖民地，而弟弟只繼承了一個有名無實的神聖羅馬帝國皇帝稱號和一個德意志國王的稱謂，於是腓力二世便成為哈布斯堡王朝的實際統治者。

腓力二世是個有夢想的君王，他是天主教的狂熱擁躉，渴望征服歐洲，然後在這塊土地上遍灑天主教的種子，建立起一個橫貫歐洲大陸的天主教帝國。

為了這個夢想，他一直努力到生命的最後一刻，並賠上了自己的愛情與財富，可謂鞠躬盡瘁，死而後已。

在腓力二世還未當上西班牙國王之前，他就娶了英格蘭女王瑪麗一世，用聯姻的方式當上了英格蘭國王。夫妻倆都是天主教徒，遂一拍即合，一致攜手對付英國的新教徒。

腓力二世。

西班牙的無敵艦隊與英國的艦隊。

可惜瑪麗英年早逝，支持新教的伊莉莎白一世登基，腓力二世又想施展「美男計」，於是向新女王求婚。

可惜伊莉莎白女王不吃他那一套，結果腓力二世在晚年惱羞成怒，耗資千萬打造歷史上著名的無敵艦隊，對英國發動了進攻。

出乎所有人的意料，戰無不勝的西班牙被英國打得落花流水，倖存下來的殘兵敗將只能悻悻地逃回國，這無異於給腓力二世的宗教信仰潑了一盆冷水，但他沒有氣餒，依然堅定地執行自己的戰略夢想。

當他當上國王之後，他就立刻發動爭奪義大利的戰爭。這場戰爭可追溯到腓力二世的曾祖父馬西米連一世，當時神聖羅馬帝國為獲取在義大利的殖民地，與法國進行了曠日持久的爭鬥。

腓力二世利用父親在位時與英國結成的同盟，將法軍擊敗，並與法國簽訂了對西班牙極為有利的《卡托 - 康佈雷齊和約》，從而取代法國統治了義大利。

六年後，信奉伊斯蘭教的奧斯曼帝國將觸角伸向了西歐，基督教徒們大為恐慌，腓力二世當然不能容忍自己信仰的世界被異族攻入，於是他聯合教皇，並與威尼斯結成同盟，在希臘西部的勒班陀海峽與奧斯曼人展開了一場規模宏大的戰鬥。

那一天，天地變色，日月無光，交戰雙方均有大量人員傷亡，湛藍的海水被鮮血染得如同緋色的朝霞，廝殺聲和哀嚎聲不絕於耳。最終，西班牙人取得了勝利，可是他們也為此付出了巨大的代價，他們一時半刻再也無法擁有如此強大的海軍了。

腓力二世在五十三歲那年，派自己的心腹阿爾瓦公爵吞併了葡萄牙，讓自己一躍成為葡萄牙國王。

腓力二世為實現天主教大帝國的夢想，採取聯姻、結盟等多種外交手段，並在強硬之時發動戰爭，終於使西班牙帝國達到了巔峰狀態，也讓哈布斯堡王朝成為了歐洲真正意義上的霸主。

可惜成也蕭何，敗也蕭何，對宗教的癡迷導致腓力二世犯下了重大戰略失誤。

當法國爆發宗教戰爭後，腓力二世立刻站在了天主教神聖聯盟的陣營上，沒想到在自己逝世前三年被法國國王亨利四世擊敗。

而在與伊莉莎白一世的交手中，他所打造的無敵艦隊讓國庫虧損嚴重，致使他不得不在三年後宣布國家破產。

此外，因為堅決主張貫徹天主教，腓力二世與其他非天主教國家產生了激烈衝突，這使他四處樹敵，喪失了良好的外交聲譽。

因為軍費開支龐大，腓力二世執政期間的西班牙三次宣告破產。當腓力二世去世後，他的遺產是一億金幣的債務，每年付的利息都佔據了國家收入的三分之二，西班牙王朝就此沒落。

【小常識】

賽凡提斯與勒班陀海峽戰爭

賽凡提斯被譽為西班牙最偉大的作家，他所寫的《唐吉訶德》是家喻戶曉的名著，而他之所以能寫出《唐吉訶德》中的一些戰鬥場面，與他經歷過的戰爭是分不開的。

他的第一場戰役便是西班牙與奧斯曼的勒班陀海戰，結果他的左手在戰爭中傷殘，導致他得到了一個終生綽號——勒班陀獨臂人。

9

權傾一時的黎塞留

法國的主教外交

印刻著華麗花紋的光滑地磚上，叩響了不輕不重卻又堅定的腳步聲，血紅長袍在宮殿潔淨的地面上緩緩拖動，似乎在替它的主人迎接著一場盛大的慶典。

「吱呀！」裝飾著黃金邊紋的朱色大門瞬間開啟，國王路易十三焦慮的背影凸現出來，主教黎塞留的嘴角勾起一抹奸猾的笑容，不緊不慢地走進房中。

「我尊敬的國王，您找我來有何事？」黎塞留陰陽怪氣地說著話，這讓他的恭維顯得十分不真實。

路易十三焦躁地轉過身，擰緊眉頭問自己的主教：「該死的西班牙和奧地利要聯手對付新教了，該怎麼辦啊？」

當時，法國剛經歷一場長達三十年的宗教戰爭，儘管天主教獲得了最終勝利，卻也允許新教的存在，所以路易十三會焦急不安，因為他擔心西班牙再度向法國發動進攻。

只見黎塞留摸著山羊鬍，轉了轉細細的眼珠，然後湊近國王的臉，氣定神閒地笑道：「尊敬的國王陛下，您覺得如果西班牙和葡萄牙要打仗，是先打法國呢？還是先打德國、荷蘭這些國家呢？」

路易十三張大嘴巴，似有所悟，但他仍有疑慮：「可是這些國家敗了，下一個不就輪到我們了嗎？」

「陛下！」主教頓時換上一張橫眉豎眼的表情，唬得國王倒吸一口氣，「您怎麼能長敵人志氣，滅自己威風！」

路易十三自知說錯了話，只好低聲下氣地問：「依主教之見，該怎麼辦呢？」

黎塞留看著國王那張焦灼的臉，忽然胸有成竹地一笑：「不讓那些國家被打敗，不就行了？」

這位叫黎塞留的主教是法國歷史上赫赫有名的人物，在上臺期間，他掌握了法國的實際權力，連國王路易十三都要對他敬畏三分，很多法國人恨他，卻又不得不承認他對維護法國國土的安全有著發揮重要的作用。

當時的西班牙帝國已經衰落，但因為有奧地利的結盟，依然對法國構成威脅。如今兩個盟國又在合謀打壓歐洲的新教運動，而法國與新教國家保持著友好關係，因此這場戰爭難以避免，連空氣中都開始瀰漫起一股硝煙的味道。

黎塞留的肖像畫。

可是黎塞留老謀深算，為了防止法國經濟衰退，他要將戰火燒到別的國家去。於是，他讓法國出資支持丹麥和瑞典進攻神聖羅馬帝國，如此一來，奧地利就不得不去支援德國，這樣就讓法國逃離了戰爭的漩渦。

但是黎塞留又留了一個心眼，他擔心丹麥和瑞典在戰爭中壯大實力，便採取了孤立這兩個國家的外交政策。當瑞典順利攻入德國境內後，法國的態度是不聞不問，讓丹麥和瑞典無法形成氣候。

同時，黎塞留又暗中資助尼德蘭脫離西班牙，使得本已經式微的哈布斯堡王朝雪上加霜，這樣西班牙勢力大減，也就更加不能與法國抗衡。

奧地利為了重新贏回局面，任命具有極強軍事才幹的華倫斯坦為統帥對抗瑞典，結果瑞典國王在前線陣亡，奧利地扳回了頹敗的局勢。

法國國王路易十三又膽怯起來，黎塞留卻安慰他，讓國王不必心慌。

很快，一支由黎塞留派遣的軍隊發動了對奧利地的進攻。這場戰爭一直打到黎塞留去世六年後才告停，法國最終贏得了勝利，並將阿爾薩斯等地劃入了自己的勢力範圍。

黎塞留是一個相當有外交手段的人，在他掌權的十八年間，法國形成了以主教獨大的政治體制和外交制度，他巧妙利用各國之間的矛盾，為法國製造了一勞永逸的機會，也為路易十四的時期的興盛打下了堅實的基礎。

黎塞留除了擔任法國的主教，還兼任路易十三的宰相，對外他奉行兩個政策：一是削弱哈布斯堡王朝和奧地利帝國的勢力，以壯大法國的勢力；二是看中在歐洲日益興旺的新教勢力，推動法國加入新教同盟，而他自己卻是天主教樞機，由此可見他是一個以國家主權為重的人。

至於對內的鎮壓手段，黎塞留採取了削弱貴族和新教徒的方法，同時他還不遺餘力地收買御用文人，這些均使他樹敵無數。

不過，黎塞留自認為無愧於心，他在臨終前說過一句名言：「除了公敵，我沒有敵人。」

【小常識】

法國宗教戰爭

自十六世紀四〇年代起，法國新教——胡格諾教開始在本土傳播，南方貴族企圖利用新教來奪取教會的地產，而北方貴族則一向信奉天主教，於是兩種宗教流派爆發了一場長達三十年的戰爭，對法國的經濟造成了嚴重破壞。直到西元一五九八年，法國國王亨利四世頒布特赦令，宣布接納新教的存在，戰爭才停止。

10

「外交」一詞的正式產生

艾德蒙．伯克的功勞

深夜，一位白髮蒼蒼的老人依舊坐在油燈前奮筆疾書，在昏暗的燈光下，他寫了幾行字之後就要停下來揉一揉眼睛，以舒緩長時間寫作所帶給雙目的痠脹感。

「親愛的，你怎麼還不去睡呢？」賢慧的妻子為丈夫披上了一件外套，面容充滿關切。

老人給了妻子一個放鬆的微笑，故作輕鬆地說：「我再寫一會兒就去休息。」

妻子不以為然，搖著頭說：「你不是說你的政治生涯已經結束了嗎？」

「是的！我敗了！」老人忽然激動起來，但他旋即控制住了自己的情緒，眼神中露出沮喪的神情，喃喃地說：「我只想做個總結。」

妻子理解丈夫的心情，自從兩年前他們的兒子去世後，丈夫的精神世界就崩塌了，眼下能讓丈夫做點開心的事，比讓他休息更好。於是，她便陪坐在丈夫身邊，默默地做起了縫紉的工作。

早在三十年前，這位老人可是位叱吒風雲的人物。他便是愛爾蘭政治家艾德蒙．伯克，也是輝格黨派具有重要影響力的成員，每當他寫出一本論著，總能語驚四座。其中最著名的兩本書為《與美國和解》和《對法國大革命的反思》。伯克透過自己的書籍抨擊了英國政府的殖民統治和法國大革命的虛偽，表達出對美國革命的支持。

據伯克的秘書後來透露，伯克的《對法國大革命的反思》其實是為法國外交官 Victor 而寫，該書最早出版時遭到很多人的譴責，大家認為伯克蔑視人權，但隨後伯克據理力爭，贏得了多數人的支持。也因為這本書，英國國王授予伯克伯爵稱號。

可惜獨子理查的離世對伯克的打擊實在太大了，他一下子衰老了，喪失了以往在演講臺上的熱情，他覺得自己的精力已經耗盡，便黯然選擇了退休。

也許是性格中的政治血液仍在蠢蠢欲動，伯克在退休兩年後又開始寫自己的封筆之作《論弒君的和平》，呼籲英法兩國重新商討和平之路。

在書中，他將希臘語「diploun 」演變成「diplomacy」，中文意思為「外交」，伯克將這個單字解釋為「對國際關係的處理和協調」。

此後，外交做為「對國際關係的處理」之意，被各國沿用至今。

其實在伯克之前，外交並不只有和外國打交道這一個意思，而古今的外交之意也有很大的不同。

在《春秋穀梁傳》一書中，孔子將「外交」解釋為一國的臣子私自覲見他國諸侯。

因為春秋時期，諸侯紛爭，各種交互活動頻繁，不僅各諸侯國之間要外交，賢能的人才也需要進行對外交往。

於是，外交又有了第二種說法：人際交往。司馬遷在《史記》中寫道：「鄧通不好外交」，就是說鄧通不喜歡和別人交往。

此外，外交還有國內某種勢力相互勾結、拉幫結派的說法，而與外國交往只是外交的一種解釋，並非唯一。

直到艾德蒙·伯克將「外交」定義為國際關係維護後，外交的說法才固定下來。如今的外交，在狹義上的解釋都為國際交往，而伯克做為將「外交」一詞鄭重端上臺面的理論家，自然是功勞不小。

【小常識】

外交一詞在西方的起源

如今英語中的「外交」單詞，是由希臘語「diploun」演化而來，而「diploun」最初的意思為「折疊」。因為在古希臘，那些外交家想要工作，需持有君王或元老院發放的證書，古羅馬則乾脆將這些證件刻在兩張金屬片上，然後再將金屬片折疊起來。因此，「折疊」便與「外交」聯繫一起，成為「外交」的代名詞。

11

漢委奴國王金印的發現

中國國際交往的最早見證

「這天可真熱啊！」西元一七八四年的一天，日本福岡市志賀島上的兩位佃農正在田裡辛勤地揮舞著鋤頭，汗水已經完全浸濕了他們的後背，其中一名叫秀治的佃農忍不住抱怨著。

「是啊，再這樣下去可不行了！」另一名叫喜平的佃農附和著，他支起身子，用脖子上的毛巾擦了擦臉上的汗珠。

儘管天氣很熱，但田裡的工作還得繼續。兩個人繼續咬緊牙關鋤田。當秀治挖到一顆大石頭下方時，他的鋤頭似乎碰到什麼東西，發出清脆的金屬碰撞聲。秀治疑惑起來，繼續小心翼翼地在石頭旁邊挖掘，終於，一枚金印呈現在他眼前。

「你快來看，這是什麼東西！」秀治連忙呼喚不遠處的喜平。

喜平聞訊提著鋤頭趕來，兩人對著金印揣摩了半天，金印的底部有一段他們看不懂的漢字——漢委奴國王，似乎是從中國引進的寶貝。

有佃農發現中國金印的消息很快傳開了，很多人對這枚金印產生了興趣，如果金印真的來自中國漢朝，那它將是中日交往史上最早的證物。最後，金印被一個叫黑田的家族擁有，並在西元一九七九年被捐給了福岡市博物館。

日本儒學家和歷史學家最初對金印的真偽持懷疑態度。因為在發現金印的時代，冶金業和鑄造業已經較為發達，想要偽造一枚金印並非不可能的事情。

不過學者們的懷疑在西元一九五六年被事實折服。那一年，中國雲南的滇王墓中出土了一枚金印，該金印為漢武帝所賜，無論在外觀上還是字體上都與漢委奴國王金印十分雷同，而且質地也幾乎一模一樣。

無獨有偶，二十年後中國的揚州市又出土了一枚「廣陵王璽」，這枚金印也是與漢委奴國王金印的相似度非常高，若說有所不同，則前者的臺面上是龜鈕，而後者則是蛇鈕。由於中國的神獸玄武是一條被蛇纏身的龜，有學者推測這兩枚金印是兄弟印。

如此一來，幾乎可以肯定，漢委奴國王印就是漢朝皇帝賜給日本皇帝的外交憑證。

然而，學者們又產生了新的疑問：日本在古代被稱為「倭國」，並非「委國」，堂堂一朝天子賞賜的金印，怎麼可能寫錯字呢？

另一些學者則煞費苦心去印證金印的真實性，他們認為「委」等同於「倭」，而中國皇帝歷來賜給外國的封號都是採取了兩段的稱呼，所以「委奴國」實為「倭奴國」；還有些專家則認為「委」並非指代「倭」，而是委託、委派的意思，然而又沒有充分的史料證明。

漢封倭奴國王金印，現藏於福岡市立博物館。

於是，這枚金印就帶著人們巨大的疑問成為中日交往的最早證明，如今它是日本的國寶，被博物館細心呵護。其實金印並不是最珍貴的，中日之間友好和諧的關係才值得人們珍惜。

據《後漢書・光武帝本紀》和《後漢書・東夷傳》記載，「建武中元二年倭奴國奉貢朝賀，使人自稱大夫，光武賜予印綬。」這便是證明漢委奴國王印真實性的僅有的一段文字紀錄，由於記載文獻稀少，金印引起考古界爭論也不足為奇。

這枚金印的印臺是邊長二・三公分、高約〇・九公分的正方體，臺上附有蛇形鈕，通體高二・二公分。

金印的印面刻有「漢委奴國王」五個字，但「漢」字的右下角卻多出一個「火」字。這並非畫蛇添足，而是因為漢朝自認為自身是火德之國，是由五行中的火元素組成，所以在金印上要刻上「火」字，這也能進一步印證金印的歷史來源。

【小常識】

漢代印章的等級

漢朝的印章因被授予者等級的不同，而產生了很多講究。天子是玉印，郡王和宰相是金印，其他大臣是銀印，而外國君主則是銅印。不過有時也會例外，如漢武帝賜給滇王的就是金印。此外，天子賜給諸侯王的印章上有駝鈕，列侯的則為龜鈕，將軍是虎鈕，外國君主則是蛇鈕，這和漢委奴國王印如出一轍。

第二章

古今中外的外交策略

12

挾天子以令諸侯

手中多一張王牌的好處

西元一九六年，在一個微涼的清晨，一群衣冠華貴卻骯髒不堪的人連滾帶爬地擠進了洛陽城，為首的青年樣貌中帶著一份貴氣，卻因滿臉的驚惶而失色不少。

這群人便是漢獻帝劉協及他的親信大臣。自從九歲被董卓挾持到長安，劉協就沒過上一天好日子，一直做為傀儡被他人操控著，如今他好不容易逃了出來，滿心歡喜，以為重振漢室的時代真正來臨。

「陛下！我們自由了！」大臣們歡呼著，在劉協身邊雀躍不已。

然而，正當劉協那廂興奮之時，他做夢也沒有想到，自己已經落入了兩個諸侯的眼裡，即將成為刀俎上的魚肉。

這兩個諸侯便是中原地區的袁紹和曹操。當劉協入駐洛陽後，袁紹的謀臣沮授立刻勸袁紹「挾天子以令諸侯」，把劉協接到自己這邊來，如此便沒有人敢來攻打袁軍了。

沒想到袁紹是個酒囊飯袋，根本有勇無謀，不僅對沮授的話不屑一顧，還冷嘲熱諷：「劉協就是個廢物，我養他做什麼！簡直是個麻煩！」

這時，袁紹的對手曹操就撿了個便宜。曹操是一位具有深謀遠慮的軍事家，他立刻派使臣向劉協進獻大量食物和生活用品，表面上是表達自己身為臣子的赤子之心，實則是想更輕易地控制劉協。

終於，曹軍浩浩蕩蕩地闖進了洛陽，劉協在廢墟中嚇得瑟瑟發抖，以為自己性命不保。當他癱軟在地，看見一身戎裝的曹操威武地來到自己面前時，當即三魂六魄少了一半。

哪知，曹操跪倒在地，叩拜起來，口中直呼：「吾皇萬歲，微臣來晚了，讓您受苦了！」

獻帝與他的大臣們面面相覷，誰都不敢相信曹操所說的是他的真心話。

但不管怎樣，獻帝劉協已經落入曹操之手，曹操隨即藉口洛陽沒有糧食，將劉協轉移到了曹軍的大本營許昌。

剛開始，曹操對劉協還是較為尊敬的，他不僅確保了獻帝衣食無憂，還將漢桓帝賜給祖父曹騰的珍貴器物贈與劉協，並四下為劉協搜集漢宮流失的器物。

劉協儘管不甘心受制於人，可是他也沒有辦法，再加上被曹操的「好意」所蒙蔽，他將象徵國家權力的節鉞賜給曹操，還讓曹操擔任大將軍一職。在皇帝的任命下，曹操的地位一下子高於其他諸侯之上，或許只有自稱漢室後人的「劉皇叔」才能壓過他。

自從手裡有了劉協，曹操號令天下就方便了許多，各諸侯儘管頗為不滿，卻不願背負「朝廷逆黨」的罪名，只能心不甘情不願地接受曹操的調遣。到了西元二〇七年，曹操統一了北方，成為三國時期最大的霸主。

此事充分說明，擬定一個聰明的外交策略對擴大本國的勢力大有裨益。曹操的手段非常高明，他自己不當皇帝，而是利用擁有正規漢室血統的漢獻帝當令箭，達到讓其他諸侯聽話的效果，還替自己省去了不小的戰爭開支和人員損耗，真乃一箭雙鵰的好主意。

當然，曹操並不是唯一一個「挾天子以令諸侯」的人，在他之前，還有董卓、李榷、郭汜懂得利用獻帝來威震天下，只不過曹操的軍事實力過人，才讓「挾天子」成了可能，從中又說明了一個道理：強大的實力才是開展一切外交戰略的基礎。

【小常識】

劉協真的昏聵無能嗎？

漢獻帝劉協因被諸侯肆意爭奪，只顧一味逃竄而在後人心中落下了一個無能的印象，但實際上，劉協並非一個昏庸的皇帝。

西元一九四年，長安城大旱，百姓無米下鍋，竟發生了人吃人的事件。劉協聽說後讓侍御史侯汶開倉放糧，隨後卻接到報告，說仍不斷有百姓餓死。劉協懷疑侯汶貪汙，經過調查後發現果然如此，便痛打侯汶，並用更多的糧食接濟災民，終於讓百姓得救。

若劉協生在漢初或漢朝鼎盛時期，他一定會贏得民心，只可惜在漢末，皇權名存實亡，單靠一點施捨無法讓他再獲得皇帝應有的威信。

13

赤壁之戰

以弱勝強的合作模式

天下大勢，合久必分，分久必合，漢王朝滅亡後，天下一分為三，曹操控制的魏國在平定北方之後，隨即欲將南方也收入囊中。

建安十三年的七月，百萬魏軍向劉備駐守的荊州浩浩蕩蕩殺來，而此時吳國的孫權也動了吞併荊州的心思，所以曹操的發兵觸動了吳國的利益，孫權的內心也是極為反對。

大軍壓境，劉備趕緊制訂應急措施，諸葛亮提出聯合孫權對付曹操。

沒想到老謀深算的曹操搶先一步，他知道劉備和孫權這兩股勢力不容小覷，若二者聯盟，只怕會成為他南征的強勁對手，於是他派使者去吳國，勸孫權與自己一起滅了劉備。

面對曹操的建議，吳國上下舉棋不定，以張昭為主的主和派認為，曹操實力過大，不能與其對抗，以免讓吳國成為對方的活靶子，而魯肅為首的主戰派則認為曹操若打敗劉備，則其實力會加倍壯大，到時吳國離滅亡的日子也不遠了。

可是魯肅的想法得不到眾朝臣的支持，他只好把諸葛亮請到吳國，請求這位出色的軍師改

諸葛亮畫像。

變眾人的想法。吳國的大臣們聽說諸葛亮來了，都不屑一顧。因為劉備的實力連吳國也比不上，而且他們知道諸葛亮此行是為了請求聯合，所以大臣們自恃高人一等，言語中就很不客氣。

張昭首先向諸葛亮發難：「諸葛孔明，我聽說你是劉備三顧茅廬請過來幫忙奪取荊襄之地的，怎麼現在荊襄反而被曹操奪走了呢？你能否給大家一個說法？」

諸葛亮知道張昭是吳國第一大謀士，在朝中具有很高的威信，如果不將他說服，孫劉的聯盟就不能成功。

於是，諸葛亮胸有成竹地搖著羽扇，綿裡藏針地說：「我們主公要奪取荊襄，簡直易如反掌！只是主公不忍心同室操戈，才縱容了曹操的惡行。如今主公正在積極壯大兵力，欲實現他的宏圖大計，等閒之輩怎麼會懂！況且吳國現在正處於危難之際，若是真有才學的人，應該拿出好主意來，只有好搬弄是非的人才會光說不做，讓天下人笑話！」

張昭聽完諸葛亮的回答，頓時面紅耳赤，訥訥地說不上話來。

東吳的其他官員一看張昭出了醜，氣憤難平，紛紛要為其扳回一城。

一個老謀士趕緊問諸葛亮：「曹操有雄兵百萬，劉備不怕嗎？你們不要吹噓。」

諸葛亮不卑不亢地回答：「我都說了主公是在等待時機，反觀你們東吳，有長江這道自然天塹，卻總想著投降，真是丟臉！」

經過一番舌戰，諸葛亮將東吳眾臣駁得顏面丟盡、啞口無言，並促使孫權決定聯合劉備一致對曹。

就這樣，聯軍屯兵夏口，兵力僅有五萬，欲與曹操的百萬之師決戰。

雖說是以弱對強，但聯軍精心制訂了一系列計策，東吳老將黃蓋自告奮勇去曹營詐降，然後向曹操「獻計」，稱把曹軍的戰船用鐵環連在一起，可以防止北方將士暈船。

曹操大喜，毫無戒備之心，滿心以為黃蓋會在兩軍交戰的那一天率軍投降。豈料，當孫劉聯軍與曹軍在赤壁相遇之時，黃蓋帶著幾十艘裝滿柴草的小船火速靠近敵軍。只見霎時東風起，黃蓋點燃小船，火勢藉著風力愈演愈烈，將曹軍的連環戰船燒成一片火海。曹操的士兵被燒得鬼哭狼嚎，紛紛從戰船上跌入水中，瞬間成了聯軍的俘虜。最終，百萬魏兵死的死，傷的傷，還有力氣跟隨曹操逃走的僅剩幾十人，曹操不禁仰望天空，放聲大哭。

至此，赤壁之戰以孫劉聯盟勝利而結束。

赤壁之戰是一個經典的以弱勝強的合作模式，面對著曹操這個巨大的威脅，弱勢的孫權和劉備懂得以結盟的方式抵禦強敵，又使用了火攻曹軍的計謀來取勝，充分說明在外交中，勁敵並非百戰百勝的，弱國若能攜手對外，且靈活地運用策略，同樣能取得勝利。

赤壁之戰是三國時期著名的三大戰役之一，也是中國的第一場在長江爆發的大型戰役，它奠定了魏蜀吳三足鼎立的局面，而且使得中國的軍事政治中心不再侷限於黃河流域。

【小常識】

三國時期的三大戰役

赤壁之戰與官渡之戰、夷陵之戰合稱為三國時期的三大戰役。官渡之戰是曹操與袁紹的對決，而夷陵之戰則是劉備與孫權的廝殺。這三大戰役都對三國鼎立的局面發揮了促進作用，且是以少勝多、用火攻使強大的敵人處於下風。

14

尋找九色鹿王

絲綢之路與商貿外交

在甘肅敦煌莫高窟的第兩百五十七窟，有這樣一組壁畫：畫面並沒有像其他佛窟那樣描繪佛像，而是畫出了一系列姿態各異的鹿。

這些鹿據說是佛祖釋迦牟尼的化身，因毛髮有九種顏色，所以名為「九色鹿」。

關於九色鹿，歷來流傳著一個連接西域和中原的美麗傳說，在故事的結尾，壞人得到了應有的惡報，實在是大快人心。

相傳，在很早很早以前，荒涼的戈壁灘上，忽然颳起了猛烈的狂風。

當風力減弱後，一支由波斯商人組成的駱駝隊陷入了迷路的境地。

「糟了！我們要被困死在沙漠裡了！」商人們沮喪地說。

就在大家焦急萬分之時，天邊忽然響起了悠揚的樂聲，接著一頭毛髮有九種顏色、犄角和四蹄雪白的鹿踩著祥雲來到駝隊的面前。

九色鹿開口說話了：「我可以帶你們走出這片沙漠。」

商人們見九色鹿會說話，紛紛露出驚訝的神情。可是，九色鹿那麼美麗，有誰會懷疑牠呢？於是，商人們就在九色鹿的帶領下回到了絲綢之路上。

波斯商人不由得感激萬分，向九色鹿道謝。

九色鹿告別了波斯商人，即向自己的家——綠洲奔去。

突然，牠聽到有微弱的呼救聲，急忙走近查看。

原來，是一個捕蛇人不慎溺水，生命危在旦夕。

九色鹿趕緊跳下水，馱著捕蛇人上岸。

捕蛇人再三感激，表示要送禮物給九色鹿，九色鹿拒絕了，告訴他：「我什麼禮物都不要，只求你別把我的住處告訴別人。」

捕蛇人一口答應，還表現得非常誠懇。

誰知，波斯商人來到長安後，將遇見九色鹿的事情告訴了國王。王后覬覦九色鹿的皮毛，就謊稱得了失心瘋，一定要用九色鹿的皮做成衣服才能痊癒。

國王只好以重金懸賞九色鹿，正巧捕蛇人看到了王室的告示，他立刻把曾經的誓言拋到了九霄雲外，自告奮勇地帶著國王和軍隊前往綠洲去捉九色鹿。

很快，九色鹿便被御林軍團團圍住，牠在人縫中發現了捕蛇人，頓時淚流滿面地控訴道：「我救了你的命，你卻違背了你的誓言，把我的住處告訴了其他人。國王啊！你和這樣的小人在一起，豈不是要辱沒了你的一世英名？」

國王覺得有些不對勁，連忙問明事情的緣由，當得知真相後，他怒斥

敦煌壁畫—鹿王本生圖。

捕蛇人忘恩負義，而後者由於過分驚恐，失足落入深潭中淹死了。

在故事中，九色鹿的神聖形象令人們心生敬畏，而古人對這個傳說信以為真，還曾在絲綢之路上找過九色鹿。

其實，從這個故事中，人們更多的是能瞭解到西域與中原的交流之頻繁，而連接交流的樞紐，便是聞名於世的絲綢之路。

通常，絲綢之路指的是歐亞大陸北部，連接亞、歐、非的貿易之路。

漢武帝時期，張騫出使西域，首次開拓了絲綢之路，這條路當時被稱為「鑿空之旅」，至東漢時期，外交家班超將絲路再次拓展，首次讓絲路延伸到了歐洲，於是，羅馬人第一次見到了中國的綢緞布料，並為之深深傾倒，稱呼中國為賽里斯國，即絲綢之國。

為了得到中國的絲綢，羅馬帝國也派遣商隊前往東漢的都城洛陽，將中國的絲製品源源不斷地運回國，羅馬人帶走的，還有中國的瓷器和西域的香料。

絲綢之路是中國、印度和希臘經濟與文化交流的橋樑，唐玄奘前往印度求佛，走的也是絲綢之路，這條路線一度成為亞歐大陸的交通動脈，在人類歷史上有著舉足輕重的地位。

【小常識】

絲綢之路的正式命名

十九世紀末期，德國地質學家李希霍芬將橫貫亞歐大陸的商路命名為「絲綢之路」，隨後德國學者胡特森寫下了著作《絲路》，讓全世界一致認同了「絲綢之路」這一稱謂。

15

小小棋盤大有玄機

南北朝的「棋盤外交」

唐朝詩人杜牧曾寫過一首著名的詩篇《江南》，其中一句「南朝四百八十寺，多少樓臺煙雨中」寫盡了中國南方的溫婉纏綿。

杜牧是藉這首詩表達對時光荏苒的感慨，但人們的第一印象卻是：原來南北朝時期有那麼多寺廟啊！

其實，南北朝時期流行的可不只寺廟這一樣，還有圍棋。而正是多虧了圍棋，一直都相互敵視的南北朝政權才有了相互溝通的機會。

西元四九四年，北魏的孝文帝打算遷都洛陽，這時他聽說南朝的齊國正在鬧內亂，頓時動了吞併南齊的念頭。而齊國的都城在建康（今南京），離洛陽不是很遠，若攻佔齊國都城，北魏的實力可以擴展至中國南方，絕對是一筆一本萬利的買賣。

重屏會棋圖。

可是孝文帝也只是聽說齊國在動亂，並沒有目睹實情，他擔心情報不準確，所以就開始思索著考察齊國的辦法。

經過一番慎重的

考慮，他向齊國派出了秘書丞李彪。

李彪是圍棋高手，原來孝文帝打出的是「圍棋外交」的旗幟。與李彪同行的還有北魏的圍棋高手、棋童范寧兒，孝文帝決定用光明正大的外交方式一探齊國虛實。

自古以來，南方都是經濟過硬軍事不強，南朝雖然看不慣北朝的粗獷，卻在對方強大的武力之下不得不忍氣吞聲。

如今，北朝居然主動來南朝訪問，頓時讓南齊的官員精神為之一振，齊明帝蕭鸞下達了死令：「一定要打贏北魏，替我朝爭口氣！」

很快地，這個重任落在了南朝的第一圍棋手王抗身上。

齊國的百姓聽說朝廷要和北方派來的使者較量圍棋，都非常好奇，尤其聽說北魏派來的圍棋手只是個黃毛小兒，更加哂笑不已，覺得北人真是沒有圍棋手了，竟拿個小孩來充數。

於是，大家紛紛湧向李彪和范寧兒的住處，爭相觀看戰局。

只見一開局，王抗就自恃棋藝高超，展開了猛烈的攻勢，相較之下，范寧兒卻只是在嚴防死守，不由得令北朝的使臣們捏了一把冷汗。

正當大家以為王抗穩操勝局之時，求勝心切的王抗下錯了一步棋，范寧兒立刻抓住時機轉守為攻，終於扭轉戰局。

王抗見大事不妙，這才謹慎起來，苦苦抵擋對方的進攻，但局面已無法挽回，最終他以一子的微小差距敗下陣來。

這時，所有南朝的官員都傻了眼，他們做夢也沒想到，以圍棋著稱，且有著一品國手的南朝，居然會敗給禮儀欠佳的北朝。

雖然是一場圍棋對決，卻因為背負的政治壓力而成為南北朝顯示國力的舉動，這在外交史上並不乏相似的例子，而南朝的驕傲自負也註定了其國運不會長久。

在這次比賽過後，魏孝文帝終於用計逼迫北魏貴族定都洛陽，而齊明帝蕭鸞很快病死。這位喜愛厭勝之術、對外做足了勤儉節約工夫的皇帝，死後才被人發現皇宮中塞滿了金銀珠寶，而南齊繼任的皇帝蕭寶卷更是荒唐無度，最終讓維持了二十三年的南齊在他手上斷送。

東晉末年，權臣劉裕篡位，建立宋朝，將晉朝取而代之，隨後中國的南北方勢力長期對峙，按時間順序分裂成：南朝的宋、齊、梁、陳，北朝的北魏、東魏、西魏、北齊和北周。

南朝的皇族多為東晉的世族或次級世族，所以禮儀風範勝於北朝，可惜總是發生宗室鬥爭，國力減弱，使得北朝不斷向南擴張疆域。至梁武帝時期，雖有所改善，卻控制不了衰頹之勢。

北朝因有蠻夷之國柔然的牽制，難以全力攻克南朝。身為鮮卑皇族的北魏孝文帝在即位時期興起了漢化運動，促進了胡漢之間的民族融合。後來，北魏分裂成東西魏，最後被北齊及北周所取代。

【小常識】

圍棋在南朝究竟有多熱門？

在南朝，圍棋非常受人們歡迎，早在南朝的宋明帝時，就設有專門的圍棋機構—圍棋州邑。到梁武帝時期，皇帝還命人校訂了專門寫圍棋技巧的《棋品》一書，並親自為該書撰寫書評。此外，南朝還會舉行全國性的圍棋比賽，並在賽後由專家為棋手評定等級，與現今的做法十分相似。

16

東西兩天子竟能並存

隋煬帝的隱忍外交

中國自進入隋朝以後，國力逐漸強大，不僅受到了陸上鄰國的尊敬，連偏遠地方的國家也慕名前來朝拜，一時間，中國的對外交往呈現出欣欣向榮的景象。

只是，當時的日本態度倨傲，並無半分甘於人臣的想法，而隋煬帝則採取了忍讓的策略，盡顯隋朝的大國風範。

在隋煬帝當政時期，有一年的冬天，日本派遣使節赴長安覲見。

隋煬帝非常重視這次會面，在得知消息後迅速派接洽大臣前去港口迎接。

時值隆冬臘月，接洽大臣帶著一行隨行官員在濕氣濃重的海港等了一個多時辰，才見日本的船隻姍姍來遲。

大家連忙目不轉睛地盯著日本使船，只見一箱一箱的貢品被搬上岸，隨後，一個身著和服、腰佩寶劍的中年男人帶著一幫隨從慢慢踱步而來。

隋朝大臣連忙迎上去，笑著說：「貴客遠道而來，實在辛苦，朝廷已為你們打點好住所，請稍後隨我前去。」

日本使節卻冷若冰霜，鄙夷地斜睨隋臣一眼，傲慢地說：「聽說大海西邊的天子崇尚佛法，所以本國天皇才派我來朝拜，我這邊還有僧人數千，專程來向中國學習佛法。」

隋朝的官員們都有些納悶，因為從談話一開始，只看見日本使節帶了十來個人出來啊，哪裡有「數千人」？

大臣將當日的接洽情況告訴了隋煬帝，煬帝卻一笑了之，他覺得既然是友好交往，不必太過較真，否則會傷了彼此之間的和氣。

數日之後，日本使節來到洛陽，向隋煬帝呈交了日本的國書。

畢竟是面見皇帝，這次遣隋使的態度謙虛了許多，可是隋煬帝在翻閱了幾頁國書後，臉色卻變得鐵青。

原來，遣隋使居然在國書中將日本天皇稱為「東皇帝」，將隋煬帝稱為「西皇帝」，並不恪守君臣之禮，這讓隋煬帝瞬間惱羞成怒。

隋煬帝好大喜功，理所當然地將前來覲見的日本當成了隋朝的藩屬國，可是日本並不這樣認為，於是兩個天子並存的現象宛若一把尖刀，狠狠地刺進了煬帝的心房。

或許是皇帝的神情太過猙獰，隋朝的大臣們非常惶恐，生怕隋煬帝大發雷霆，將眾人罵得狗血淋頭。

好在，隋煬帝是個具有大智慧的人。他努力壓制住了內心的怒火，決定不為中國和日本的交往抹上不愉快的一筆。

於是，他勉強牽動嘴角，拉扯出一個貌似輕鬆的笑容，對身邊的大臣說：「以後日本的國書，我就不親自看了。」

此後，為了表示禮尚往來，隋煬帝又派中國使節隨日本使節進行了回訪。

隋煬帝。

日本天皇對中國使臣進行了熱烈的歡

迎，因為隋煬帝的隱忍，中日關係沒有惡化，反而得到了提升，實在是一件可喜可賀的事情。

隋朝是東亞最強大的帝國，但並未以大國自居，而是堅持貫徹以德服人的對外策略，和周邊國家保持著睦鄰友好的關係。

隋朝習慣將周邊國家當成自己的藩屬國，如朝鮮半島的高句麗、新羅和百濟，可是日本卻竭力想保持與隋朝對等的地位。這便使兩國在交往過程中產生了一些不愉快，但並無重大矛盾發生。

隨著高句麗勢力的擴大，該國企圖以武力來征服朝鮮半島，並且不再對隋朝俯首稱臣。此時隋朝才開始對高句麗發兵，但目的也僅為教訓對方，而非侵略。

【小常識】

國書

國書的最普遍解釋為國家間往來或共同議定的文書，或是有一國元首署名的派遣或召回使者的公文。國書通常由一國使者向另一國元首遞交，而使者只有在呈送了國書之後，才被視為兩國的外交關係正式展開。

17

打腫臉充胖子

隋朝創立的金錢外交

「混蛋！你們的證件早已過期，怎麼還賴在這裡不走！」明嘉靖二年，中國的寧波港碼頭，一支來自日本的朝貢船隊的領頭人正在破口大罵。

另一支同樣來自日本的船隊領頭人不甘示弱，也針鋒相對：「我們的證件已經被中國的官員驗證過了，完全合法！你們快滾回去吧！」

結果兩支船隊互不相讓，大打出手，船隻很快著火了，有人被武士刀砍倒了，甚至連明朝的軍官也被殃及，成了人質。

這便是震驚明朝王室的「爭貢事件」，那兩支船隊分別隸屬日本的兩大勢力，因為都想奪得向明朝進貢的優先權而發生爭鬥，最終釀成慘劇。

難道明王朝真令日本如此臣服嗎？那為何又會不時地發生倭寇襲擊中國海岸的事件？

實際上，自隋朝以來，日本儘管和中國有往來，卻從未表示臣服，而真正令日本人服氣的，只是一個「錢」字。

原來，中國歷代帝王為顯示大國風範，採取了金錢外交的手段，只要外邦向天朝進貢，中國就願意做虧本買賣，以更加豐厚的禮物回贈過去，難怪外邦會對朝貢樂此不疲。

這個壞習慣是由隋煬帝創立的。

明朝畫家仇英所畫的《職貢圖（局部）》。

在統一中國後，隋煬帝為了炫耀國力，便在甘肅的張掖舉行萬國貿易會，並承諾：所有與會的西域商人均有重金賞賜！

西域各國嚐到甜頭之後，一時間進貢的國家絡繹不絕。

隋煬帝加倍心花怒放，將奢侈浪費發揮到了極致。

《資治通鑑》記載，隋煬帝在洛陽招待西域商人，動用了近一萬名樂師，還設立了一個直徑達一萬步的戲臺，短短一個月就耗資百萬，而西域人在洛陽喝酒吃飯都是免費的。

有西域商人見洛陽人用綢緞裝飾樹木，驚訝地問：「你們國家不是有很窮的人連衣服都沒得穿嗎？怎麼還要把綢緞纏在樹上呢？」當即把洛陽百姓問得面紅耳赤、羞愧萬分。

窮奢極慾的隋朝很快滅亡了，但鋪張浪費的金錢外交卻依舊保留下來。

至明清時期，金錢外交更是變本加厲。

明太祖朱元璋曾說：「來我國的使節不必送多重的禮，只要意思一下就行了！」

既然皇帝這麼說，他國哪有不聽之理？

於是朝鮮就積極朝貢，並不時表示對明朝的忠誠。儘管明朝的國庫並非取之不竭，可是面對如此「忠心」的藩屬國，明朝皇帝硬是給予其特殊照顧，將「三年一貢」的規章制度改成了「一年一貢」。

到了清朝，因為閉關鎖國的政策，中國與外國幾乎沒有貿易往來，所以清廷就允許朝貢的船隻來中國兜售貨物，如此一來，不僅能獲得很多回禮，而且還能做生意，可謂一舉多得，所以其他國家更是擠破腦袋來中國朝貢。只是中國朝廷在開展金錢外交的同時，卻苦了貧窮的百姓。國庫虧空，皇帝的生活品質卻不能下降，唯有搜刮民脂民膏，方能繼續撐足面子。

金錢外交讓中國蒙受了很大損失，比如明朝時期，東南亞諸國進獻的胡椒、蘇木過多，無法消耗，皇帝竟下旨讓官員的月俸以胡椒等物代替，結果官員們怨聲載道，對百姓也就加倍剝削。

金錢外交在清末已經不再適用，一方面，列強等不及一年一貢的獲利方式，想要攫取更多財富；另一方面，清政府也認識到舊的外交方式需要改革，如果仍舊以大國自居，卻不學習新時期的外交手段，註定會被列強牽著鼻子走。

【小常識】

隋煬帝為何要用綢緞纏樹？

因為隋煬帝招待西域商人的時節正值農曆正月，洛陽的樹木全都光禿禿的，讓煬帝覺得很不好看，所以命人用綾羅綢緞纏在樹上，還吹噓洛陽是仙境。沒想到那些見多識廣的西域商人卻不買帳，問出了為何窮人沒有衣服穿的問題。

18

讓突厥甘心臣服的「天可汗」

唐太宗的懷柔策略

在中國西安市的西北郊，有一座在中國帝王中面積最大的王陵，那就是唐太宗的昭陵。

昭陵之大，不僅在於面積，也在於陪葬人數之多。值得一提的是，昭陵裡有好幾座唐朝藩屬國將領的陵寢，而當年唐太宗逝世時，突厥處羅可汗的兒子阿史那社爾和鐵勒部的哥論易勿施莫賀可汗之孫契苾何力竟悲痛到請求自殺殉葬，這些事情，均是在中國帝王史上極其罕見的。

從中可看出，少數民族是非常愛戴唐太宗的，他們親切地稱他為「天可汗」，願意臣服於大唐帝國。

唐太宗傾其一生的心血搞好民族關係，他擁有「天可汗」的稱謂，確實是名至實歸。

在初登皇位之時，東突厥的頡利可汗突然大舉南攻，屯兵於渭水的北岸。唐太宗為打擊東突厥的囂張氣焰，親自換上戎裝，率大臣高士廉、房玄齡奔赴前線，來到渭水的南岸。

頡利可汗聽說大唐的皇帝來了，頓時精神抖擻，想親手將唐太宗俘獲。

沒想到唐太宗命令軍隊退後，自己獨自一人在河邊與可汗談判，令大臣們非常驚恐。

唐太宗見大臣們阻攔自己，便胸有成竹地笑道：「如果我們一味退讓，突厥就會一再進攻，但如果我輕裝前行，他會產生恐懼，戰況就會對我們有利。」

果然，可汗見河邊只有唐太宗一個人，懷疑有埋伏，不禁舉棋不定，他思來想去，決定向唐太宗求和。兩人隨後在清水訂下盟約，可汗答應不再侵犯唐朝，唐太宗則賞賜了東突厥很多金帛，兩個敵國在未動一刀一槍的情況下，順利成為了好盟友。

不過，唐太宗並非真的不愛戰爭，他只是在等待進攻的時機。

唐太宗畫像。

三年後，唐朝經濟穩步發展，突厥卻天災人禍不斷，唐太宗意識到制伏突厥的機會來了，便在西元六二九年的冬天派兵大敗頡利可汗，又在第二年俘虜了對方，至此，東突厥滅亡。

頡利可汗沒有再回北方，而是在唐朝擔任了右衛大將軍之職，死後，他的兒子承襲了父親的職務，終生為唐朝效忠。

除突厥外，鐵勒部也成功被太宗收服。

有一次，契苾何力隨唐太宗在前線打仗，不小心中了敵人的箭，唐太宗親自為他敷藥，讓契苾何力感動地落下眼淚。

唐太宗見契苾何力不便打仗，就讓他回部落探望親人，順便安撫族人。

當契苾何力興沖沖地趕回家後，卻發現他的母親和弟弟要去投奔薛延陀國。他大吃一驚，不願與族人們同往，結果被部眾抓了起來，扭送至薛延陀的真珠可汗面前。

契苾何力忠於唐太宗，竟手執匕首割去自己的左耳，宣誓自己寧為唐朝的烈士，也不做叛徒。

真珠可汗驚訝於契苾何力的忠心，連忙派使者去面見唐太宗。

唐太宗聽到消息後熱淚盈眶，將新興公主嫁給真珠可汗，換回了契苾何力。

正是因為太宗對所有少數民族秉持了一視同仁的態度，胡漢間的民族融合才在唐朝達到了空前繁榮的程度。

西元六三〇年，西域和北部各族的首領齊聚長安，請求唐太宗成為各族的共同首領「天可汗」，唐太宗欣然應允。那一天，長安城內呼聲雷動，天可汗的名號傳到了遙遠的邊疆各國，讓所有人都為之深深折服。

唐太宗拉攏番邦的舉措之一是 —— 任用番將為官。

在東突厥戰敗後，有一些突厥部落向中原遷徙，並願意歸順唐朝。唐太宗將投誠的突厥安置在今內蒙南部，還讓他們維持原有的生活習慣，不必遵從漢族的禮儀。

另外，只要有突厥首領來面見他，都會被封官，在朝廷之上，突厥人身穿漢族官服的現象並不少見，而長安城內亦有不少突厥人與漢人混居，甚至連皇太子也經常和突厥人一起玩耍。

唐太宗提升民族關係的另一舉措則是和親。

他在位期間，一共給番邦送去了五位公主，其中文成公主的名氣最大，透過和親，唐朝加強了與少數民族的聯繫，使中國的邊疆在一段時間內達到非常穩定的景象。

【小常識】

為什麼要將少數民族稱為「胡人」？

在中國古代，漢人把其他外族稱之為胡人。胡人所在的區域主要為中國的北方和西方，部落包括匈奴、鮮卑、突厥、契丹、女真、蒙古國、吐蕃、氐、羌等。「胡」這個稱謂並沒有歧視之意，而是指其人民的生活習慣和文化與中原不一樣，所以一概用「胡」做統稱。

胡人出獵圖。

19

漢文化的「西學東漸」

唐朝留學生制度

這是普通的一天，但對一個年僅十二歲的男孩來說，卻有著特殊意義。他即將前往西邊的大國——唐朝，一想到不可預知的將來，就不自覺地捏緊了雙手。

這個孩子名叫崔致遠，出生於一個普通的貴族家庭，為了提升家族的名望，他必須去唐朝取一個功名回來！

終於，船啟動了！可是，父親的嚴厲話語仍在小致遠的耳邊迴響：「你要是中不了進士，就別回來了！我沒你這個兒子！」

「父親！我一定會實現你的心願的！」此刻，崔致遠在內心喃喃地說。

雖然崔家不富，但好在唐朝政府可以資助留學生的學費，所以崔致遠不用擔心自己的生計問題。

來到唐朝的都城長安後，崔致遠與其他留學生一起被安排到國子監讀書。

國子監相當於現在的大學，而唐朝的國子監則是一所國際性的綜合大學，彙聚了世界各地的留學生，最多可容納三千名學生。

朝鮮漢文學的開山鼻祖—崔致遠。

由於國子監裡新羅和日本的學生最多，所以崔致遠很快就結識了一幫同鄉。本來他還擔心自己在國外形單影隻，但現在他的心裡就輕鬆了很多，因為他知道自己不再是一個人了。

早在唐太宗的貞觀年間，唐朝就已經允許留學生參加科舉考試，中舉的外國學生被稱為「賓貢進士」，和中國人一樣可以在朝廷裡謀一個官職。

來唐六年後，才華橫溢的崔致遠不負眾望，考取了「賓貢進士」。中舉的當天，報信的人飛速將這個好消息向新羅傳去，當佳音送至的時刻，整個崔家都沸騰了，他們為家族中出了這樣一位唐朝的進士而歡呼雀躍。

崔致遠的父親讓兒子馬上回國，因為這時候兒子完全有資格在新羅國謀到一份好差事。

沒想到崔致遠竟拒絕父親的提議，他仍想留在唐朝，因為他萌生了在唐朝朝廷裡發展的念頭，這種願望令他甘願放棄即將到手的高官厚祿，轉而安心等待唐朝的安排。

按照當時唐朝的律法，即便中舉，也要先通過吏部的甄選，只有選拔上的人才有資格當官。

可是這一選，就得兩年，而因為中舉，崔致遠的留學生涯也宣告結束，唐朝政府已經終止了對他的資助，那麼兩年的生活又該如何維持下去呢？

崔致遠省吃儉用地辛苦熬了兩年後，終於等來了出任溧水縣尉的委任狀。

雖然薪水豐厚，可是溧水這個地方過於冷清，難以與長安、洛陽媲美，崔致遠難免有落寞之感，他用文字來派遣內心的寂寞，寫下了詩集《中山覆簣集》，可惜如今已失傳。

三年後，黃巢起義爆發，任職期滿的崔致遠滯留在南方，無法西行，只好充當揚州名將高駢的幕僚，擔當了一系列文職。

在揚州期間，他創作出二十卷詩文集《桂苑筆耕集》，被後人稱讚是比《唐書》、《資治通鑑》更為真實的史料文獻，被收錄進《新唐書‧藝文志》中。他還寫下了征討黃巢的《檄黃巢書》，並因此獲得「賜緋魚袋」的勳位。

時值晚唐的動亂時期，崔致遠終因局勢動盪而回歸新羅。他雖不是新羅赴唐朝的第一位留學生，卻是成就最高的一個。他的事蹟是唐朝留學生制度的一個縮影，眾多的留洋生促進了唐朝與其他國家的文化交流，展現出唐朝外交手段的積極與開明。

在唐朝，朝鮮半島主要有新羅、高麗和百濟三個國家。西元六七五年，新羅成為朝鮮半島最大的國家，此後它與唐朝一直保持著友好的外交關係，兩國不僅經常進行貿易往來和進獻貢品，新羅還派出大量留學生去長安學習，以增進兩國間的友好感情。

所以在唐朝的留學生，就屬新羅的最多。西元八三七年，赴唐的新羅學生有兩百一十六人，而三年之後，學成回國的新羅學生一次就高達一百零五人。在唐朝末期的短短八十年間，考中賓貢進士的新羅學生除崔致遠外，另有五十七人。

【小常識】

《新羅殊異記》

崔致遠在擔任溧水縣尉期間，曾去南京郊縣高淳的花山遊玩。花山上有座古墓，據說是古代的兩位才貌雙絕的少女長眠於此，少女的身世十分淒涼，她們均是受父母之命嫁給富商，最後抑鬱而終。崔致遠在山上住宿時，夢到與兩位仙女相遇。醒來後，他覺得十分可惜，就寫下一篇名為《仙女紅袋》的文章，以自己的經歷為藍本，寫了一個人鬼相戀的故事。此文被收錄進韓國古典名著《新羅殊異記》中，該書和《聊齋志異》有異曲同工之妙。

20

鐵血與和平的不可調和

困擾俾斯麥的對外策略

都說新官上任三把火，可是在西元一八六二年九月二十六日，普魯士一位新上任的首相兼外交大臣的火燒得太猛烈了一些，他的上臺宣言讓整個歐洲都為之震驚。

「德意志讓別的國家看得起，憑的是我們的實力！要想解決問題，靠別的都沒用，只能靠鐵與血！」

臺下的眾多官員全都目瞪口呆，這是他們第一次聽到這樣直接的演講，不禁從心底排斥這個異類，因為他們不確定，這個名叫俾斯麥的首相會將普魯士的命運牽引至何處。

可是，普魯士國王威廉一世卻非常欣賞俾斯麥，他甚至在首相面前袒露了自己脆弱的一面：「早晚有一天，你的頭會在歌劇廣場上被他們砍下來，我的頭也將落地。」

可是「鐵血首相」俾斯麥卻面無懼色，他斬釘截鐵地說：「人固有一死，何必在意死在哪裡？我們要做的，就是抗爭到底！」

這種態度正是俾斯麥得到國王賞識的原因，儘管他曾拒絕協助威廉一世攝政，但他堅定的保皇態度使得自己成為了國王最得力的助手。威廉一世對他言聽計從，賦予了他極大的權力，讓俾斯麥能夠在政壇上大展拳腳，為普魯士統一德國創造了可能。

俾斯麥一上任，就大力推行威廉一世未能實現的擴充軍備政策。

議會大為惱怒，要彈劾俾斯麥。

俾斯麥卻顯得更為憤怒，他漲紅了臉，指著議員們的鼻子罵：「這裡不是英國！我是國王的僕人，不是你們的僕人！」

「鐵血首相」俾斯麥。

議員們被俾斯麥的氣勢所嚇倒，只得通過了擴軍的法案。然而，議會也不是省油燈，與俾斯麥的矛盾始終不可調和，聰明的俾斯麥便想利用戰爭來轉移國民的注意力。

當時丹麥總是對德意志的大小事務指手畫腳，俾斯麥就以丹麥覬覦普丹邊境的石勒蘇益格和荷爾斯泰因兩州為由，宣布對丹麥開戰。在發動戰爭前，俾斯麥不想腹背受敵，便向奧地利承諾，如果兩國聯盟，一旦勝利，石勒蘇益格將分給奧地利。

奧地利皇帝欣然應允，卻沒想到正中俾斯麥的圈套。石勒蘇益格在普魯士境內，且面積很小，駐紮在這裡的奧地利士兵極容易與普魯士人發生衝突，如此一來，俾斯麥對奧地利發動戰爭也就有了理由。

在丹麥戰爭取得勝利後，俾斯麥又施展同樣的伎倆，將盧森堡和萊茵河區讓給法國，以此做為和法國聯盟的條件，然後利用奧地利侵佔義大利的威尼斯之事與義大利結盟，而英國因為實行光榮孤立的政策，所以不會加入到任何衝突中，如此一來，對奧地利戰爭的絆腳石全無，俾斯麥則可以專心地思考怎樣對付奧地利了。

西元一八六六年，普魯士發動了薩多瓦會戰，普奧兩國參戰人數均達到二十萬人以上，最終普魯士贏得勝利，將奧地利趕出國門。

隨後，俾斯麥又將矛頭對準控制南德意志各邦國的法國。在阿爾薩斯會戰中，拿破崙三世投降，德意志統一的最終障礙被掃除，德意志帝國宣告成立。

戰爭讓德國結交了不少仇敵，可是俾斯麥不希望再發動戰爭了，因為經濟再也不能受到炮火的摧殘。

事實上，即便在戰爭時期，俾斯麥也有意為德國的對外關係留了後路。在擊敗奧地利後，俾斯麥沒有乘勝追擊，而是選擇了與奧地利講和，且對奧地利極為客氣，給對方保留了很大的面子。

至於法國與德國積怨太深，俾斯麥只好採取孤立對方的政策。他與奧地利、俄羅斯結成「三帝同盟」，以防止法國的報復。

可惜俄國與奧地利有利益衝突，三帝同盟幾年後流產，俾斯麥只得分別與奧國和俄國簽訂條約，分別結成同盟。

拿破崙三世被俘後會見俾斯麥。

西元一八七七年，俄國與土耳其爆發戰爭，俄國侵佔了土耳其奧斯曼帝國的大片領土，也因此侵犯了英法等國的利益。眾列強深感不滿，邀請俾斯麥「主持正義」。

於是，俾斯麥在次年舉行了柏林會議，他表面上保持中立，實則偏袒奧地利，致使俄國成了會議最大的輸家。俄國憤然中斷與德國的盟約，俾斯麥想要的一團和氣再度落空。

鐵血政策只能產生於戰爭年代，而在經濟建設時期，和平才是最適宜的溫床。俾斯麥的晚年為了怎樣保持與他國的友好關係而費盡心機，卻始終不能得到完美的解決。

俾斯麥出生於德國東部布蘭登堡一個資本主義貴族家庭，然而他本人卻狂熱地擁戴君主制度。他是普魯士的著名政治家兼外交家，在他執政期間，創立了世界上第一部勞工法律。

在俾斯麥執政後期，德意志國王威廉二世不甘心被俾斯麥左右，開始奪權。俾斯麥知道自己從政之路已經是到盡頭，黯然辭職。在他死後，他生前努力抑制的軍國主義迅速在德國膨脹，最終導致了第一次世界大戰的爆發。

【小常識】

普魯士與德國的關係

普魯士曾是德國境內最強大的邦國，位於德意志的北部，歷史上的普魯士通常指的是西元一七〇一年～一九四七年間的普魯士王國。普魯士軍事實力雄厚，僅崛起兩百年就統一了德國，建立起德意志第二帝國。

21

捨小保大的利國協定

德俄的布列斯特和約

西元一九一七年，對俄國來說註定是個不平凡的一年。

這一年接連爆發了兩場革命——二月革命和十月革命，沙皇羅曼諾夫王朝被推翻，俄羅斯開始向社會主義國家轉型。

這並不意謂著俄國的形勢有所好轉，事實上，除了內憂，俄國還有外患。

當時俄國正處於一戰中的焦頭爛額狀態，與德國的作戰遲遲不能結束，而國內的民眾卻因為戰爭生活潦倒，有鑑於此等情況，由列寧領導的蘇維埃政府迅速做出決定：退出第一次世界大戰。

於是，列寧起草了倡議書《和平法令》，呼籲英法等協約國立即停火，與德國展開和平談判，最好能不割地、不賠款地解決外交糾紛。

可是，在戰爭中已經佔據上風的協約國怎麼會答應呢？英法認為俄羅斯違背了協約國的盟約，其所作所為不能原諒。

列寧和布爾什維克黨有點為難，經過商議，決定撇開協約國，單獨跟德國進行和平談判。

德國求之不得，其疲於應付歐洲戰場上的東西線作戰，俄國的退兵正好給了他喘息的機會，同時德國也敏銳地揪住了俄國渴望和平的心理，準備趁機大撈一筆。

於是，在西元一九一七年底，俄國與德國在白俄羅斯的一座小城——布列斯特展開了一場長達兩個月的談判。

之所以選擇布列斯特，是因為此地是德國的軍方戰線司令部，屬於德國人的地盤，所以這場談判從一開始就有利於德方。

德國想訛詐俄國，俄國不甘示弱，最終在第二年的二月初，德國乾脆強硬地發出指令：要嘛俄國割讓十五萬平方公里土地，加三十億盧布賠款，要嘛就繼續打仗！

俄國國內頓時議論紛紛，民眾義憤填膺地認為這是喪權辱國的條件，布爾什維克黨不應該允諾。

對此，列寧卻提出不同看法。他覺得應該以大局為重，先發展經濟，簽訂布列斯特和約只是緩兵之計，以後俄國人一定會奪回失去的土地。

可是反對簽約的人太多了，包括與德國談判的托洛斯基。托洛斯基擅自做主，向德方發出嚴正聲明：「俄國要退出戰爭，但是不會簽約！」

此話讓德方惱羞成怒，他們憤恨地宣布從二月十八日全線起展開對俄國的進攻。

列寧搖頭嘆息，急忙努力挽回破裂的談判。可是，他提出要重新和談的建議最後沒有得到布爾什維克黨的通過。

德俄開戰的日子瞬間來臨。

開戰第一天，由於俄國紅軍剛開始組建，很多陣地防守薄弱，德國如入無人之境，順利向俄國境內推進。

布爾什維克黨陷入了兩難境地。

列寧再次動員大家接受布列斯特和約，黨內為此展開了激烈的討論，最終列寧的提案獲得了眾人的支持。

翌日，俄國的人民委員會致電德國，表示願意簽約。

然而，狡猾的德方裝聾作啞，繼續集中兵力，向彼得格勒進軍。

在危難之時，人民委員會號召全國人民奮起反抗，將入侵的德國軍隊趕出俄國。

二月二十三日，紅軍展開了反擊，隨著越來越多的人民軍隊的加入，德國的侵略終於宣告失敗。

德國又開始耍滑頭，發出了拖延多時的電報。這一次，他的胃口更大，要求俄國必須割讓面積更大的領土，並且賠款必須翻一倍，還要求俄國在四十八小時內做出答覆。

布爾什維克黨內部再度憤怒不已，聲討聲此起彼落。這時，列寧仍舊堅持他的退讓觀點，他的執著說服了眾人，三個月的談判終於結束。

在簽下不平等的布列斯特和約後，德國沾沾自喜，在第一世界大戰的戰場上過於冒進，最終遭遇慘敗，簽訂了停戰協議。

俄國人的願望終於實現了，就在停戰協議簽署的第二天，俄方宣布布列斯特和約被永久廢除。

布列斯特和約不僅讓德國獲得了大量的土地和賠償金，還使同盟國佔據了兵力上的優勢。

就在和約簽訂後的一週時間內，德國連續三次發動了對英法的進攻。不過，協約國愈戰愈勇，德國的野心則接連受挫。隨後美國加入戰爭，使得同盟國的形勢雪上加霜。

戰爭的慘敗引爆了德國國內的革命，大量工人和士兵起義，逼迫德國皇帝威廉二世退位，十一月十一日，德國投降，第一次世界大戰正式結束。

【小常識】

第一次世界大戰

第一次世界大戰爆發於十九世紀末二十世紀初，處於資本主義世界向帝國主義世界的過渡時期，各資本主義國家為爭奪全球資源，便爆發了第一次世界大戰。長達四年的戰爭讓三十三個國家捲入戰爭，影響人數超過十五億，佔當時世界總人口的四分之三以上，死傷人數達三千多萬，經濟損失有兩千七百億美金。

22

不以雞蛋碰石頭

國際法承認的中立國瑞士

人們常說，退一步海闊天空，在敵我力量懸殊的情況下懂得明哲保身，不失為一種聰明的舉動。

瑞士人從十六世紀初就明白了這個道理。

當時，瑞士正從一場失敗的戰爭中醒悟過來。在與法國的戰爭中，瑞士人意識到自己只是一個小國，根本不可能成為歐洲的霸主，還不如與其他國家保持友好關係，給自己一個穩定發展的空間。

三十年戰爭後，瑞士的獨立受到保障，並正式宣布稱為中立國，永遠不再介入任何國家之間的政治、軍事衝突中。

西元一八一五年，歐洲戰勝國在維也納會議上承認了瑞士的永久中立國地位。

瑞士也因此在其他國家的默許下逐步建立起自己的外交政策和原則，除了永久獨立外，它還將自己視為全世界的服務國。

從封建時代到近代，歐洲從來都是戰火不斷，戰爭國需要一個國家獨立於戰爭之外，因此它們允許瑞士成為中立國。一旦戰爭爆發，逃難的富商名流和王公貴族會攜帶著大量資金和先進技術來到瑞士，間接促進了瑞士經濟文化的發展。

做為回報，瑞士立志為一切捲入戰爭和衝突的國家提供服務，所以才會有諸如「日內瓦談判」之類的調停事件，很多世界組織也將總部設在瑞士，如日內瓦的聯合國歐洲總部、蘇黎世的國際紅十字會、洛桑的國際奧林匹克運動委員會。

可惜的是，在第二次世界大戰中，這個中立國卻因渴望和平，對德國採取了屈服甚至是協助的態度。

瑞士聯邦政府後來向世界懺悔，在第二次世界大戰期間，瑞士依舊與德國進行經濟貿易，還為納粹德國提供軍事武器和鐵路運輸。此外，因怕觸怒德國，瑞士拒絕對猶太人提供援助庇護，甚至連德國《週報》也對此舉冷嘲熱諷，稱瑞士「中立」得就差沒跟軸心國正式合作了。

這些嚴重違反中立的舉動，一直讓瑞士心中有愧。西元一九九五年，瑞士外交部長科蒂代表瑞士正式向全世界道歉，他的坦誠贏得了國際社會的普遍認可。

至今，瑞士做為國際法承認的中立國，依舊以公平公正的宗旨成為世人心中的和平之國。

瑞士，全名為瑞士聯邦，是一個中歐國家，全國有二十六個州，以高原和山地為主，被稱為「歐洲屋脊」。其經濟發達，人均財富居世界第一，尤其是它的兩座城市——蘇黎世和日內瓦，在世界上最有生活品質的都市中排名前兩位。

在西元一二九一年簽訂的《永久同盟誓約》，被認為是瑞士邦聯建立的最初檔案。

瑞士起初並非一個國家，它是許多零散的地區從其他國家獨立出來以後組成的。

繼瑞士聯邦成立後，西元一八四八年，伯爾尼成為瑞士的首都，很多名人都曾在此住過，愛因斯坦也曾在伯爾尼發表了相對論，這讓伯爾尼人非常自豪。

【小常識】

三十年戰爭

西元一六一八年，波西米亞（今捷克）為反抗哈布斯堡王朝而引發了一場戰爭，戰火迅速蔓延至整個歐洲。哈布斯堡王朝得到羅馬教皇、德意志天主教諸侯、波蘭、立陶宛的支持；法國、瑞典、荷蘭、丹麥、英國和俄國則站在波西米亞的一邊，戰爭一直持續到西元一六四八年，最終哈布斯堡王朝戰敗。這場戰爭極為慘烈，歐洲男性約一半戰死，經濟損失更是不計其數。

三十年戰爭一開始時的白山戰役。

23

原是一場正義的考驗

美國的門羅主義

在十九世紀二〇年代，拉丁美洲的民族主義開始覺醒，這片長期受西方殖民者侵略的土地上展開了如火如荼的獨立運動。

面對這一情況，由歐洲大多數國家組成的「神聖同盟」企圖將拉丁美洲重新殖民化，於是大肆進行武裝干涉，反倒激發了拉丁美洲人民越來越激烈的抗議之聲。

不過，歐洲也有同情拉丁美洲的政客。西元一八二三年八月，英國外交官喬治．坎寧找到美國總統門羅，請美國與英國聯盟，以便打擊「神聖同盟」在拉丁美洲的囂張氣焰。

當時門羅政府一口答應，倒不是因為有多麼正義，而是暗藏了小心機。

早在湯瑪斯．傑弗遜擔任美國總統時期，美國就迫切感到領土擴張的需要，可是當時英國也在對外擴張，於是兩國在西元一八一二年爆發了一場英美戰爭，戰爭的結果導致美國向北擴張領土的願望成了泡影。

現在拉丁美洲有難，美國可以趁幫忙對方的機會，進行勢力擴張。

不過英國既是美國的盟友，也是後者的競爭者，如果聯合，後續將產生很多問題。

門羅政府在經過縝密的討論後，決定不再藉助強大的英國政府的力量，而是單方面向世界拋出自己的立場。

美國總統詹姆斯．門羅。

西元一八二三年底，門羅向國會提出了幾項對外政策：承認拉美獨立；反對歐洲在西半球再建立殖民地；歐洲不得干預美洲各國的事務；美國承諾不干涉歐洲事務。

這幾大政策便是後來著名的「門羅主義」。

可惜在當時，美國人微言輕，儘管一直強調「任何列強再有企圖控制或壓迫南美國家的行為，都將被我們視為敵人！」卻沒有歐洲國家承認它的重要性。

奧地利外交官梅特涅甚至辱罵門羅主義是「邪惡的教義和危險的榜樣」，其他國家對其也是褒貶不一。

因此，在門羅主義提出的二十多年裡，這項對外政策幾乎沒有產生任何作用。

就在大家幾乎忘了門羅主義這回事時，西元一八四五年底，美國總統詹姆斯．波爾克突然用強硬的態度向國會宣布，門羅主義是一項正確的方針，必須堅定執行。

此後，門羅主義真正發揮了作用，幫助古巴擺脫了西班牙的控制，並譴責了入侵墨西哥的法國皇帝拿破崙三世，甚至在二十世紀六〇年代，當蘇聯欲向古巴滲透勢力時，仍舊發揮了阻止的作用。

或許美國政府自己也沒有想到，門羅主義不僅在一定程度上促進了拉丁美洲的獨立，還奠定了美國一個多世紀的外交基礎，直到西元二〇一三年，美國國務卿克里才宣布門羅主義時代終結，美洲各國關係平等，美國不再干涉其他美洲國家事務。

在門羅執政時期，美國只是一個小國，當時其經濟發展水準根本不能和歐洲各國相比，製造業產值也僅佔世界總量的百分之二，可是美國政府卻一下子拋出了氣勢逼人的門羅主義，不得不令人佩服。

在當時，僅有美國承認拉丁美洲國家獨立，這意謂著與整個歐洲唱了對臺戲，所以仍算是一種正義的對外政策，也因此受到了拉丁美洲各國的歡迎。

門羅主義也十分討巧，它並沒有直接介入與歐洲各國的衝突中，還向世界展示了做為一個新興的資本主義國家的堅定立場，使英國被迫接受其方針政策，並讓神聖同盟在拉丁美洲遭受了沉重的打擊，這顯然是外交史上的一個成功案例。

【小常識】

英國首相喬治．坎寧

喬治·坎寧是十九世紀二〇年代的英國首相，可惜他就任時間只有一百天，隨後就因病去世。他是英國保守的政客，反對歐洲協調原則、鄙視神聖同盟、支持希臘和拉美各國的獨立運動，自稱要用新世界來平衡舊世界。他擁有傑出的才華，卻總顯得與時代格格不入，被評為「浪費掉的領袖」。

24

心口不一埋下禍根

褒貶不一的威爾遜主義

西元一九一七年四月二日，在一個陰雨綿綿的晚間，美國總統伍德羅・威爾遜即將進入國會，展開一段具重大意義的演講。

早在前幾天，演講的主題已經公開，伍德羅・威爾遜，這名在競選總統時大聲疾呼「讓我們遠離戰爭」的政客，此次卻要號召美國人參加戰爭。不過，支持他的民眾卻絲毫沒有減少，演講當天，華盛頓有數百人手舉美國國旗站在街頭為威爾遜加油，而國會的議員們也在演講之前對威爾遜報以熱烈的掌聲。

威爾遜嚴肅地抿著嘴唇，沒有等掌聲結束就講起話來。

他闡述了美國要向德國宣戰的理由，並援引出種種證據來指出美國正在遭到德國的挑釁和威脅。

「我們最新截獲了一份送往德國駐墨西哥大使館的電報，電報中要求德國大使說服墨西哥進攻美國，這是打算在我們家門口煽動我們的敵人！再不加入戰爭，我們將後悔莫及！」

最後，他依舊嚴肅地說：「我們發動戰爭，是為了捍衛人類的和平和公正，對抗自私和獨裁的強權，這樣世界才能得到真正的安全！」

頓時，聽眾席上爆發出熱烈的掌聲，國會一致通過了威爾遜的參戰提議，向戰場輸送了兵力。

美國的加入，推動了第一次世界大戰的結束，就在戰爭即將結束時，威爾遜又開始主張停火與對德國交涉。這一次，他提出了著名的十四點和平原則。在十四點原則中，威爾遜呼籲重建國際新秩序、實現國際聯盟。在歐洲列強協定如何處置德國的巴黎和會上，威爾遜為創建國際聯盟而孜孜不倦地對他國遊說了六個月，並因此獲得了諾貝爾獎。

透過兩年的一系列演講和活動，威爾遜一再向各國強調了美國政府的立場：讓世界自由、民主、和平、安全、不干涉他國事務，可是在實際行動中，他卻成了一個心口不一的人。

就在俄國因經濟衰退而於西元一九一七年退出第一次世界大戰後，協約國擔心德國或俄國新成立的布爾什維克黨掌握沙皇的武裝和補給物資，悍然向俄國派出大量干涉部隊。

出人意料的是，「不干涉其他國家」的威爾遜也派出了兵力，護送捷克和斯洛伐克戰俘撤退，並控制了俄國的幾個重要的港口城市。

儘管美國干涉兵沒有與俄國交戰，但雙方的矛盾仍舊一觸即發。

俄國非常痛恨美國的干涉，認為對方在進行武裝侵略。有學者毫不諱言威爾遜打下了冷戰的基礎，並稱「重塑世界」這種意識形態根本不可能實現，因為各國的思想是多元的，一旦強行組建國際聯盟，武力壓迫必不可少。

威爾遜是知識分子出身的美國總統，他曾擔任過普林斯頓大學校長、紐澤西州州長之職，還獲得過榮譽博士學位，另外，他是還唯一一位擁有哲學博士頭銜的美國總統。在西元

美國總統威爾遜在國會發表請求參戰的演講。

一九六二年，歷史學家對美國的三十一位總統進行投票排名，威爾遜成為僅次於喬治·華盛頓、亞伯拉罕·林肯和法蘭克林·羅斯福的第四位優秀總統。

威爾遜的十四點和平原則的目標為：公開外交、公海航行自由、貿易自由、全面裁軍、公正處理殖民地爭議、民族自決、恢復比利時以及建立國際聯盟等。後來，他又根據十四點原則闡述了美國的四項外交原則：無意侵佔他國領土、主張對外和談而非武力征服、不承認透過暴力獲取政權的外國政府、在國際關係中遵守信用與道義。

威爾遜主義是一種理想論，它以道德為出發點，夢想讓美國帶頭實現世界的民主和平，但同時又認為各民族都有決定自己政體的權利，這顯然是自相矛盾的，在全球經濟政治多元化的趨勢下，渴望實現大一統的威爾遜主義註定會被現實所挫敗。

【小常識】

美國加入第一次世界大戰的引爆點——密碼破譯事件

西元一九一七年一月十七日，英國截獲了一份德國加密電報，卻對此束手無策，因為該電報的破譯密碼從未出現過，且密碼系統由一萬個詞和片語組成，並與一千個數字碼群對應。沒想到這時德國犯了一個大錯誤，德國情報人員用新密碼破譯了電報後，竟然用老密碼將電報加密，然後發往墨西哥城。這樣一來，電報的內容水落石出，原來德國在慫恿墨西哥入侵美國，並想讓墨西哥說服日本對美國發動進攻，美國人因此徹底被激怒，憤然加入了第一次世界大戰。

25

過分妥協等於為虎作倀

英法美的綏靖政策

西元一九三八年九月二十九日晚間十點，德國慕尼克一所高大的建築裡燈火通明，兩名捷克斯洛伐克談判代表焦急萬分地坐在一間房間裡，在他們的隔壁，英法德義首腦正在就是否要割讓捷克的蘇台德地區給德國，展開激烈的討論，而身為捷克代表的他們卻無權參與會議。

突然，房門被打開，一個高大的黑影投射進來。兩位代表心中一驚，連忙抬頭張望，只見一個英國人邁著沉重的腳步走近他們。

「你們好，我是霍拉斯爵士，根據會議最新進展，我要遺憾地通知你們，德國人將佔領捷克的一些地區。」這個英國人說。

未等捷克代表發話，霍拉斯爵士就將一張地圖展開，地圖上滿是怵目驚心的紅線，被紅線圈起來的區域就是德國覬覦的地方。

「不，我們絕不答應！請讓我們進去談判！」捷克代表氣得大聲喊叫。

可是霍拉斯爵士卻不予理睬，轉身就走，在他關上房門的那一刻，他拋出一句話：「事情只能是這樣，明白嗎？」

時間在一點一滴地過去，關於蘇台德地區的爭論仍在繼續，而兩位捷克代表則心急如焚，汗水一滴一滴從他們的額頭滴落下來，他們只能在內心禱告，祈求出現最好的結果。

在等待了將近十三個小時後，兩名代表被帶到英國首相張伯倫的房間，他們屏住呼吸，等待張伯倫的最終判決。

「先生們，很遺憾地告知你們，蘇台德地區已經劃歸德國。」張伯倫面無表情地說。

捷克代表目瞪口呆，他們旋即憤怒了，激烈地反對道：「我們捷克不同意！」

「不管你們同不同意，這是難以抗拒的事實！」法國總理拉達第冷冰冰地說。

儘管捷克完全不能接受會議的裁定，可是迫於國際壓力，捷克政府還是屈服了，這次會議的結果便是著名的《慕尼黑協定》。

事情的起源要追溯到一年前，當時蘇台德地區的日爾曼人集結在一起，呼籲要將蘇台德從捷克境內獨立出去。希特勒頓時找到了侵犯捷克的理由，就在德國和捷克的邊界線上重兵佈陣，伺機等待戰爭，這便是令英法膽寒的「五月危機」。

英法懼怕戰爭，決定順從德國的意願，強迫捷克政府將蘇台德送給德國。

孰料希勒特野心太大，他一次又一次地提出要求，不僅要蘇台德，還要把捷克境內所有講德語的地區全都劃歸德國，英法如果反對，則當年九月德國必定發動戰爭。

英法政府嚇破了膽。年屆七旬的英國首相張伯倫在九月中下旬三次飛往德國，這是他第一次坐飛機，但比起希特勒陰沉的臉，高空飛行已算不上令他害怕的事情。

國際上將英法為代表的妥協退讓政策稱為「綏靖政策」，九月二十九日，慕尼克會議召開，英法政府完全被希特勒牽著鼻子走，於是當《慕尼

英國首相張伯倫在機場對群眾揮舞著與希特勒簽署的和平協定。

黑協定》出臺後，捷克境內的一萬一千平方英里土地、三百六十萬居民和全國一半以上的經濟資源全部落入德國口袋裡。

法國代表團得知協定結果後，他們集體圍繞在拉達第的身邊，歡呼著：「太好了！我們明天就可以上班了！」「法蘭西萬歲！」

當張伯倫返回倫敦機場時，如潮水般的人群包圍了他，每個人的臉上都帶著崇拜的表情。這位七旬老人揮舞著手上的協定，得意地高聲吶喊：「我為整整一代人帶來了和平！」

至於在義大利，墨索里尼的專車所到之處，均受到來自社會各階層人民的歡迎，人民一致認為，只要簽署了協定，戰爭就可以避免。

可是就在第二年三月，希特勒完全當《慕尼黑協定》為一張廢紙，公然侵佔捷克。英法政府害怕被牽連，再次退讓了，他們沒有出兵。

德軍的鐵蹄進犯得很順利，六個月後，德國閃電攻佔波蘭，英法等國千方百計想要阻止的第二次世界大戰爆發了。

綏靖政策是以犧牲小國利益來換回本國安寧的一種外交策略，結果卻適得其反。

第二次世界大戰前，英法的實力日益下滑，與之相反的是，德國的經濟蒸蒸日上，由於缺乏應戰應有的物質基礎，英法對德國一味妥協，如此反而使德國法西斯的野心進一步膨脹，並招致英法背負上「背叛者」的罪名，很多歐洲小國從此不信任英法，這讓希特勒的進攻方便了許多。

此外，英法也有自己的小算盤，他們希望藉德國法西斯政權來對抗蘇聯的社會主義政權，希望禍水東引，讓蘇德交戰，沒想到希特勒只挑軟柿子捏，讓英法搬起石頭砸了自己的腳。

【小常識】

遠東慕尼克陰謀

第二次世界大戰期間，美國為爭取前蘇聯對日抗戰，也採取了綏靖政策，在雅爾達會議中，美國支持蘇聯的決議，讓中國的外蒙古地區（如今的蒙古共和國）獨立出去，將中國的庫頁島贈與蘇聯並保障蘇聯在中國享有港口與鐵路上的利益。雖然美國的做法發揮了暫時避免第二次世界大戰擴大化的作用，卻為之後的冷戰埋下了隱患。

26

一國獨大的杜魯門主義

東西兩大格局的誕生

蘇聯崛起後，西方國家一直將其視為洪水猛獸，自西元一九四六年邱吉爾在美國發表了著名的「鐵幕演說」後，美國總統杜魯門覺得有必要正式對蘇聯實行抵制措施。

正巧，在第二年二月，英國外交部找到美國國務院，婉轉地暗示自己已經扛不下去，希望對方能接手希臘和土耳其的事務。

原來，希臘和土耳其政府正在為國內的人民武裝革命而焦頭爛額，英國本來以世界大國自居，為兩國政府提供軍事和經濟援助，可是後來卻發現支援成了自己的一個包袱，迫不得已，英國將這個包袱踢給了美國。

杜魯門自有他的打算，他爽快地答應了英國的請求，並以此為機會，於三月十二日向美國國會宣讀了一篇攻擊蘇聯的諮文。

演講當天，他臉部緊繃，雙眉擰成了一個嚴肅的結，語氣則是不容置喙的堅定：「今天，希臘這個國家的生存，已經受到共產黨領導的數千武裝人員恐怖活動的威脅……」

也許是早已領教過邱吉爾的直接，國會的議員們反而覺得杜魯門的反共思想比較溫和，還能夠接受，所以大家默默地聽他繼續發表演說。

接著，杜魯門希望國會能夠向希臘和土耳其提供援助，並提出建立國際聯盟。他意味深長地說：「世界上很多國家的人民被迫接受集權政制，美國屢次抗議在波蘭、羅馬尼亞和保加利亞使用壓力和威脅，我還必須指出，別的一些國家，也有相似的狀況……美國有義務去幫助自由和獨立的民族去維護他們的自由！」

從希臘和土耳其的內亂，延伸到了世界的自由和民主，杜魯門的確很會繞圈子，加上他的話語實在很官方，所以一場諮文聽下來，人們只能記住「自由」、「民主」、「集權政治」這幾個出現頻率最高的詞語。

那杜魯門的真正意圖是什麼呢？

其實，他想說的是，美國必須以「遏止共產主義」為目標，去干涉其他國家的內政。

由於杜魯門認為失去希臘會危及土耳其和整個中東地區，所以他要求國會立即採取行動，並成功說服國會撥款四億美元幫助希臘和土耳其政府鎮壓了國內的反抗運動。

杜魯門的主張被人們稱為杜魯門主義，它象徵著冷戰的正式開始。

西元一九四八年，杜魯門又實施了以控制歐洲為目的的「馬歇爾計畫」，這兩項主張左右了美國的對外政策三十年，直到尼克森主義提出，才退出了歷史舞臺。

杜魯門是繼羅斯福總統之後的美國第三十三任總統，其政府與很多世界大事相關聯：德國戰敗、美軍轟炸日本廣島與長崎、日本投降、第二次

杜魯門夫婦於西元一九一九年六月二十八日結婚，照片攝於結婚當日。

世界大戰結束、北約成立、中國內戰……他提出的杜魯門主義讓冷戰正式開始，並使美國習慣性地去干涉其他國家的內政。

然而，杜魯門最終卻因自己的主張而在仕途上摔了跟頭。西元一九五〇年，由美國率領的聯合國軍登陸韓國，向朝鮮發動反攻，然而美國在戰場上連續失利，導致了四萬四千名美軍的陣亡和失蹤。杜魯門的政敵艾森豪打出了反杜魯門和反戰的標語「韓國！共產主義！貪汙！」贏得了民眾的支持，最終使杜魯門的二次連任計畫成為泡影。

【小常識】

馬歇爾計畫

官方名稱為歐洲復興計畫，是第二次世界大戰後為恢復歐洲經濟，美國對西歐各國進行的援助、重建計畫。美國自西元一九四七年七月正式啟動該計畫，並持續了四個財政年，期間提供了包括金融、技術、設備等各項資助合計一百三十億美元。

透過馬歇爾計畫，西歐國家的經濟實力得到快速的發展，但有不少史學家認為，該計畫是美國透過培植歐洲對抗蘇聯的工具，而美國也趁機控制了歐洲市場。不過，歐洲並沒有成為美國附庸，反而逐漸與美國抗衡，也讓該計畫飽受美國人的詬病。

27

兩個超級大國之間的較量

華沙條約組織

「你們這是在滑向罪惡的邊緣！請立即解除《巴黎協定》！」

西元一九五四年十月，當美英法等資本主義國家簽訂了關於吸收聯邦德國加入北大西洋公約組織的《巴黎協定》後，蘇聯政府表示了強烈的抗議。

北約之所以要將聯邦德國納入自己的陣營中，一方面是因為恐懼，害怕德國恢復武裝力量之後再發動侵略戰爭，而如果德國和社會主義陣營中的老大蘇聯聯盟，情況就對北約更為不利；另一方面則為北約東擴的需要，聯邦德國毗鄰蘇聯，戰略位置非常重要，當然要先下手為強。

蘇聯當然知道北約在耍什麼滑頭，不由得氣急敗壞，接連發表「正義的演講」，還召集阿爾巴尼亞、保加利亞、波蘭、民主德國、捷克、羅馬尼亞和匈牙利七國在莫斯科舉行一場名為保障歐洲安全的會議，對著北約挑釁：「如果你們不將聯邦德國從北約排擠出去，我們就要組織武裝力量來解決此事！」

抗議無效，北約本就以遏制蘇聯為第一要務，但凡對北約擴張有利的事，他們都不會止步。

蘇聯終於壓抑不住內心的怒火，在西元一九五五年的五月，與民主德國、波蘭等七國在華沙簽署了《華沙條約》，條約由蘇聯領導人赫魯雪夫起草，規定締約國以和平方式解決國際爭端，而若締約國遭受敵國攻擊，華約組織將立即給予締約國軍事援助。

至此，冷戰的產物——華沙條約組織誕生了。

從《華沙條約》中不難看出，蘇聯等締約國將北約視為假想敵，做足了抵禦戰爭侵襲的準備，而北約也抱有同樣的想法，兩方之間的任何一點小事都可能讓衝突激化。

可惜，不同於北約中的締約國百花齊放的局面，華約呈現的是一國獨大的形式。蘇聯是華約最強大的締約國，實力和地位遠在華約其他七國之上，於是大肆干預其他七國的經濟和政治，令後者大為不滿。

西元一九六八年，捷克斯洛伐克爆發了「布拉格之春」的改革運動，以蘇聯為首的華約在沒有徵得捷克同意的情況下大舉入侵捷克，頓時招來抗議聲無數。

此後，華約內部的分裂越來越嚴重。從西元一九六八年至蘇聯解體前，阿爾巴尼亞和民主德國先後退出華約組織。

西元一九九一年，蘇聯面臨解體的困境，華約也失去了存在的意義，二月二十五日，華約締約國在布達佩斯召開會議，決定從四月一日起廢除華約的軍事機構。同年七月一日，華約正式解散。

華沙條約組織的成立，象徵著冷戰時期的軍事對峙正式形成。

在華沙條約組織建立之初，其組織架構較為明晰，設有政治協商委員會、外交部長委員會、國防部長委員會和聯合司令部。

其中，華沙條約組織的最高決策機構政治協商委員會輪流在各締約國的首都舉行，討論有關政治、經濟、國防、外交等問題。

為抵制北約的威脅，華沙條約組織還建設有龐大的武裝力量，截止至西元一九八九年，其在歐洲的總兵力達到三百五十七・三萬人，而截至西元二〇一三年，北約的兵力才達到四百九十八萬人。

【小常識】

中國為什麼沒有加入華沙條約組織？

同為社會主義國家，中國為何沒有加入社會主義的陣營華沙條約組織呢？因為中國在建國之初，就制訂了獨立自主的外交政策，主張和平共處、不結盟，當然，也由於建國後中國與彰顯霸權的蘇聯有了矛盾，所以中國沒有成為華沙條約組織的締約國。

28

以小球推動大球

中美乒乓外交

在現代外交史上，有一個外交故事長期以來為人們津津樂道，甚至後來發生的很多外交事件輿論也喜歡與這個故事做比較，那就是著名的中美乒乓外交事件。

眾所周知，中國在建國之後，與美國的關係一向勢如水火。可是世界是緊密聯繫的整體，外交關係中沒有永遠的敵人，中美兩國到了二十世紀六〇年代後期逐漸開始思考怎樣改善彼此之間的關係。

西元一九七一年三月，第三十一屆世界乒乓球錦標賽在日本名古屋舉行，中國和美國各有代表隊參加比賽。

周恩來總理意識到這也許是個增進中美關係的好機會，就在隊員們出發的前夕，特地開了一個會，提議中國隊員創造些機會接觸一下其他國家的代表隊，若時機合適，可以邀請他們來中國比賽。

大家一致贊同周總理的想法，而且覺得自己有可能成為祖國的和平大使，都躍躍欲試，對這次出行充滿了期待。

也許上天也想撮合中美建交，戲劇性的情景出現了。

比賽的第一天，當中國隊乘坐巴士前往體育館時，一名叫科恩的美國球員居然忙中出錯，上了中國代表隊的專車。

當發現出錯後，科恩面紅耳赤，又因無法下車而手足無措，他知道中美關係緊張，暗罵自己不該一時糊塗，上了「敵人」的車。

中國隊員們則在激動之餘有些猶豫，雖然事前總理說過要主動交往之類的話，但誰知道真的搭訕了，會有怎樣的風險呢？

一時間，巴士上的空氣彷彿都凝固住了，各種想法在眾人腦中風起雲湧，可是就是不能付諸實施。

「您好！」伴隨著一句和善的話語，中國隊員莊則棟打破僵局，主動向科恩伸出右手。

科恩顯然有些震驚，他難以置信地盯著眼前這個笑容滿面的中國人。不過美國人天生的熱情化解了這種尷尬，科恩也很快笑著握住莊則棟的手。

一路上，莊則棟與科恩談笑風生，兩人很快成為朋友，下車後，莊則棟還送給科恩一塊杭州織錦，並與他握手告別。現場的記者迅速發現這一幕，旋即用相機抓拍住了這一令人難忘的畫面。

中美運動員友好交往的新聞立刻震驚了全世界，中國外交部覺得應該邀請美國乒乓球隊來中國，便向中央提出申請。

毛澤東主席反覆思考了三天，同意了這一請求。

四月四日，中國正式向美國發出訪華邀請，尼克森總統在深夜接到這個消息後，立刻發電報給美國大使，爽快地答應了邀請。

六天後，新中國迎來第一批入境的美國人——美國乒乓球代表團和美國新聞記者。隨後，周恩來盛情接見了代表團，並稱讚他們打開了中美關係的新篇章。

尼克森等的就是周恩來的這番話，在後者的講話結束後，前者在幾小時之後宣布對華解禁。

美國代表團在得知中美關係恢復後很高興，也邀請中國隊訪美。於是在第二年，中國球隊首次登陸美國，進行了友好互訪，國際輿論為之轟動，盛讚中美的建交為「乒乓外交」。

當美國球隊來到中國後，中國政府認為中美首腦會晤的時機已經成熟，便透過巴基斯坦向尼克森發出了訪華邀請，三個月後，美國國務卿季辛吉博士秘密來華，進一步促進了兩國交往。

第二年的三月八日，尼克森來到北京，成為第一個對華訪問的美國總統，隨後兩國領導人達成共識，在上海發表公報，向世界宣布兩國關係開始實現正常化。

中美之所以能建交，源於一顆小小的乒乓球，難怪毛澤東笑稱是「以小球推動大球」了。

【小常識】

握手的基本禮儀

握手一定要出右手，若有需要，可以先用右手握，然後用左手搭在對方的右手上，以示親密。

握手要先讓主人、長輩、上司和女士伸手，不可搶著伸手。

握手時要注視對方，面帶微笑，且時間停留在三秒以內，不要過緊或漫不經心地握手，那是不禮貌的行為。

不可戴著手套握手，但若來不及脫下，可向對方說明原因。不過在盛大場合，女士若穿著晚禮服，手套可不必脫下。

29

從對抗到對話

渴望建立國際新秩序的尼克森主義

「我相信越南戰爭結束後，美國仍會對這個世界盡到自己的義務。不過我希望我們的亞洲盟友今後能處理好自己國內的事務，除非他們遭受了核威脅。」

西元一九六九年的七月，新上任的美國總統尼克森在關島對外說出了如上話語，令外界不勝驚異。

在尼克森之前，無論是威爾遜主義還是門羅主義，都暗含著一股「美國將掌控局勢」的意味，可是尼克森的一番話卻是要給亞洲國家放權，讓他們各自為營，而且他還承諾：今後美國將盡力避免捲入類似越南戰爭的漩渦。

於是乎，大家都紛紛猜測，美國是不是遇到了什麼突發事件，或者承受了某方面的壓力，才會發表如此開明的觀點？

事實上，尼克森確實有壓力，而且他面臨的難題不是一天兩天能解決的，說出來真是滿肚子苦水。

就在尼克森上任的前一年，美國上屆總統詹森發現自己說過的「越南戰爭即將結束」的承諾無法兌現了，越南武裝力量一味猛攻，逼得美國駐越南總司令威斯特摩蘭反覆要求政府再支援二十萬美軍。

詹森總統進退維谷，只好發表全國電視講話，宣布美國將部分停止對越南北方的轟炸，並希望美越展開和談，同時他無奈地表示自己不會再參加明年的總統競選。

這一下，詹森是輕鬆了，可是尼克森卻不得不扛起了越戰這個爛攤子，而且他發現美國要解決的問題還有很多。

比如蘇聯問題。雖然蘇聯的力量比不上美國，可是在核武器的研製上卻是與美國齊頭並進，而且蘇聯在中歐和東歐的影響力非常穩固，甚至將觸角伸向了中東，美國儘管不甘心，卻又無可奈何。

又比如中國。據中國領導人毛澤東說，中國人的手中已經握有了原子彈。若事實果真如此，那中國的武裝力量也會讓美國非常頭痛。

另外就是美國的盟友歐洲。歐洲盟國對越南戰爭的膠著狀態十分不滿，而本屬於北約陣營的聯邦德國在尼克森上臺後開始與蘇聯親善，這讓美國有點下不了臺。

動盪的國際局勢終於使尼克森認識到，美國的對外政策必須要改變了！世界是多元化的，如今已經是談判的時代。

尼克森的政治眼光是領先的，他早就看出兩極對抗體系的過時，而早早提出建立以「美、蘇、西歐、日本和中國」為中心的國際新秩序。他希望美國轉變觀念，與共產主義世界和平共處。

他將這些觀點一一呈現在關島的新聞發布會上，第二天，《紐約時報》迅速報導了尼克森的談話概要，頓時，國內外為之側目。媒體將尼克森的關島講話稱為「關島主義」，後來才改稱為「尼克森主義」，這是美國政府對外政策的重大調整，影響了尼克森以後的幾代美國領導人。

尼克森主義的提出，恰逢二十世紀六〇年代中期，當時，冷戰局勢加重，第二世界力量顯著增長，第三世界開始崛起，美國深陷越戰的泥淖，又面臨著國內外的嚴峻局勢，不得不嘗試調整對外策略。

最初，尼克森主義的準則有三條：美國信守條約承諾；美國為遭受核大國威脅的國家提供保護；若無核威脅，其他國家自行承擔本國的防禦職責。在關島講話後，他又補充聲明，「夥伴關係、實力和談判」是對外關係的基礎。

自此，美國退出越南戰場、與中國改善了關係，而把矛頭對準蘇聯，這象徵著杜魯門時期對共產主義遏制政策的全面結束。

【小常識】

什麼是「第二世界」？

第二世界，在漢語裡的意思為介於第一世界和第三世界中間的發達國家，主要包括日本、歐洲、澳大利亞和加拿大。在英語裡，則指東歐國家或其他社會主義國家，如中國。不過這個詞語自蘇聯解體後就失去了它的存在意義，逐漸銷聲匿跡。

30

斷交七年後復交

外交關係中沒有永遠的敵人

又是一個初夏的早晨，一些早起的埃及人打著哈欠走在微涼的街道上，他們並未完全打消倦意。

這天有些不尋常，天空中的飛機似乎特別多，馬達的轟鳴聲在人們頭頂轟隆隆地喧囂著，迅速往開羅機場方向飛去了。

人們的臉上現出驚疑之色，他們知道一定有什麼情況即將發生。

果然，一個小時後，「美國之音」與英國 BBC 電臺播報了一條震撼性的新聞：西元一九六七年六月五日，開羅時間八點四十五分，以色列出動該國全部戰機，對埃及的十八個機場進行了閃電式的轟炸，目前埃及的空軍力量幾乎被消滅殆盡，機場也遭到嚴重損毀。此外，以色列陸軍也對埃及發動了進攻，致使埃及軍隊暫時呈現癱瘓狀態。

埃及人民震驚了，他們沒有想到以色列會如此凌厲凶狠，雖然因為約旦河問題，以色列三年前曾派空軍轟炸過埃及軍隊，但起碼事前宣戰，此次卻是不動聲色就發動猛攻，出乎了所有人的意料。

緊接著，鋪天蓋地的怒火湧上了民眾的心頭。埃及人湧上街頭，舉著巨幅標語，揮著拳頭呼喊口號，要求抵制美國和以色列。

為何以色列攻打埃及，埃及人要反美呢？原來，第二次中東戰爭後，中東已經成為美蘇暗中較量的戰場，美國向以色列提供先進武器，而蘇聯則向其他阿拉伯國家資助戰爭裝備，所以，這次以色列能在戰爭中取得壓倒性優勢，實則是得益於背後美國的支持。

那些從西奈半島撤下來的傷兵，也加入了遊行的隊伍，他們怒吼：「我們要武器！我們要報仇雪恨！」

戰爭持續到第四天，埃及政府始終不發一言，而西奈半島已經完全失守，埃及民眾既憤怒又恐懼，期待政府給個說法。

當天晚上，總統納賽爾終於進行了電視講話。他一臉疲憊地宣告「六五戰爭」已經失敗，並傷心地哭了起來。

六五戰爭結束後，埃及立即宣布與美國斷交，這一斷就是七年。期間，納賽爾因病去世，新任總統薩達特上臺並發動了第四次中東戰爭，領導人民擊敗了以色列軍隊，但未能收復西奈半島。

薩達特是一位推行「積極中立」政策的政客，他曾想友好地與以色列進行談判，誰知被以色列強硬地拒絕了，薩達特沒有辦法，只好尋求強國幫助。在這種情況下，埃及與美國的關係破冰，並與蘇聯的關係惡劣起來，甚至禁止蘇聯軍艦駛入埃及的亞歷山大港。

在美國的調停下，西元一九七八年～一九七九年埃以雙方簽署了幾個和平協定，如大衛營協定、埃以和平條約，從此，兩國握手言和，不再發動戰爭。

埃及對美國的態度表明，在外交關係上，沒有永遠的敵人，也沒有永遠的朋友，一切對外政策都是圍繞著本國利益而來。

埃及與敘利亞曾經是堅定的盟友，兩國共同成立了阿拉伯聯合共和國，而正是阿聯的建立讓以色列覺得受到了威脅，從而產生出武力解決問題的想法。

西元一九六四年，敘利亞和約旦、黎巴嫩又成立了巴勒斯坦解放組織，並擁有了一支強大的武裝力量——法塔赫。法塔赫日益壯大，目標是將以色列從巴勒斯坦境內趕出去。

以色列受到兩大組織的壓力，卻仍想佔領巴勒斯坦，終於按捺不住發動了六五戰爭，不僅對埃及，還對敘利亞和伊拉克發動了攻擊，戰爭持續六天，以阿拉伯國家的全面失敗結束。

西元二〇一二年，埃及又用行動證明了政治上與他國亦友亦敵的關係。這年，美國宣布敘利亞使用化學武器，埃及政府適時而動，立刻宣布與敘利亞斷交，並召回了敘利亞駐埃及工作人員，同時還呼籲聯合國在敘利亞設立「禁飛區」，擺出一副恩斷義絕的架勢。

【小常識】

約旦河上游爭端

中東地區乾旱缺水，對水資源的搶奪成為各國矛盾的導火線。約旦河發源於敘利亞，向南流經以色列，途中又匯入三條支流，最後到達約旦境內，注入死海。二十世紀五〇年代起，以色列修建水庫，幾乎截走了約旦河上游的全部水流，這讓敘利亞和約旦極為不滿，三國為約旦河爭論不休，甚至不斷發生衝突，導致如今約旦河水量越來越少，瀕臨斷水的危險。

31

中國恢復聯合國會議席位

走「第三世界路線」的成效

西元一九七一年十月二十六日上午，第二次訪華的美國國務卿季辛吉乘坐專車前往首都機場，此時正是紐約時間十月二十五日晚間，季辛吉在上飛機前，對中國外交部的工作人員說了這麼一句話：「今年你們進不了聯合國。」

然而，就在他即將登上「空軍一號」的那一刻，有一個記者跑到他面前，告訴他中國剛剛恢復了聯合國的合法席位。

季辛吉畢竟代表的是美國政府，他聽完後只是聳了聳肩膀，沒有任何表情，不過他或許已經明白，那一定是「第三世界」將中國送進了聯合國。

就在幾小時前，中國代表還懷著忐忑不安的心情出席了聯合國大會。當晚就中國恢復聯大席位的決議，美國代表首先提出了第一個提案：中國要想恢復席位，需要得到大會三分之二以上的票數。

中國代表不禁倒吸一口氣，儘管會上有很多與中國交好的第三世界國家，其中一些非洲國家的代表還是中國代表的熟人，可是想贏得三分之二的票數，還是不太現實。

所幸，聯合國大會否決了美國的提案。

中國代表們鬆了一口氣，可是接下來的提案才是重頭戲：各國代表需要投票表決是否支持中國恢復聯大席位。

在各國代表投票的時候，中國代表如坐針氈，不知多年的努力能否在今日有實質性的成果。

而且就在前一天，約八十個聯合國的會員國已經就是否支持中國進行了發言，最終支持方和反對方的比例基本相當，所以中國根本沒有十足的把握贏得勝利。

當所有代表表決結束後，電子計票器上紅色的數字開始跳動起來。

中國代表屏住呼吸，凝視著那幾串關鍵的數字，生怕有看錯的地方。其他國家的代表也神情肅穆，會議廳裡充滿了緊張的氣氛。

最終，紅色數位停止了跳動，結果顯示為：七十六票贊成，三十五票反對，十七票棄權，三票缺席，中國就此恢復了聯合國的合法席位！

大廳裡沸騰了，中國代表歡呼吶喊，眾多非洲國家的代表也站起身，報以熱烈的掌聲。

其中，曾任中國大使的坦桑尼亞代表高興得跳起舞來，惹得他周圍的美國人憤恨不已。

雖然事後，這名代表解釋說自己並沒有跳舞，只是在手舞足蹈，但也確實能看出中國能參與聯合國事務是第三世界的眾望所歸。

中國代表在高興之餘，都認為之所以能取得勝利，與中國政府長期以來走第三世界路線是分不開的。

一直以來，中國都在支持亞非一些第三世界國家的民族解放運動，因而頗受非洲兄弟的尊敬，而在拉丁美洲，中國贊成一些拉美國家將領海劃為毗鄰海岸線兩百海里的區域，因此又得到了一部分拉美第三世界國家的支持。

由此看來，在外交策略上，選對方式很重要，即便是一些看似無心的做法，也許日後會有意想不到的收穫。

中國是聯合國的四大發起國之一。

早在西元一九四三年十月，中國就和美、蘇、英三國在莫斯科聯合發表《普遍安全宣言》，宣導全世界建立一個共同的國際組織。

在西元一九四五年八月二十四日，蔣介石簽署《聯合國憲章》。

西元一九四五年四月二十五日，中國與其他四十九個國家在舊金山舉行聯合國國際會議，中國是第一個在聯合國憲章上簽字的國家，所以在西元一九七一年，中國是「恢復」聯合國席位，而不能算「加入」聯合國。

【小常識】

「空軍一號」

空軍一號，簡單說來就是搭載美國總統的飛機，機身為藍白色，體型巨大，光是機上的餐廳就足夠容納兩百人用餐。目前服役的空軍一號共有兩架，且一模一樣，均是西元一九九〇年起徵用的。空軍一號的安全性能較強，能抵禦核彈爆炸時產生的輻射和衝擊波，並能防禦雷達干擾、導彈侵襲。與空軍一號類似的交通工具有「陸軍一號」、「海軍一號」和「行政一號」。

32

短命的阿拉伯聯合共和國

聯合名義下的霸權主義

中東的阿拉伯國家歷來是全世界的焦點，在這裡，有無數起大大小小的武裝衝突，也有國與國之間的聯盟，其中較著名的一個，就是阿拉伯聯合共和國，簡稱阿聯。

阿聯的壽命並不長，從西元一九五八年成立，到西元一九六一年解散，總共不過花了四年時間，而令人驚訝的是，最早要求結盟的敘利亞，竟然也是最早脫離以埃及為首的阿聯的國家。這是什麼原因使得埃敘兩國從親密朋友變成勢若水火的仇敵呢？

這一切還得從二十世紀五〇年代初說起。

西元一九五二年，埃及共和國成立，總統納賽爾提出了一個很有意思的想法——創建一個泛阿拉伯主義的聯盟。

所謂「泛阿拉伯主義」，即在阿拉伯國家建立起統一的政策、制度、文化，並驅逐外侵者，實現民族獨立。

同時，納賽爾還支持巴勒斯坦建國。這讓巴勒斯坦的老對手以色列極為不滿，再加上沙烏地阿拉伯、伊拉克和約旦都墨守成規，於是納賽爾的提議一時間幾乎無人回應，還獲得他國的一致反對。

此時，只有敘利亞表示對埃及的理解，因為敘利亞一直以來都是巴勒斯坦游擊隊的庇護所，巴勒斯坦的一些組織的總部，也設在敘利亞的首都大馬士革，所以敘利亞與以色列的關係並不好。

俗話說，敵人的敵人就是朋友，敘利亞理所當然要向埃及靠近，儘管兩國形單影隻，得不到他國的支持，但好歹相依為命，不至於太弱勢。

不過，敘利亞對建立共和國之事一直不緊不慢，孰料到了西元一九五八年年初，敘利亞竟緊急要求成立阿聯，這中間到底發生了什麼事情呢？

原來，在西元一九五七年，敘利亞和土耳其產生了一些衝突，到了年底，兩國竟然在邊境線上大打出手。敘利亞內心不平衡了，覺得中部公約組織具有擴張的野心，於是產生了擔心，意圖加入一個新的組織來與中部公約組織抗衡。而埃及的日子也不好過，為了奪回蘇伊士運河，它與英美展開了爭奪戰，最後，埃及雖然贏得運河的控制權，卻在國際上陷入孤立無援的窘境，也需要一個組織來接納自己。

於是，埃及與敘利亞兩個難兄難弟一拍即合，在西元一九五八年二月一日簽署了聯合條約，納賽爾欣喜若狂，他認為這份條約邁開了阿拉伯聯合共和國的第一步。

雖然從西元一九五八年至一九六一年，阿聯只由三個國家組成，卻成功地影響到了其他中東國家的對外政策，也讓歐美國家為之側目。

可是埃及雖然提出聯合，卻沒有東道主的和善精神，反而打著做東的旗號施行霸權主義政策。當敘利亞加盟共和國後，埃及開始把本國在敘利亞的所有企業和銀行一律國有化，還將本國的首都開羅定為整個共和國的首府，任命埃及人為政府官員。敘利亞不僅沒有在聯合後享受到好處，反而眼見著自己的合法權益被埃及不斷剝奪，不禁憤怒了！

西元一九六一年，敘利亞發動兵變，單方面宣布共和國解散，同年十二月，共和國成員國之一的葉門也退出聯盟，從此，阿聯又只剩埃及一家，儘管埃及不肯改名，阿聯卻已名存實亡。

阿聯解散後，埃及仍保留著阿聯的國號，直到西元一九七一年才改國名為阿拉伯埃及共和國。

其實在阿聯建成之年，伊拉克和約旦也動過加入阿聯的念頭，兩國甚至把聯合協議都簽好了，就等結盟。可是伊拉克國內發生政變，隨後突然變臉，拒絕聯合；約旦國內也因是否要加入阿聯一事發生衝突，隨著美軍的介入，最後加盟不了了之。

儘管阿聯消亡，但其影響力仍在，這可以從埃及、敘利亞及伊拉克三國的國旗國徽上看出來。三國的國旗國徽均是從阿聯處演變而來，而巴勒斯坦的國旗，也與阿聯的旗幟有幾分相像之處。

【小常識】

中部公約組織

西元一九五五年～一九七九年九年間的共同安全組織，由土耳其、伊朗、巴基斯坦及伊拉克王國的代表組成，該組織為亞洲中東地區的跨國區域性安全組織，以軍事合作為主。

自西元一九五五年二月～一九五九年三月，這個組織取名為中東條約組織，總部設於伊拉克首都巴格達。西元一九五九年三月，伊拉克退出，美國被接納為準成員國，八月改名中部公約組織，總部遷往土耳其首都安卡拉。西元一九七九年，主要成員國之一的伊朗發生政變，該組織也隨即瓦解。

33

雷根的導彈防禦騙局

用「星球大戰計畫」拖垮對手

西元一九八三年三月二十三日，美國總統雷根發表了一個令世人震驚的消息。

「全世界消除導彈威脅的時刻即將到來！我們正在展開對美國和歐洲國家來說十分重要的第一步，這是一個值得長期研發的計畫，今晚我們就要著手實施這一方案，希望能改變人類歷史發展的軌跡！」

雷根粉飾的這個計畫是什麼呢？原來，這項導彈防禦計畫被稱為「戰略防禦計畫」，它還有個好萊塢式的名字——「星球大戰計畫」。

此計畫的出爐歸咎於西元一九六二年的古巴導彈危機。當時蘇聯人把導彈運送到古巴之後，就宣稱只要一壓核按鈕，他們的核彈在幾分鐘之內就會命中美國的幾大重要城市。

美國人頓時手忙腳亂，在接下來的兩週中，全美處於全面開戰前的警戒狀態，要不是後來美國總統甘迺迪與蘇聯主席赫魯雪夫達成了和解，美國人只怕要驚聲尖叫了。

雖然危機解除，但核武器留給美國的心理陰影是相當巨大的，美國的官員依舊對蘇聯不放心，擔心再次爆發核戰爭，甚至有些人杞人憂天地說：「如果我們不早做準備，太空中遲早也會發生『珍珠港事件』，我們不能再坐以待斃，得搶先行動！」

這股輿論愈演愈烈，於是有專家提出，美國可以建立反彈道導彈系統，以此與蘇聯的洲際彈道導彈相抗衡。

雷根聽了很高興，便有了開篇的那段言論。

就在雷根發表建設星球大戰體系的那一年，美國政府將該計畫列為重要性不在阿波羅登月工程之下的又一系統工程。西元一九八四年，該計畫正式付諸實施，美國國防部還專門成立了戰略防禦計畫局，儼然要展開這項前無古人，後無來者的使命。

這下輪到蘇聯著急了。

因為星球大戰計畫實在太超前太先進了，蘇聯如果想跟上美國的步伐，每年就得拿出數十億美元來擴充軍備。可是如此一來，哪還有錢去弄經濟建設呢？

仔細思量過後，蘇聯領導人決定放棄硬碰硬的軍事競賽，用溫和的外交方式來勸說美國放棄星球大戰計畫。

雷根在電視演講星球大戰。

西元一九八六年十月，時任蘇聯主席的戈巴契夫在冰島與雷根會面，前者一臉真誠地要求後者放棄星球大戰計畫，並表示願意拆除蘇聯的所有彈道導彈。

可惜雷根十分強硬地拒絕了戈巴契夫的請求，大概當時他的內心是得意的，因為畢竟蘇聯這個長期以來的對手開始示弱了。

據美國中情局後來的情報顯示，美國當時高估了蘇聯在二十世紀八〇年代的導彈製造能力，因而才會將導彈防禦視為全美第一等大事。

由於美蘇始終未能在星球大戰計畫上達成共識，因此爭論不休。美國政府藉機一直壓制蘇聯發展洲際導彈的計畫，讓蘇聯在軍事方面不停讓步。

二十世紀九〇年代初，蘇聯解體，俄羅斯再也無力與美國進行關於太空導彈的談判。西元一九九三年，雙方終於簽署了對美有利的《進一步削減和限制進攻性戰略武器條約》，由此宣告了星球大戰的結束。

然而此事沒有完結，十年後，美國中情局一份被解密的檔案爆出驚天猛料：原來當年雷根提出的「星球大戰」是一個徹頭徹尾的騙局，根本就沒有實施過！其目的只為拖垮蘇聯的經濟和政治，讓美國在冷戰中取得絕對性勝利。

這一消息問世，大概前蘇聯的領導人要捶胸頓足了。

不花一分一毫，就讓蘇聯一頭發熱地栽了進去，實在是厲害。難怪柴契爾夫人將蘇聯解體的原因歸功於雷根：「他未發一彈就在冷戰中取得了勝利。」

星球大戰計畫主要由「洲際彈道導彈防禦計畫」和「反衛星計畫」兩者組成，其功能在於攔截敵方的外太空導彈和航天器，發揮打擊核武器的目的。

美國不僅在國內實施星球大戰計畫，還要求盟國也參與這一計畫，於是在二十世紀八〇年代，英、意、日、以色列、聯邦德國都是該計畫的同盟國。

由於星球大戰計畫的武器十分先進，所以耗資巨大，且技術實施起來非常困難，所以直到二十一世紀，五角大樓才承認因技術問題，星球大戰計畫根本無法實現。

【小常識】

星球大戰的電影原型

眾所周知，雷根曾是好萊塢的一名演員，他在二十七歲那年主演了一部電影《空中大謀殺》，該片主要描述了一種神奇的可以直接命中間諜飛機的武器，這種武器或許給了雷根靈感，讓他最終提出了「星球大戰計畫」。

34

從凝聚競爭力到債務危機

歐盟的下坡路

「我們之所以會有今日混亂不堪的局面，都是因為沒有發起一個統一的共識！」

第二次世界大戰後，戰爭帶來的巨大毀滅性使整個歐洲陷入大蕭條狀態，西歐一蹶不振，再也無法與美國和蘇聯這兩個超級大國抗衡。於是，西歐各國紛紛意識到建立統一合眾國的必要性，於是英國前首相邱吉爾搶先發聲，要求成立「歐洲合眾國」。

邱吉爾的提議得到其他國家的一致贊同，西元一九五一年，法、義、西德、比利時、荷蘭和盧森堡共同簽署了為期五十年的《巴黎條約》，約定翌年成立歐洲煤鋼共同體，這就是歐盟的前身。

想要經濟復甦，光發展煤炭和鋼鐵怎麼行？歐洲煤鋼共同體的六位成員國在幾年之後又簽署了《羅馬條約》，將煤鋼共同體改為歐洲經濟共同體，同時建立歐洲原子能共同體，希望在各成員國之間創立一個統一的市場，免除關稅，促進資源的流通。

西元一九六五年，六國簽訂《布魯塞爾條約》，三大共同體被合併，統稱為歐洲共同體，到了西元一九九一年，歐共體又與歐洲經濟貨幣聯盟和歐洲政治聯盟結合，形成一個統一的組織——歐盟，自此，西歐各國實現了經濟政治一體化的道路，開始朝著提升整個西歐競爭力的目標前進。

可是，每個國家都有自己的利益與規劃，難免會產生摩擦，早在西元一九七三年英國加入歐共體時，法國就因為擔心日後英國在歐共體中的地位超過自己，而試圖阻止英國加入。雖然法國的願望最後落空，卻為歐盟製造了矛盾的引子。

西元二〇〇八年，全球爆發次貸危機，歐盟也受到嚴重波及，第二年，希臘宣布國家的財政赤字佔國內生產總值的百分之十二以上，成為第一個爆發債務危機的歐盟國。

隨後，其他歐盟國也相繼宣布自己陷入債務危機，為了節省開支，法國甚至將職工的退休年齡從六十歲調到了六十二歲，結果遭到了民眾的激烈抗議。

在如此嚴峻的形勢下，歐盟卻沒有發揮到調節作用，在危機過後連續幾年的時間裡，歐盟和歐元區的經濟增長率不超過百分之一，根本無法與美國相比。

如此一來，英國感到無比失望，也許是新仇舊恨一併算，西元二〇一三年，英國首相卡梅倫發表講話，宣稱如果歐盟再不採取有效措施，英國就將在西元二〇一七年退出歐盟。

偏偏歐盟也不爭氣，在財政如此吃緊的情況下，還要設計一個新LOGO，結果花費了三十一·五萬英鎊後，人們發現新舊 LOGO 幾乎一模一樣。

英國大為不滿，國內的記者們紛紛譴責歐盟奢侈浪費，不幹實事，而歐盟的官方解釋則說沒有大家想的那麼貴，因為更改標誌就需花費二十一·五萬英鎊。

無論如何，歐盟如今已經違背了它當初建立的宗旨，如果再不努力解決核心問題，其前景將令人擔憂。

目前，歐盟共有二十八個成員國，主要語言為英語、法語、德語、西班牙語和義大利語，該組織享有經濟和政治上的一定權力，比如成員國的一些國家主權可以交給歐盟來處理，這使得歐盟更像一個聯邦國家。

至於讓歐盟飽受爭議的LOGO，其實在歐盟未成立之前已經存在，圖案為藍底之上由十二顆金星組成的圓環。

據說這個設計的出處源自《聖經》中聖母瑪利亞的形象，因為瑪利亞的腦後戴著十二星冠，而西元一九八六年歐盟正式使用時，成員國恰有十二個，十二顆星組成一個完整的圓，象徵歐洲的統一與完整。

【小常識】

次貸危機

次貸危機最先爆發於美國，起因是金融機構對還款能力較差的個人實行高利率放貸，同時對外發放房貸債券以回收資金，因為利率高，次貸債券被很多投資機構所購買。西元二〇〇四年～二〇〇六年，美國房價一落千丈，而購房按揭的利率卻高得嚇人，結果藍領階層無錢還貸，殃及購買了房貸債券的投資機構血本無歸，只能破產。

35

關於香港回歸問題的談判

「一國兩制」的由來

香港，位於中國南海之濱，被譽為「東方之珠」，是全球矚目的國際大都市。然而，在十九世紀四〇年代以前，香港還只是一個小漁村，而在二十世紀八〇年代以前，它仍是英國的一塊殖民地，其主權問題一直是中英兩國爭論的焦點。根據西元一八九八年清政府與英國簽訂的《中英展拓香港界址專條》，英國可以租借新界九十九年。然而，有借總有還，西元一九九七年便是條約中規定的英國歸還香港的最後期限。

英國人不甘心，西元一九七九年，香港總督的麥理浩與鄧小平會晤，想商討關於香港租期的順延問題。哪知，沒等麥理浩進行說明，鄧小平就不容置疑地說：「香港是中國不可分割的一部分，這個問題不能討論！」

此次會面後，英國政府越發感到香港問題的棘手，為了早日在香港爭奪戰中打下勝仗，這一次，他們派出了鐵娘子柴契爾夫人。

西元一九八二年的上半年是柴契爾夫人春風得意的時候，由她主導的馬島戰爭使英國取得了勝利，柴契爾夫人認為自己一定也能成功解決香港回歸問題。柴契爾夫人是個聰明人，她深知香港人具有民族向心力，就算香港居民再怎麼認同西方價值，依然改變不了他們是中國人的事實。

那該如何破解「民族感」這道圍牆呢？柴契爾夫人打出了「經濟發展」這張牌。

在中英兩國領導人的磋商會議上，英方提出對香港未來的憂慮：「如果英國人撤離香港，港人就會對內地缺乏信心而撤資，那麼香港的經濟一定會垮臺。香港垮臺了就會不利於內地經濟的發展，請問中國政府該如何解決這個問題呢？」

柴契爾夫人與鄧小平會談的蠟像。

英方得意洋洋地等待中國政府表現出一籌莫展的模樣，可是鄧小平依然面不改色，強硬地做出回答：「我們始終貫徹對香港的基本立場：香港主權問題不可動搖！如果香港不收回，中國政府就是晚清政府，中國領導人就是李鴻章！」

柴契爾夫人的臉色不再那麼鎮定了，她有點猶豫，仍堅持要中方回覆如何發展香港經濟的問題。

鄧小平卻不給她這個機會，只告訴她，香港回歸才是實質性問題，一切談判都要圍繞著這個問題來展開。中國擁有香港的主權，香港如何發展是中國政府該考慮的，與英方無關，英方應該考慮的是如何過渡的問題。

不過，針對柴契爾夫人的疑慮，鄧小平提出了一個全新的解決辦法——一國兩制方針。他對柴契爾夫人說：「香港現行的政治、經濟制度，甚至大部分法律都可以保留，當然，有些要加以改革。香港仍將實行資本主義，現行的許多制度仍會保持。」

隨後，中英結束了這次談判。

柴契爾夫人的臉色不是很好看，她沒想到自己居然在一個小個子人面前落了下風。第二年的七月，中英兩國又展開了第二次談判。英方一直堅持要在西元一九九七年後繼續管治香港，中方則堅決反對。

當年九月，英國首相希思來中國進行新一輪的磋商，他是鄧小平的老朋友，但即便如此，鄧小平仍堅持在香港貫徹「一個國家」制度。

中方態度堅決，英方終於意識到香港問題再無迴旋餘地，只好放棄了接下來的談判。

西元一九九七年七月一日零時，英國正式將香港交還給中國，香港特別行政區成立，英國對香港一百五十五年的統治宣告結束。

就在中英就香港問題談判結束後，兩國簽署了一份聯合聲明。聲明指出，中國政府將確保香港維持資本主義制度和生活方式五十年不變。

據香港一國兩制研究中心觀察，從西元一九九七年香港回歸後，由於改革開放和內地經濟的不斷復甦，香港經濟並無倒退現象。另外，香港在回歸前，每年約有五～六萬移民，但回歸後卻降至每年一萬人，甚至遠低於柴契爾夫人來華談判前的數量。

【小常識】

香港因何沒有變成第二個馬島？

香港和阿根廷一直爭奪的馬島（馬爾維納斯群島(Malvinas Islands)）是有共同之處的，二者都曾是英國的殖民地，且當地居民的自我意識都很強，但香港之所以沒有變成第二個馬島，是因為英國號稱是第一個發現馬島的國家，而香港則歷來都是中國的土地，英國要想佔有只能透過與清政府簽訂「借條」來實現。

36

借題發揮緩和緊張關係

朝美「跆拳道外交」

中國與美國有個著名的「乒乓外交」，西元二○○七年，朝鮮也效仿中國出了一例「跆拳道外交」，轟動一時，成功吸引了世界各國的目光。

美國西部時間十月六日，朝鮮跆拳道運動員首次訪美，來到美國哥倫比亞廣播公司第二頻道的直播現場，向全世界人民展示朝鮮跆拳道的巨大威力。

當晚七時，鏡頭前的朝鮮運動員大吼一聲，凌空飛起，一下子越過擋在他面前的一輛摩托車，將車後男子手持的木板踢得粉碎。

一時間，美國各大媒體紛紛報導這一生動的畫面，稱讚朝鮮的此次訪問為「跆拳道外交」，堪比中國二十世紀七○年代的「乒乓外交」。

盛名之下，朝鮮表演團可謂出盡了風頭，繼在洛杉磯演出外，他們又應邀赴舊金山、亞特蘭大等四個城市展開為期十四天的美國之旅。

這個表演團共有十八名成員，他們在美國期間住進了韓裔僑民和美國當地居民家裡，還被組織者帶去品嚐漢堡和可樂。

此次活動的發起方為美國最大的跆拳道雜誌《跆拳道時代》，該雜誌的老闆鄭宇鎮是一名韓裔美國人，在他的熱情邀請下，朝鮮運動員訪美才得以成行。

美國對此自然是拍手叫好，專家們認為，朝鮮一次派出那麼多運動健將，充分說明朝鮮政府有意緩和朝美關係。

為了與美國套近乎，朝鮮可謂用心良苦。早在三個月之前，朝方就在六方會談上對美國首席談判代表克里斯多夫·希爾提出了一個溫柔的請求：讓美國紐約的愛樂樂團赴平壤舉辦音樂會。

希爾上報美國國務院，美國政府欣然應允。於是，當朝鮮跆拳道運動員踏上美國國土的當天，美國的愛樂交響樂團也來到朝鮮，討論首次在平壤演出的事宜。

西元二〇〇八年二月，愛樂樂團在平壤進行了將近兩個小時的表演，獲得了一千五百名朝鮮觀眾的熱烈歡迎，當樂團演奏兩國國歌時，現場觀眾全體起立，對朝美兩國的交好表示出尊敬和接納。

其實，在「跆拳道外交」之前，朝鮮也曾想過其他方法來改善與美國的關係，可惜美國似乎並不買帳。專家分析，這是因為朝鮮半島的特殊格局所決定的，美國保持中立對自身而言更有利；另外，美國輕視朝鮮，原本沒想與對方有深入的溝通。

朝鮮心知肚明，乾脆態度強硬起來，將觸角伸向了被各國談之色變的核子試驗。美國果然被迫關注起朝鮮這個「小兄弟」，這才想要來一次嚴肅的談判。

於是，在北京舉行的六方會談之後，朝鮮搶先探出橄欖枝，藉跆拳道表示自己的友好。不過，美國外交官認為，六方會談才是決定朝美關係的真正樞紐。

六方會談的六國包括：中、美、俄、日、韓、朝。朝鮮的算盤打得很好，它一貫與中國交好，和韓國則有同根生的血緣關係，和俄羅斯幾乎無衝突，因此若能搞好美朝關係，便能制約一向追隨美國的日本。然而，朝鮮半島局勢時緩時急，朝鮮想要的風平浪靜，只怕要過很久才能實現了。

【小常識】

愛樂樂團

愛樂樂團是全世界重量級的交響樂團，並不拘囿於某個國家，它起源於離開宮廷的樂師在民間自發組織的演奏團體，隨後，由於其一流的品質和顯赫的名譽，變成了頂級音樂團體的代名詞。如今的愛樂樂團在柏林、紐約、維也納、倫敦都有組織機構，成為人們心中的音樂典範。

37

一棵泡菜引發夫人外交潮

陰柔的政治手段

西元二○○九年十月九日，日本首相鳩山由紀夫抵達韓國，開始了他自上任以來的首次海外訪問。

此次訪韓，鳩山主要與韓國總統李明博討論朝鮮重返六方會談問題，而他在韓國的時間很短暫，只有半天時間，下午他就要啟程趕往中國，參加翌日在北京舉行的中日韓領導人會議。

如此倉促而簡單的訪問，照理說不會引起轟動，沒想到日韓的此次會晤吸引了全世界的目光，而且還是夫人們搶走了本該屬於丈夫們的風頭。

原來，就在日韓領導人會面之時，韓國第一夫人金潤玉也做了一回東道主，陪著日本第一夫人鳩山幸一同參觀了韓國飲食博物館。

金潤玉早就做好功課，知道鳩山幸不僅對美食非常感興趣，還撰寫過好幾本飲食書籍，所以此行可謂是投其所好。

果然，來到博物館內的鳩山幸非常興奮，她面對著各種炊具和菜餚顯得很好奇，還不時停下腳步向金潤玉請教。

當兩人來到韓國傳統飲食研究所時，金潤玉邀請鳩山幸一起製作韓國的傳統食物——泡菜。

泡菜在韓國的製作史已長達三千多年，由於韓國物資貧乏，所以需要一種長久貯存食物的技術，泡菜的出現正好滿足了韓國人的需求。起初韓國人和中國人一樣，用鹽醃製泡菜，後來辣椒傳入韓國，更能壓制海鮮的腥味，且顏色更好看，所以現在一般都改用辣椒醃製泡菜。

鳩山幸興致勃勃地聽著金潤玉的介紹，微笑著像對方一樣盤腿坐了下來。金潤玉教鳩山幸直接用手撕開白菜：「這樣順著纖維撕開，可以在醃漬的時候更加入味。」

鳩山幸笑著點頭，跟著金潤玉的做法一步一步地往下做，絲毫不介意自己的白淨雙手被泡菜汁浸染得緋紅一片。

當泡菜快做完時，戲劇性的一幕出現了：穿著圍裙的韓國第一夫人拿起一塊沾滿了醬汁的白菜，親手餵到日本第一夫人的嘴裡。

這一幕被記者們迅速抓拍下來，並很快傳到各國的報紙、電視上，幾乎所有的日韓媒體都認為兩位夫人在利用泡菜進行陰柔的外交「拆招」，兩人的「泡菜外交」獲得了兩國媒體的一致好評。

其實這不是金潤玉第一次以美食協助丈夫展開外交了，她曾在首爾的G20峰會期間親手置辦韓國傳統美食來招待各國的第一夫人，也曾在聯合國首腦峰會上為參加過朝鮮戰爭的美國老兵烹飪韓國美食。

第一夫人外交彰顯了一國的傳統和風度，正日益被各國政要所重視。

美國總統歐巴馬的妻子蜜雪兒就是一個很好的例子，自歐巴馬上臺之後，她就和丈夫一起頻繁出現在鏡頭前，且其因良好的時裝品味而被讚與法國第一夫人布呂尼一樣提升了國家的形象，但她的智慧可不僅僅侷限於著裝上。

當歐巴馬為推進醫改卻遭到抵制而苦惱不已時，蜜雪兒適時走到白宮的演講臺前，為國人進行了一場近半個小時的演說。她以一個母親的身分說明擴大醫療保險範圍的重要性，贏得了相當多女性國民的支持。

除了蜜雪兒外，伊朗第一夫人蘇姍妮、烏克蘭第一夫人馬里娜、中國第一夫人彭麗媛都獲得了國民的諸多好感，第一夫人的禮儀作用正日趨明顯。

【小常識】

日韓獨島之爭

日韓矛盾由來已久，爭論的焦點在於兩國之間的一個島嶼——獨島。根據朝鮮半島的歷史記載，獨島屬於新羅王朝的管轄範圍，但在十七世紀初，日本漁民意外地漂流到獨島上，從而發現了這個島嶼。從此，日本漁民經常去獨島捕魚，結果與朝鮮漁民發生了衝突，此後該島嶼的歸屬問題便一直懸而未決。西元一九〇五年，日本宣布獨島屬於本國領土，第二次世界大戰結束時，獨島被聯合國判處移交駐韓美軍管轄，如今該島的實際控制權為韓國。

38

南非渴望的一塊「金磚」

金磚國家合作模式

西元二〇一〇年的夏天，當全世界球迷的熱情被「嗚嗚祖拉」所點燃時，南非總統祖馬的心中也同樣充滿了渴望。

他希望能收穫一塊「金磚」，而能否成功，則決定了南非未來經濟發展的走向。

祖馬千方百計想拿到的「金磚」並非黃金，而是由中國、俄羅斯、巴西、印度這四個國家組成的非正式組織——金磚國家。因為該組織最初以四個國家的首字母命名（BRIC），在發音上與英文的磚（Brick）相似，因此才獲得了金磚國家的稱號。

祖馬深知加入金磚國家的重要戰略意義。從經濟上看，金磚四國彼此的發展目標基本一致，而對很多國際問題的看法也很相似，屬於抱團取暖的好盟友。

所以他經常凝視著世界地圖，心中嘀咕：「亞洲有中國和印度，歐洲有俄羅斯，美洲有巴西，就非洲沒有！」

一個擁有十億人口、佔世界總陸地面積五分之一的非洲，居然沒能加入金磚國家！這不禁令祖馬產生了深深的危機感。

事不宜遲，需馬上行動。那一年的八月底，祖馬首次對中國進行了國事訪問。

他為申請加入金磚國家可謂煞費苦心，除帶有進行訪問的內閣成員外，他還帶了一支龐大的南非經貿代表團，團隊人數竟高達三百七十人！

祖馬的意圖非常明顯，中國有著龐大的市場，且已成為了南非的第一大出口國，在兩國經濟貿易聯繫如此緊密的情況下，讓中國支持南非入圍金磚國家的可能性應該會很大。

其實，早在四個月之前，他就分別對金磚四國中的其他三國同樣進行了的訪問，以期四國能接納南非這個後來者。

西元二〇一〇年十一月，祖馬在十二國集團會議上首次坦陳心跡，希望能成為金磚國家這一機制中的成員。

他特別強調：「南非可以代表非洲十億多人民的利益」，然後滿心期待而又惴惴不安地說：「我相信金磚國家的領導人會做出恰當的決定。」

一個月以後，他的願望實現了。金磚四國看中了南非在非洲的影響力，同意吸納南非加入金磚國家。

就這樣，金磚國家的足跡基本覆蓋了全世界，在一些重大的問題，如全球氣候變化、扶貧減弱、聯合國改革上，金磚國家能夠更好地發揮協調作用，從而建立起公平、合理的國際政治新秩序。

金磚國家的概念最初由美國高盛公司提出，當時該公司做了一份全球經濟調查報告，預測到西元二〇五〇年，世界的經濟將演變成中、美、印、日、俄和巴西六大格局。因此，公司高層在西元二〇〇一年將「金磚四國」的說法端上了檯面，西元二〇一〇年，由於南非的加入，金磚四國更名為金磚國家，並沿用至今。

到目前為止，金磚五國在全球已擁有了近百分之三十的領土面積，人口更是達到了世界的百分之四十二。五國中，俄羅斯與中國是聯合國安理會常任理事國，所以金磚國家的政治地位舉足輕重。此外，根據資料顯示，西元二〇一〇年五國 GDP 約佔全球總量的百分之十八，貿易額則佔了百分之十五，在經濟上也是具備了相當引人注目的成就。

【小常識】

普京對金磚五國的比喻

在南非躋身於金磚國家之後，俄羅斯總統普京做了一個比喻，他將金磚五國比喻成非洲野生動物的五大霸王——大象、犀牛、水牛、獅子和豹子，不過他沒有講明這五種動物具體代表哪個國家。不過可以肯定的是，這五種在非洲人心目中享有極高威望的動物，代表了普京的高度評價，說明俄羅斯對金磚國家的合作模式充滿了期待。

39

烏克蘭危機正當時

北約的第二個春天

烏克蘭，俄羅斯西部的一個國家，做為俄羅斯長期以來的天然氣輸出樞紐，在西元二〇一四年年初突然捲入接二連三的暴動中，一時間，國內硝煙四起，各種武裝衝突一觸即發。

衝突的緣起在於俄羅斯與歐盟的較量。烏克蘭有大片領土與四個歐盟國家接壤，因此做為「俄羅斯小弟」的它，地理位置十分重要。

西元二〇〇九年，歐盟開始花費大量人力、物力，嘗試拉攏包括烏克蘭在內的前蘇聯六個成員國。

俄羅斯頓時生氣了：這不是要和我作對嗎？於是，俄國為了自身的利益，強勢將烏克蘭拉回獨聯體陣營，此舉引發了烏境內的親歐民眾的強烈不滿，並導致了克里米亞脫離烏克蘭加入俄羅斯事件。

正當烏克蘭國內烏煙瘴氣，歐盟與俄羅斯互相角力之時，以美國為首的北約卻偷偷地笑了，感覺恢復北約第二春的機會來了！

北約全名為「北大西洋公約組織」，是美國在第二次世界大戰後為牽制蘇聯而建立的一個軍事政治聯盟。二十世紀九〇年代，蘇聯解體，照理說北約也沒有存在必要了，可是美國還是不滿足，轉而將北約做為美國實現全球戰略的工具，以衛道之士的身分投入科索沃和阿富汗戰爭中，為國際形勢帶來了很多負面影響，也為自身惹出不少爭議。

當美國總統歐巴馬宣布，北約將在西元二〇一六年從阿富汗全部撤軍後，北約的存在再度遭遇質疑，美國一時間陷入尷尬境地。

幸而，烏克蘭危機爆發後，北約的活力似乎恢復了，它一方面對俄發動經濟制裁，另一方面則在波羅的海區域部署大量海軍和空軍，以「幫助烏克蘭對抗俄軍的威脅」。

然而，俄國地大物博，經濟制裁完全不管用，美國反被俄國狠狠嘲笑了一通。

不過美國也有王牌，那就是烏克蘭新上任的總統波羅申科，而烏克蘭前總統亞努科維奇因為制訂了一系列鎮壓人民的措施，遭到了民眾的強烈反對，導致最終被議會罷免官職。

波羅申科是烏克蘭的千億富翁，百姓們希望這位成功商人能帶領大家擺脫困境，走上富裕之路。

波羅申科一上任就與歐巴馬會面，展示出親美的一面，同時他還加大烏俄邊境的軍事力量，遏制俄羅斯的西擴。

美國政府自然非常高興，歐巴馬表示將給予烏克蘭二千三百萬美元的國防安全支援及其他醫療、食品等生活援助。

見曾經的「小弟」仗著有對手撐腰，越是不聽話，俄羅斯氣憤難平，不僅不承認波羅申科政權，總統普京還譴責美國虛偽，稱美國在全球都有軍事基地，而安分守己的俄羅斯卻被炮轟濫用武力，這是對事實的歪曲。

為何北約要重視烏克蘭危機呢？因為在西元一九九七年，北約曾和俄羅斯簽訂了北約不得在東歐國家永久駐軍的協定，可是在插手烏克蘭事務後，東歐國家紛紛要求北約盟軍在本國永久駐軍，這對北約來說不啻於是一次重大的戰略改革。

另外，由於經濟危機，北約的歐盟成員國連年縮減軍費，導致北約威懾力的銳減，如今美國可以光明正大地要求盟國加大軍費投入，這樣做同時可以減輕自己的開支，可謂一本萬利的買賣。

【小常識】

獨聯體

獨聯體，全名為「獨立國家聯合體」，西元一九九一年由前蘇聯大多數共和國及波羅的海三國組成。其宗旨是各盟國主權平等，同時還建立觀察員小組和維和部隊來保障獨聯體內部安全。自西元二〇〇五年起，土庫曼斯坦、格魯吉亞相繼退出獨聯體，西元二〇一四年烏克蘭因國內政局動盪，也退出了獨聯體。

第三章

多種多樣的外交糾紛

Luitcheu
Kum-tcheu
Sovel
Toryima
Baya de Tiron
Pracel
CHINA
DESERTUM
CAMPA
SIAM
Juthia
Pulo Condor
Natuna
de Patani
I. Banca

40

談判的威力

諸葛亮罵死王朗

談判是外交必不可少的一個環節，很多國際糾紛都是透過談判來解決的，而談判也可以成為國與國之間表明態度和立場的工具。可是，在中國古代，有一場談判實在太驚人了，居然把人給談死了！

雖然聽起來匪夷所思，但確實有此事，就發生在三國時期的諸葛亮身上。

當時，蜀國已經實力壯大，可與魏國一分高下，於是諸葛亮率軍北上，在漢水北側的祁山安營紮寨，開始了他晚年伐魏的夢想。

明宣宗朱瞻基的繪畫作品—《武侯高臥圖》。此圖繪諸葛亮敞胸露懷，頭枕書匣，仰面躺在竹叢下，舉止疏狂。當時是諸葛亮出茅廬輔助劉備之前，隱居南陽躬耕自樂的形象。

魏國趕緊做出應對措施：將軍曹真率領援軍來到長安，在渭河的西岸屯兵，並與老臣王朗、郭淮一同商議對付諸葛亮的方法。

王朗自恃口才絕佳，就自告奮勇地說：「你們照我說的話去做，等到明天兩軍對陣之際，老夫只要說出一席話，那諸葛匹夫就會拱手投降！」

於是，在第二天的祁山對戰之前，魏軍的陣前便豎起了這樣一面大旗，旗上寫著一行大字：中央白髯老者，乃軍師司徒王朗。

諸葛亮知道王朗的來頭，還算給他面子，就策馬向前一步，抱拳道：「原來是司徒大人駕臨，幸會！」

王朗也策馬走上前，捋了捋花白的鬍鬚，正色道：「久聞孔明先生的大名，真是幸會！聽說您上知天文，下知地理，為何要發動這場師出無名的戰爭呢？」

諸葛亮面沉如水，一邊搖著羽扇一邊問：「我是奉旨討賊，怎麼說師出無名呢？」

王朗咳嗽了兩聲，開始一本正經地教育起諸葛亮來。他先說時勢，稱諸侯割據給國家造成了很多災難，然後說前朝，讚揚漢朝眾多賢明的皇帝使國家富強、人民安康，最後話鋒一轉，勸諸葛亮「棄暗投明」為魏國辦事，還承諾將為他爭取到極高的封賞。

諸葛亮默默地聽王朗把話講完，才放聲大笑起來：「真可笑，我還以為一介漢朝元老能有什麼高論，誰知道竟然是這等瞎話！」

王朗正為自己的發言得意萬分，忽然聽諸葛亮如此詆毀自己，不由得神色突變。

諸葛亮譏諷道：「你給我聽好了！昔日漢朝還在的時候，宦官擾亂朝政，弄得民不聊生。黃巾暴亂後，董卓等逆賊殘暴不仁，自立為王。一時之間，無能之輩都做官了，衣冠禽獸都吃上了官糧，畜生開始把持朝政，奴顏婢膝的小人擠上了仕途，結果國家就和廢墟沒什麼兩樣。」

聽到這裡，王朗氣得臉色鐵青，他沒想到諸葛亮如此刻薄，竟然不帶一個髒字就把自己和魏國罵得狗血淋頭。

無情的嘲諷還在繼續：「我知道你最開始是個有道德的人，理應復興漢室輔佐劉氏，沒想到你居然與叛賊合夥篡位，真是罪孽深重，天地不容！天下人都恨不得吃你的肉、喝你的血！」

可憐王朗一個見多識廣的老臣，聽到這裡時已經無法壓抑自己的情緒，激動地大吼：「住口！」

諸葛亮當然不會閉嘴，他洪亮的聲音仍舊在空中飄盪：「上天可憐漢王室，如今昭烈皇帝統一了四川，我今天就是奉著天子之命來討伐逆賊的！既然你是奸邪小人，就當個縮頭烏龜吧！何必要衝到陣前亂吠一通？我今日就要把你這老賊結束了，看你在九泉之下如何面對漢朝二十四位皇帝！老賊快退下，讓你們的賊頭來與我一決勝負！」

話音未落，王朗發出一聲慘叫，從馬上摔落下來。士兵們想要扶他起來，卻赫然發現王朗已經氣血攻心而死了。

諸葛亮的話竟然能殺死人，充分說明了外交辭令的厲害，後人有詩云：兵馬出西秦，雄才敵萬人。輕搖三寸舌，罵死老奸臣。

因為罵死了王朗，所以諸葛亮的那番話能夠稱得上是中國歷史上的「頂級罵語」，後人根據此事進行了加工，使「罵王朗」呈現出了相聲、戲劇、電影等多種文藝形式。

【小常識】

王朗真的是被罵死的嗎？

醫學證明，罵人的確能引發死亡，而王朗的死便是猝死。王朗身為漢朝元老，歸順魏國後又擔任運輸財帛的司徒，自然平日裡吃的是山珍海味，這容易產生動脈硬化的毛病。另外，王朗在對陣諸葛亮時已經是一個七十六歲的老翁，身體機能到了相當差的地步，極有可能因發怒導致心肌梗塞或腦溢血而死。

41

晚清唯一的一場外交勝利

曾紀澤逼俄還地

晚清是中國歷史上的一段屈辱時期，在這個時期，西方列強用堅船利炮轟開了中國的沿海大門，然後逼迫清政府簽下了無數喪權辱國的條約。

弱國無外交，雖然清朝擁有專門管理外交的總理衙門，可是衙門裡的外交大使都得看洋人眼色辦事。

不過凡事都無絕對，在當時那樣積貧積弱的環境裡，居然出了一位了不起的外交官，他不僅逼迫俄國人修改了不平等條約，還成功地奪回了被沙俄侵吞的西北領土，創造了晚清唯一的一場外交勝利。

他就是曾國藩的次子曾紀澤。

曾紀澤從小就很聰明，上知天文，下知地理，不過他就是不會寫八股文，因此從未取得過功名。四十歲那年，在巴黎使館的他突然接到清朝的電報懿旨，得知缺乏外交經驗的自己將成為俄國大使，前往聖彼德堡與沙皇進行談判。

是什麼事件促使清朝派遣這麼一位年輕的使臣遠赴歐洲談判呢？

一切皆因新疆的伊犁地區而起。

早在同治年間，伊犁就是邊陲的軍事重地，當時沙俄趁新疆局勢動盪而侵佔了伊犁。

為收回伊犁主權，光緒五年，清朝派出權臣崇厚與沙俄交涉。

哪知崇厚好面子，又對洋人懷有畏懼之心，壓根兒就沒有站在清政府的立場辦事，只顧著一味順從俄國人。

結果，崇厚代表清朝與俄國簽訂了《里瓦幾亞條約》，待他得意洋洋地將這份條約帶回清廷後，左宗棠、張之洞等大臣都非常生氣。

原來，《里瓦幾亞條約》雖然答應將伊犁城還給清朝，卻只給了中國一座空城，而伊犁以西的領土則全部歸了俄國，另外，條約還給了沙俄通商、賠款方面的諸多便利，簡直是做足了虧本生意。

在古稀之年征戰西北，收復新疆大片領土的老將左宗棠更是老淚縱橫，怒斥崇厚：「你這個苟且之徒！老夫征戰多年的心血全被你敗光了！」

眼見朝野內外對崇厚的罵聲一片，清政府不得已請出曾紀澤，讓他重新跟俄國人談判。

俄方怎會讓到手的鴨子輕易飛了？他們立刻做出回應，斥責中國的毀約行為，並在上海聯合歐洲各國海軍舉行示威活動，給清政府製造巨大的壓力。曾紀澤並沒有被嚇倒，他認真地分析了崇厚與俄國的談判，意識到俄國人欺負崇厚不識地形，藉著歸還伊犁的幌子，在中俄地理分界、通商貿易和賠款方面佔盡了便宜，所以他若想扳回局勢，也應從這幾個方面入手。

經過思考，他訂下兩大原則：領土問題事關重大，必須極力爭取，最好能全部收回伊犁；通商等條約酌情爭取，盡量減少損失。

為配合曾紀澤談判，左宗棠還派大將劉錦棠、金順、張曜帶領三萬兵馬集結在伊犁附近，對沙俄進行軍事施壓。

西元一八八〇年七月，曾紀澤來到聖彼德堡，與俄國人展開了艱苦卓絕的交涉。俄國外交官先是拒絕修改條約，後在曾紀澤的強烈要求下才勉強答應。

在交涉過程中，狡猾的俄國人始終不願觸及領土的問題，且動輒以終止和談、武力對抗威脅。

曾紀澤毫不妥協，與俄方唇槍舌劍，用了足足兩年的時間進行激烈的爭辯。

最終，曾紀澤成功了。他讓俄國簽訂了《中俄伊犁條約》，條約規定：中國收回伊犁南邊長四百里、寬兩百餘里的土地，收回齋桑湖以東一部分領土；減少通商城市五處；廢除俄國在松花江行船的條款；中方付給俄方的賠款從一千兩百萬盧布減至四百萬盧布。

《中俄伊犁條約》是清政府唯一的一次談判勝利，英國資深外交家德費倫誇讚中國迫使俄國吐出了業已吞入的土地，而俄國使臣格爾斯竟對自己的談判對手讚不絕口，稱曾紀澤是難得一見的人才，而自己這才知道原來中國是一個臥虎藏龍的地方。

【小常識】

曾紀澤其人

曾紀澤，字劼剛，號夢瞻，他的名氣雖然沒有父親曾國藩大，卻因從俄國人手中成功收回伊犁而備受國人讚譽。在出使俄國之前，他是駐英大使，隨後清政府擔心其受俄方侮辱，便封其為駐英、法、俄大臣。不過，崇厚是二品大員，曾紀澤則官列四品，地位並不均等。因為曾紀澤不善科考，僅參加過一次考試，且名落孫山，好在他熟記英語，所以當上了外國公使，並有了出使俄國的機會。

42

「世界橋樑」主權爭奪戰

巴拿馬人民的血淚史

西元一八五六年四月的一天，新格拉納達（如今的哥倫比亞）的巴拿馬火車站爆發了一場流血事件，一個美國人在買西瓜時與攤主發生爭執，結果拒絕付帳，兩人的爭吵引發了當地人的圍觀。

巴拿馬人本就對有錢有勢的美國人心存恐懼和敵意，於是糾紛愈演愈烈，很快變成了一場長達數小時的槍擊案。

此事造成了美國和巴拿馬的大量人員傷亡，而美國的損失是巴拿馬的兩倍。

美國政府非常惱火，派出專員要求新格拉納達政府做出賠償。後者雖然戰戰兢兢，卻為了維護民族尊嚴，哆哆嗦嗦地說：「你們的要求是不公平的！」

這種反應徹底激怒了美國政府，五個月後，美國派兵攻佔了巴拿馬火車站，迫使新格拉納達重新開始了與美國的談判。

這件事從側面反映出美國與巴拿馬積怨已久，而一切爭奪的焦點就在後來美國開鑿的巴拿馬運河上。

西元一八六九年，美國與哥倫比亞（西元一八六一年更名）簽訂了一份協定，協定約定，美國將擁有巴拿馬運河一百年的開鑿權即運河地區的租借權。可是哥倫比亞民眾認為這是份不平等條約，因而激烈反對，協議遂遭到否決。

次年，哥倫比亞與美國又簽了一個補充協議：美軍可以任意通過運河，但美國的敵國卻無法進入運河。

哥倫比亞輿論一片譁然，要求修改協議。

美國當然不同意，反倒認為哥倫比亞在挑釁。

哥倫比亞政府對美國非常失望，認為後者根本就不想開鑿運河，只想霸佔運河周邊的區域，於是轉而將巴拿馬運河的開鑿權租給了法國。

菲迪南·德·雷賽布的漫畫。

西元一八七九年，法國召開巴拿馬運河的審議會議，英、德等國也進行了參與，在美國代表的激烈抗議聲中，大會決定成立法國洋際運河公司，並任命法國著名外交家和實業家斐迪南·德·雷賽布為總工程師。

雷賽布因成功開鑿了蘇伊士運河而聞名於世，此次他照搬蘇伊士運河的方案，信心十足地準備放手一搏。

誰知熱帶叢林裡惡劣的自然環境超乎人想像，大批工人死去了，而且雷賽布犯了一個致命錯誤，他沒有料到運河兩端的海平面有高差，工程再也進行不下去了，只能宣告破產。

美國為了重新奪回巴拿馬運河的開鑿權，製造了大量假新聞，並在哥倫比亞邊境進行軍事演習，對後者進行武力恐嚇。

迫於壓力，西元一九〇三年，美國與哥倫比亞簽署了《海約翰－埃爾蘭條約》，條約和西元一八六九年的協定內容如出一轍。

哥倫比亞民眾再次表示抗議，認為政府不該簽訂這份喪權辱國的條約，無奈之下，哥倫比亞國會否決了《海約翰－埃爾蘭條約》。

然而，美國也不是省油的燈，它唆使巴拿馬脫離哥倫比亞，然後透過與巴拿馬政府簽訂協定拿到了開鑿權。

從此，美國在巴拿馬運河區域享盡了好處，只需一次付給巴拿馬政府一千萬美金、協議生效九年後才給對方每年支付二十五萬美金租金，就可享有巴拿馬運河的永久使用權和佔領權，此外還可以在巴拿馬駐軍，並對巴拿馬進行軍事干預。

協議簽署的第二年，美國提出了更過分的要求：將距運河兩側八千米的地區劃為軍事基地，由美國總督直接管轄，實行美國法律，並以英語做為運河區的官方語言。

美國的做法激起了巴拿馬人民的極大憤慨，自西元一九〇三年美國在巴拿馬駐軍，當地人民便為收回運河主權而與美國展開了爭鬥。

西元一九六四年一月，一名巴拿馬學生扛著巴拿馬國旗衝進運河區，企圖插上本國旗幟，遭到美軍的槍擊。

憤怒的巴拿馬民眾衝向了運河區，在手無寸鐵的平民面前，美軍竟毫無憐憫之心，開槍打死二十多人，另有三百多人受傷。

這起慘案震驚了世界，巴拿馬政府再也無法忍耐，向美國提出了交涉。

這一次，美國感受到了壓力，不得不慢慢交還巴拿馬運河的使用權。西元一九七七年，美國和巴拿馬簽署了新條約，但仍沒有放棄對運河的掌控，直到西元一九九九年十二月三十一日，伴隨著美國人使用權的終止，巴拿馬全國一片歡呼，被他國使用近百年的運河才終於回到祖國手中。

巴拿馬運河位於中美洲，因連接大西洋和太平洋，被譽為「世界橋樑」，其全長四十英里，屬於水閘式運河。

美國對巴拿馬運河覬覦已久，因為若無運河開通，美國海軍想從太平洋沿岸進入大西洋只能繞過南美洲最南端的合恩角，這將浪費大量的時間，但透過巴拿馬運河到達大西洋，卻足足能縮減一萬五千公里的距離。所以說，巴拿馬運河的戰略意義是非同凡響的，這也導致了它在百年來不斷面臨著被大國爭奪的境地。

【小常識】

世界三大著名運河

巴拿馬運河與京杭大運河、蘇伊士運河合稱為世界三大運河。

蘇伊士運河是亞洲和非洲的分界線，並連通了紅海，所以具有重要的戰略意義。十九世紀，法國人強迫埃及人歷時十一年開鑿運河，此後運河又為英國所有，直到西元一九五六年埃及才收回運河主權。

京杭大運河全長一千七百九十四公里，是世界上最長的古運河，它北起北京，南至杭州，貫通了海河、黃河、淮河、長江和錢塘江五大水系，貨運量一度佔到中國的四分之三。時至今日，京杭大運河仍舊發揮著運輸貨物和輸送水源的重要作用。

43

在列強的槍口下力挽狂瀾

巴黎和會主權爭奪戰

「號外！號外！德國戰敗！」西元一九一八年十一月，第一次世界大戰結束，中國的膠州半島一片歡騰，百姓們均認為德國的殖民統治就此終結。

很快，國際上就傳來戰勝國要舉行巴黎和會的消息，北洋政府信心大增，認為收回被德奧列強長期霸佔的領土有望，便對此次會議寄予高度重視，派出駐美公使顧維鈞、北京外交總長陸征祥、軍政府外交總長王正廷等五位重量級的外交官，連同五十多名隨行人員，組成了一個陣容強大的代表團，前往巴黎進行談判。

可是，中國的外交官們沒想到，與此同時，日本正在蠢蠢欲動，密謀從德國手裡奪走山東，而他們的第一步，就是給中國代表團一個下馬威。

在巴黎和會舉行的前一天晚上，顧維鈞忽然發現中國代表團攜帶的一個密碼檔案箱消失無蹤。他大吃一驚，吩咐所有中國外交代表幫忙尋找。

這個密碼箱裡裝有很多絕密檔案，內容涵蓋了滿、魯、蒙、藏問題，而中國與日本簽訂的一些秘密協定的原件也在裡面，若丟失對中國來說

《東方雜誌》刊登的「中國參與歐洲和會全權委員」：陸征祥、顧維鈞、王正廷、施肇基、魏宸組。

損失極大，因此中國的外交官們均心急如焚。可惜，儘管眾人努力搜尋，那個箱子始終沒有音信，成為了一個歷史遺案。翌日，打擊還未結束，顧維鈞等人在下午時分接到會議通知：日本在上午提出山東應交由日本「管理」，中國必須對此做出相應的陳述。

顧維鈞是一位出色的外交官，他還是美國前助理國務卿約翰莫爾的門徒，因此具有高水準的外交能力。

顧維鈞知道日本用心險惡，在缺失密件的惡劣條件下，他在腦海中迅速分析山東形勢，然後用流暢的語言就歷史、文化、經濟發展等方面闡述了山東是中國主權領土不可分割的一部分，駁斥得日本代表啞口無言。

當顧維鈞發言完畢，各國首腦紛紛露出欣賞之色，用掌聲給予這位優秀的外交官熱情的稱讚。很快，顧維鈞雄辯巴黎的故事傳遍大洋兩岸，很多中國人都為此感到驕傲，中國雖然是個弱國，卻以其傑出的才華博得其他強國的讚許，這是一次巨大的勝利！

然而，巴黎和會畢竟照顧的是大國的利益，繼義大利因分贓不均退出和會後，日本也宣稱若山東不經日本人之手，日本就將退出會議。

為了自己的利益，各國列強犧牲了中國，讓日本強行霸佔了山東。所有中國人都氣憤不已，在大街上遊行抗議，此事還為「五四運動」埋下了伏筆。中國代表團據理力爭，在眼見奪回領土無望的情況下，代表團一致決定：拒絕在對德合約上簽字。

當時，北洋政府來電，命令代表團簽約，王正廷卻首先表態稱，若簽約便是喪權辱國。他不惜違背命令，將北洋政府的通電公布天下，激起全國人民的一致抗議，終於迫使北洋政府不得不同意代表團的拒簽行為。

這已是中國代表團巴黎之行的最大勝利。雖然在巴黎和會上備受大國欺凌，但中國人有自己的氣節和骨氣，他們的精神將永遠銘刻中國外交史的光輝篇章上。

顧維鈞，上海人，十六歲時留學美國，在哥倫比亞大學主修國際法和外交。回國後，他先後擔任了袁世凱的秘書、北洋政府和國民黨政府的外交官。據說袁世凱還曾請教過顧維鈞，問他中國成為共和國的條件有哪些。顧維鈞侃侃而談，認為政府應該出臺一系列法律法規來推動民主制度的發展，結果袁世凱沒有採納，一門心思想著如何鎮壓人民，反而導致中國發展的退步。

此次巴黎和會，中國代表團由北京和廣州各大官員組成，由於剛開始對和會抱有極大的期望，代表團提出了七大主權條件：廢棄列強的勢力範圍；撤走外國軍隊、巡警；裁撤外國郵局及有線、無線電報機關；撤銷領事裁判權；歸還租借地；歸還租界；關稅自由權。然而，當和會持續進展下去之後，人們才發覺，這場會議不過是戴著正義面具的分贓陰謀。

【小常識】

中國奧運之父王正廷

王正廷除具有外交才能，還熱心體育運動。西元一九一一年，國際奧會委員、菲律賓人瓦加斯來華考察，王正廷與之相識，並一起發動組織遠東運動協會，並決定以後每兩年在東亞各國舉辦一次，這就是亞運會的前身，王正廷也因此被譽為「中國奧運之父」。西元一九一三年，首屆遠東運動會在馬尼拉拉開帷幕，由王正廷帶領的中國代表團取得了總錦標賽第二名的好成績。

44

一樁赤裸裸的分贜協定

凡爾賽和約

戰爭是最為世人所厭惡的，人們不喜歡戰爭，因為不想經歷家園破碎、餓殍叢生的慘狀，可是在第一次世界大戰結束時，各國列強卻不這麼想，戰爭儼然成為他們分割資源的工具。

西元一九一八年十一月十一日，德國代表灰頭土臉地來到巴黎，在條件苛刻的停戰協議書上簽字，這象徵著第一次世界大戰的正式結束。

德國的宿敵法國得意洋洋，法國總理克列蒙梭激動地向國民宣布道：「我們法國人復仇的機會來了！」

儘管克列蒙梭當時已是七十七歲高齡，可是這位經歷過普法戰爭並眼睜睜看著法國戰敗的老人卻是戰爭的絕對擁躉，他在議會上高呼；「一切都是為了戰爭，我要繼續將戰爭進行下去，直到我生命的最後一分鐘！」

由左至右，英國首相大衛．勞合．喬治、義大利總理維托里奧．奧蘭多、法國總理喬治．克列孟梭，以及美國總統伍德羅．威爾遜。

克列蒙梭的呼喊讓很

多法國人熱血沸騰，他們永遠也忘不了五十年前，在普法戰爭中勝利的普魯士國王是如何當著他們的面，以主人的姿態宣稱自己是德意志皇帝的，如今，風水要輪流轉了！

西元一九一九年，第一次世界大戰中的協約國在巴黎附近的凡爾賽宮召開巴黎和會，名為探討戰後重建問題，實為商定瓜分全球的協議。

由於協約國有二十七個國家，各國之間的利益分配充滿矛盾，所以巴黎和會竟然持續了半年的時間。

不過，操控和會的大國只有五個：英、法、美、義、日，這其中尤其以前三者的地位最重要。這些國家可以參加所有會議，而其他的戰勝國只有在討論到本國問題時才獲准加入會議，蘇維埃俄國做為新生力量，早已被和會排斥在外。各國列強心懷鬼胎，都企圖多分一杯羹。法國擔心德國再度對自己造成威脅，便提議在萊茵河的左岸建立一個新的共和國。

英國的內心在冷笑：我知道你打的是什麼算盤，你不就是想爭奪歐洲陸上霸權嗎？我絕對不讓你得逞！

於是，英國強烈反對法國分裂德國，而英國也有自己的打算，它的野心是奪取德國的海外殖民地，再加上它那全球第一的海軍力量，在全球建立起一個日不落帝國指日可待。

美國是第一次世界大戰中的投機分子，靠提供軍火而大發戰爭財。如果好戰的德國被徹底削弱實力，那在和平時代，還靠什麼發財呢？再說，讓歐洲幾個大國互相牽制，對美國本身而言也是一大好處，於是，美國也加入反對打擊德國的陣營。

結果，巴黎和會就跟菜市場一樣烏煙瘴氣，激烈的爭吵聲不絕於耳，誰也不滿意別人的提議，都怕自己吃虧，於是和會就一拖再拖下去。

吵了五個多月後，終於吵出了一份協議，即《協約和參戰各國對德和約》，也就是歷史上的凡爾賽和約。

這份和約規定，法國不僅奪回普法戰爭中被德國霸佔的阿爾薩斯 - 洛林地區，還享有德國薩爾煤礦區十五年的免費使用權。德國八分之一的領土、百分之二十的人口歸他國所有，此外，還得支付鉅額戰爭賠款，並且不能擁有重型武器和大量的軍隊。

德國雖然發動了戰爭，但戰後強加在它身上的一些列條約卻是極其不平等的，凡爾賽和約使德國人民蒙受了巨大的經濟損失，讓他們在殘酷掠奪中陷入困苦的境地。

在巴黎和會期間，美國總統威爾遜提出了一個「十四點原則」，推行所謂的世界和平綱領，其實是想實現美國的世界霸權。

英國和法國深諳美國的用心，並不情願被美國牽著鼻子走，可是威爾遜施展了利誘加威逼的方式，最終迫使老牌殖民國家贊同了美國這個後起之秀的對外策略。

此次巴黎和會是五個大國違背多數國家的意願進行的一場分贓會議。在第一次世界大戰期間，中國的十七萬五千名勞工不辭辛勞來到歐洲，在協約國的戰場上灑下了勤勞的汗水，戰爭中共有兩千人陣亡，可是在凡爾賽和約中，中國不僅沒有奪回自己的權益，之前被德國強佔的膠州島還被日本掠走，可見所謂的「和平」不過是個虛偽的幌子而已。

【小常識】

巴黎和會為何要定在凡爾賽宮？

法國與德國素有仇恨，出於報復心理，戰勝後的法國自然要以牙還牙。凡爾賽宮是普法戰爭後德意志皇帝加冕的地方，所以法國要將懲罰德國的地點選在凡爾賽宮，這頗有點嘲諷的意味。

普法戰爭勝利後，威廉一世在法國凡爾賽宮的鏡廳中登基為皇帝。

45

一場長達三個月的利益談判

華盛頓會議與五國公約

第一次世界大戰結束後，帝國主義瓜分世界的進程加快，各國列強也加劇了相互之間的競爭。

美國做為一個新興大國，開始向擁有全球頂尖海軍力量的英國發出挑戰，宣布將在五年內建造一百三十七艘軍艦，讓美國的海軍無人抗衡。

驕傲的英國人對此嗤之以鼻，首相勞合．喬治還擊道：「大英帝國很有信心堅守世界第一的海軍實力，美國是不會得逞的！」

這時候，日本也出來攪和，希望能與英美一決高下。法、義等國一看，心裡不平衡了，暗想：你們都成了海上霸王，我們不就吃虧了嗎？不行！我們也得造軍艦，你們造多少，我們就造得比你們更多！

於是，大家一窩蜂地去發展海軍。

可是軍備競賽這種事，非得有強大的國內經濟做支撐才行，一艘艘軍艦耗資巨大，一旦打造出來，無數的錢財就跟著入了水裡，讓各國苦不堪言。就在海軍競賽無以為繼之際，經濟危機爆發了，這對苦苦支撐的列強們來說不啻於是雪上加霜。美國知道就算自己經濟再強大，也不能迅速擊敗英、日等國，就賣了個順水人情，宣導各國召開限制海軍軍備的會議。

那些正陷在軍備競爭中無法出頭的國家聞訊，立刻同意，並於西元一九二一年十一月十二日在美國華盛頓舉行了會議。

當日，會議現場裝飾了很多棕櫚葉，還鋪上了綠色的臺布，一派「和平」景象。美國總統哈定走上講臺，宣讀開幕詞：「這時一場和平的會議，目的是為恢復全世界的安寧……」

除了限制軍備，各國還將討論遠東和太平洋地區的問題，所以中國也派了代表參與會議。

東道主美國並不真的為了和平而來，在華盛頓會議的第一天就迫不及待地拋出了有利自身的方案：要以主力艦的噸位為標準計算海軍實力。

日本立刻表示強烈反對，因為美英兩國的海軍實力最強，主力艦都是五十萬噸，而日本再怎麼苦心經營，主力艦才達到三十萬噸，比美國差了一大截，為提升自己的優勢，日本要求將海軍的主力艦之比提升為 10：10：7。美國為壓倒日本，堅決不同意，於是美日之間吵了一個月。

最後，美國惱羞成怒，氣呼呼地吼道：「如果日本再這麼堅持下去，以後你們造一艘軍艦，我們就造四艘！到時再來比較誰的實力更強！」

日本這才服軟，承認了美國的主力艦比例的說法。不過美英也意識到日本不太好惹，遂做出了讓步，向日本承諾不在太平洋西岸補充海軍力量。就在美英日三國剛取得一致，法國和義大利卻不依不饒起來，他們要求自己國家擁有三十五萬噸的主力艦。美英不肯，又是一番爭吵，最後三十五萬噸打了一半的折扣，變成了十七．五萬噸。

為了主力艦的事情，華盛頓會議開了一個半月，可是接下來還有更棘手的問題：潛艇。英國代表將矛頭指向法國，斬釘截鐵地說：「我們絕不容許擁有八十萬陸軍的法國再擁有頂尖的潛艇艦隊！」

法國則巧妙地揪住英國的短處，打了個擦邊球：「如果你們取消主力艦，我們就立刻取消潛艇艦隊！」

兩國始終僵持不下，最終潛艇的事情只能不了了之。

華盛頓會議又持續了一個半月，才宣告結束。西元一九二二年二月六日，美、英、日、法、義簽署了《五國公約》，又與其他四國代表簽訂了關於中國問題的《九國公約》。此次會議只是暫時緩和了各國的矛盾，而後來的一系列事實則表明，在利益面前，列強們的貪婪之心永遠都在膨脹。

《五國公約》是華盛頓會議的主要議題，也稱《限制海軍軍備條約》，它規定了五國的主力艦噸位比例，同時要求五國削減主力艦的數量，且十年內各國都不得再建造新的主力艦。

透過這份協議，美國取得了與英國相同的海軍地位，不僅提升了自身實力，還限制了日本的海軍力量，可謂是美國的一場外交勝利。

但是，美英對日本做出的妥協：不在西太平洋的殖民島嶼上補充海軍軍備，卻對日本非常有利，因為條約裡沒有任何限制說明要日本縮減本土的軍事力量。於是在後來的太平洋戰爭中，日本短暫地獲勝，而美國則吃了大虧。

【小常識】

《九國公約》的內容

《九國公約》是美、英、日、法、義、荷、比利時、葡萄牙及中國制訂的協議，規定各國可在中國境內設立商務貿易，實則為前八國入侵中國提供了便利，至於條約中說到的尊重中國主權、領土完整的話，則都是堂而皇之的空話，只能讓人一笑置之。

46

邱吉爾與鐵幕演說

點燃冷戰的導火線

第二次世界大戰結束後，美國成為唯一躲過戰火的資本主義國家，保存了巨大實力，且因在戰爭中倒賣武器而發跡致富，遂一躍成為世界頭號強國。

然而，另一個大國卻不甘示弱，以偌大的領土面積和強大的軍事實力與美國挑釁，這便是蘇聯。

美國總統杜魯門感覺受到了威脅，為了尋求同道中人，在西元一九四六年，他邀請英國前首相邱吉爾訪美，就國際問題進行深入磋商。

當邱吉爾下飛機時，杜魯門趕緊上門握住對方的手，兩位領導人均目光犀利，眼神中流露出同一個意思：「蘇聯是個問題！」

很快，邱吉爾來到美國密蘇里州的維斯密斯特學院演講。當日，他站在講臺上，表情嚴肅，渾身上下散發出一股能征服千軍萬馬的強硬味道。

臺下坐滿了人，大家都敬畏地注視著這位第二次世界大戰功臣，豎起耳朵聆聽即將帶給自己的「啟示錄」——

「美國人具有全面戰略概念意識，但你們知道什麼是全面戰略概念嗎？這個概念不是簡單地為了達到家庭幸福的目的，而應該使無數家庭免受兩個可怕的掠奪者——戰爭和暴政的侵犯！」

臺下頓時爆發出熱烈的掌聲，有人在歡呼在吹口哨，大家都認為邱吉爾的話十分有理。

孰料，邱吉爾話頭一轉，談起了「暴政」。

「從波羅的海的斯德丁到亞得里亞海邊的的里雅斯特，一幅橫貫歐洲大陸的鐵幕已經降落下來。在這條線的後面，坐落著中歐和東歐古國的都城……所有這些名城及其居民無一不處在蘇聯的勢力範圍之內，不僅以這樣或那樣的形式屈服於蘇聯的勢力之下，而且還受到莫斯科日益增強的高壓控制。」

邱吉爾在講臺上慷慨陳詞，聽眾們卻瞬間目瞪口呆：邱吉爾的這番話是什麼意思？是在公然對蘇聯宣戰嗎？

緊接著，邱吉爾演說詞中的反蘇味道越發濃烈，他宣稱即使在鐵幕之外，共產黨的「第五縱隊」已在全球潛伏，「到處構成了對基督教文明的日益嚴重的挑釁和威脅。」

此時，一部分聽眾的情緒已經被挑動起來，他們站起來大聲呼應邱吉爾的話，但仍有一些聽眾持懷疑態度，他們覺得事態可能沒有邱吉爾說的那麼嚴重。

最後，邱吉爾做了總結，他呼籲英美聯合起來，建立一個團結西方民主國家的組織，以防止蘇聯的進一步擴張。

由於邱吉爾多次用「鐵幕」做比喻，這次演說因此被稱為「鐵幕演說」，蘇聯立刻做出激烈的聲討，史達林用凝重的口吻斥責邱吉爾「採取了戰爭販子的立場」。

杜魯門見邱吉爾表達了他也想說卻又不敢說的話，自然非常高興，認為美國在反共世界中找到了強而有力的聯盟者，但美國國會裡的反對之聲卻不絕於耳，很多議員認為邱吉爾是要把美國往「最恐怖的戰爭」裡拖。

然而不管怎樣，因為鐵幕演說，以美國為首的西方世界展開了對以蘇聯為首的社會主義陣營長達四十年的對抗，從演說的那天開始，冷戰便拉開了序幕。

「鐵幕」非邱吉爾首創，反共也並非邱吉爾一人所想，但邱吉爾卻是第一個在公開場合對蘇聯進行最直接抨擊的西方政界名人，也是最有身分的名人，他的想法直接催化了資本主義國家與共產主義國家之間的矛盾。

其實，邱吉爾的演說不僅是表達了自己的觀點，另有為英國謀求利益的心機。經過第二次世界大戰後，英國風光不再，世界形成了美、蘇爭雄的局面，為了維持歐洲勢力的平衡，英國唯有跟美國結盟，才不致讓蘇聯的勢力繼續擴大，所以他盡量將蘇聯說得像一顆定時炸彈，以便引起全世界的關注。

【小常識】

第五縱隊

西元一九三六年，西班牙內戰爆發，當年十月，西班牙有一股軍隊叛變，聯同法西斯軍隊一起進攻西班牙首都馬德里。叛軍的將領還得意洋洋地在廣播裡發話，稱自己有四個縱隊正在進攻馬德里的途中，而第五縱隊已在首都待命。從此，第五縱隊便衍生出了內奸或內線之意。

邱吉爾、羅斯福和史達林在西元一九四五年雅爾達會議上的合影。

47

珍珠港事件引發的危機感

聯合國的由來

第一次世界大戰結束後，很多國家的人民雖然遭遇重大挫折，卻相當自信，一時間，「我相信世界再也不會爆發戰爭了！」的想法充斥著人們的內心。

在遠離戰火的美國，民眾更加相信這句話的可靠性，因為他們壓根兒就沒見識過戰爭的激烈和悲慘場面，還天真地以為美國不會受到戰爭的殘酷打擊。

也許當時的美國政府也有這個想法，但他們還是保持了一絲警惕，因為身邊的日本在入侵東亞後，又開始對著東南亞蠢蠢欲動。

為了防範日本，美國凍結了與日本的貿易，特別是石油交易。美國政府清楚，沒有石油，日本的武器就沒辦法操作，也就沒辦法進行下一步的擴張行動。

可是令美國沒想到的是，兔子急了都會咬人，何況是野心膨脹的日本。掂量著只夠用半年的石油，日本政府心一橫，來了個主動進攻，偷襲了美國的珍珠港。

美國戰艦在敵機的轟炸中起火。

就在珍珠港事件發生前，日本外

交部向美國政府發出了宣戰的電報，可惜糊塗的美軍情報人員竟然將挑戰書做為一份民用電報，在日本人偷襲成功數小時後才慢慢地將情況傳達給美軍司令部。

珍珠港事件造成了美軍的極大損失，有三千六百八十一名美國士兵在突襲中傷亡。美國總統羅斯福在得知這一消息後震怒了，他咬牙切齒地發誓，要讓日本付出慘痛的代價。

為了打擊日本，美國毅然加入第二次世界大戰陣營，太平洋戰爭爆發了。因為同時站在了反對軸心國的立場上，英、美兩國在對外交往中達成了高度的一致性。西元一九四一年八月十四日，羅斯福和英國首相邱吉爾共同簽署了《大西洋憲章》，呼籲全世界建立起一個「廣泛而永久的普遍安全制度」。

兩國的建議得到了蘇聯等國家的支持。

第二年的第一天，以中、美、英、蘇為代表的二十六個國家一同在華盛頓簽署了《共同宣言》，同意建立一個以《大西洋憲章》為宗旨和原則的國際組織。

就在這一年的最後一天，羅斯福又建議，將《共同宣言》改為《聯合國家宣言》，從此，「聯合國」這個名字被人們銘刻在心裡。

在此後的三年內，各成員國陸續對聯合國的成員設定、框架結構、憲章進行了設定和補充，至西元一九四五年四月二十五日，聯合國制憲會議在美國舊金山隆重舉行。當時共有五十個國家參與了會議，中國也是參與國之一。

四月二十六日清晨，中國代表顧維鈞第一個在《聯合國憲章》上簽字，隨後共有一百五十二名代表也簽署了自己的名字。這一天被稱為「憲章日」，永載聯合國的史冊。十月二十四日，《聯合國憲章》生效，象徵著聯合國這一世界性的組織正式誕生了。

聯合國的作用很多，致力於促進各締約國在國際法、國際安全、經濟發展、人權實現和社會進步方面的合作，當然它的最大目標在於保衛世界和平。目前，聯合國共有一百九十三個締約國，並在世界多個地區設有總部。

聯合國的官方語言有英、漢、法、俄、西班牙和阿拉伯語六種，代表們發言時可選任意一種。不過英語是聯合國使用最廣泛的一種語言。

根據《聯合國憲章》，聯合國設有安全理事會，簡稱安理會，是唯一有權力採取強制行動的聯合國機構。安理會由十五個理事國組成，但其常任理事國只有五個，分別為中華人民共和國、美利堅合眾國、俄羅斯聯邦、大不列顛及北愛爾蘭聯合王國和法蘭西共和國，這五個國家具有否決聯合國強制行動的權力。

【小常識】

珍珠港

珍珠港是北太平洋島嶼上的一個港口，位於夏威夷群島中的瓦胡島南岸，是美國海軍的基地和造船基地，也是北太平洋島嶼的最佳港口之一，不過沒有美國海軍允許，外來船隻無法入內。

夏威夷的交通作用十分明顯，它是太平洋上的主要樞紐，凡跨太平洋南北的飛機，都會以其做為中轉站，所以珍珠港才會成為第二次世界大戰時期太平洋戰爭的首要目標。

48

大英帝國夢的破滅

邱吉爾與三環外交

第二次世界大戰結束後，國際局勢暫不明朗，諸多國家百廢待興，而曾經的超級大國英國，也徘徊在昔日的榮譽與現狀的衰落之間。

西元一九四八年，邱吉爾按捺不住，公開發表「三環外交」方針，他認為，在當前的資本主義民主國家中，有三個大環，一是以英國為中心的一切事務；二是以英美為中心的英聯邦自治領域；三才是聯合起來的歐洲。

邱吉爾信誓旦旦地宣稱：「這三個大環缺一不可，不能被摧毀，而英國是三個大環的中心國家，英格蘭有機會把世界聯結在一起！」

自從拋出「三環」理論後，邱吉爾就成了一個演說狂人，他不斷在歐洲遊走，渴望說服歐洲各國成立一個以英國為中心的聯盟。

可惜其他歐洲國家並不買帳，時過境遷，那一套帝國的概念早已不再適用，有誰還會繼續孤芳自賞呢？

西元一九五〇年，法國提出了建立歐洲一體化軍隊的普利文計畫，誰知英國卻對此嗤之以鼻，因為超越國家權力的機構組織，即超國家機構是與帝國理念相違背的。邱吉爾甚至取笑這項計畫：「完全是一堆亂七八糟的垃圾！」

永不服輸的邱吉爾。

同一年，法國再度提議組織另一個超國家機構——歐洲煤鋼聯營。這便是後來歐盟的前身。

英國仍舊沒有做為正式成員國參加，只是與該機構簽署了一個五十年有效期的正式聯繫協定。

五年後，歐洲共同體誕生，英國不僅反應冷淡，而且最終還退出了該機構，結果導致英國與歐洲關係徹底破裂。

又過了五年，英國人才感到後悔了，因為歐共體獲得了巨大的成功，若不參與，將會對英國的經濟發展帶來不可估量的損失。

英國政府終於低下了高貴的頭顱，申請加入歐共體。

這次輪到歐洲揚眉吐氣了，法國總統戴高樂兩次拒絕讓英國加盟，直到十三年後，英國才悻悻地變成歐洲的一員。

三環外交給英國造成的損失還不只這些。

第二次世界大戰結束後，埃及由於堅決不放棄蘇聯對其進行的援助，加上與東歐國家交往甚密，惹怒了以美國為首的西方國家。

一九五六年，英法發動了入侵埃及的第二次中東戰爭。

英國本以為會得到他國的支持，沒想到國際輿論一邊倒，各國強烈譴責英國的侵略。

而本該是最不能容忍埃及的美國，此刻竟然也來反對英國。因為美國擔心蘇聯會干預戰爭，所以嚴厲要求英國停火。

原以為自己在盡大國義務的英國這下傻了，他終於認識到「大英帝國夢」已經破滅，不得不狼狽撤兵。

不過這些挫折也讓英國人受益匪淺，他們意識到，唯有根據自身情況而選擇正確的外交策略，才是對外交往的不二法門。

第二次世界大戰後英國的國力一落千丈，從「日不落帝國」變成再不能與美蘇抗衡的國家。那麼，它的經濟究竟崩潰到何等境地呢？

據統計，西元一九四五年，英國的出口不及西元一九三一年的三分之一，加上支付危機，財政赤字達到了七・〇四億英鎊。雖然這一數字在第二年縮減了一半，但到第三年，又躍升至六・五二億英鎊，至「三環外交」提出的西元一九四八年，英國的債務已高達四・八八億英鎊。

隨著戰爭的結束，各殖民地的民族意識空前高漲，英國無力控制英聯邦的分裂，而美國顯然不夠重視與英國的特殊關係。

在這種窘迫的情況下，英國妄想繼續保持大國地位顯然是行不通的，而缺乏物質根基的「三環外交」註定只是曇花一現，無法在現實中存活。

【小常識】

英國的國土組成

中文之所以稱英國為「英格蘭」，全因英語單字「England」泛指英國而致。這並非意謂著英格蘭島就是英國。事實上，英國的全名為大不列顛及北愛爾蘭聯合王國，由大不列顛島上的英格蘭、蘇格蘭、威爾士和愛爾蘭島上的北愛爾蘭組成。此外要注意的是，愛爾蘭島上的愛爾蘭共和國並非英國的組成部分。

49

在質疑聲中圓滿落幕

首屆亞信峰會的故事

西元一九九二年十月，第四十七屆聯合國代表大會如期舉行，在這次會議上，哈薩克斯坦總統納札爾巴耶夫提出了一個建議：「為什麼我們不建立一個覆蓋全亞洲的地區性安全合作組織呢？」

當時，哈薩克斯坦剛從前蘇聯獨立出來，還是一個沒有多少影響力的小國，致使很多國家對該國的提議不以為意。

看到自己被那麼多國家看扁，納札爾巴耶夫有點氣餒，不過他並沒有放棄，仍堅持自己的理念：「這個組織對亞洲各國的發展和穩定是極為重要的，我建議將給組織命名為『亞洲相互協作與信任措施會議』，簡稱亞信會議。」

一晃六年過去了，亞信會議召開了數次，卻均是小打小鬧的小型會議。

西元一九九六年初，亞信召開了首屆副處長級會議，會上哈薩克斯坦提出要將會議級別提升為處長級會晤，可是依舊受到各成員國一如既往的冷遇。

直到西元一九九九年，哈方的願望才得到實現，中亞最大的貿易中心阿拉木圖在這一年召開了兩次外長級會晤。

納札爾巴耶夫對此並不滿意，他有著更宏大的目標，即召開一次亞信所有成員國元首峰會。

西元二〇〇一年，納札爾巴耶夫在新年的鐘聲還未消散之時，便迫不及待地向中國國家主席江澤民轉達了召開亞信峰會的重要性，到二月分，哈外長來華訪問，將一張亞信峰會的邀請函交給了江澤民。

令哈方興奮的是，中國領導人欣然承諾一定會支持首屆亞信峰會。

可惜天有不測風雲，西元二〇〇一年九月，恐怖分子襲擊美國的「九一一」事件爆發，原定在當年召開的亞信峰會不得已延遲到了第二年。

西元二〇〇二年三月，為亞信峰會四處奔走的納札爾巴耶夫再度來到中國，與中方外交大使商討峰會舉辦事宜。

總統的態度十分懇切，並再一次向中方領導人遞交了邀請函。

中方仍舊表示對峰會的支持，就在納札爾巴耶夫即將回國的那天，中方外長唐家璇還親自到機場給總統送行。

納札爾巴耶夫十分欣喜地察覺出中國可能要參加亞信峰會，這個消息很快不脛而走，促使其他亞洲國家也做出了參與峰會的決定。

終於，西元二〇〇二年六月四日，提倡了十年的亞信峰會，終於在阿拉木圖召開，納札爾巴耶夫不禁有些激動，他的努力沒有白費啊！可是老天就喜歡給人考驗，亞信峰會第一次舉辦就遭遇了難題：印巴衝突。

納札爾巴耶夫希望參與會議的各領導人之間和諧共處，可是當巴基斯坦和印度領導人到場後，現場的溫度卻陡然降至零點。

原來，印巴兩國正為喀什米爾問題鬧得不可開交，眼下雖然同來參加會議，卻依舊是唇槍舌劍，恨不得將對方滅殺於無形。

中國力勸印巴兩國和談，其他與會國也紛紛充當和事佬，最終，印巴領導人的態度有所緩和，接受了談判解決衝突的建議，並分別在峰會宣言上簽署了姓名。

就這樣，首屆亞信峰會有驚無險地勝利閉幕了。從此，每隔四年，亞信峰會都要舉行一次。

西元二〇一四年，第四次亞信峰會在上海舉行，國內外媒體給予了這次會議極大的關注度，而亞信峰會也從最初的無人問津躍升為現在的炙手可熱，不得不說，這是納札爾巴耶夫偉大的外交勝利。

亞信會議由峰會和外長會議組成，兩次會議交錯舉行，間隔兩年。前兩屆亞信會議的主席國為哈薩克斯坦，第三屆為土耳其，第四屆則是中國。

亞信會議現有二十六個成員國、十二個觀察員國和組織，其宗旨是加強亞洲各國間的對話與合作，同時促進亞洲的和平與穩定。

【小常識】

喀什米爾問題

喀什米爾問題，簡單來說就是喀什米爾的歸屬問題。英國人曾在西元一八三〇年侵佔了喀什米爾，將其做為自己的土邦，十七年後，當英國撤出印度時，根據印巴分治法案規定，土邦的歸屬由當地的王公來決定。

喀什米爾的王公是印度教徒，所以他們想讓該地區劃歸印度，可是當地的居民卻有百分之八十是穆斯林，民眾們希望自己成為巴基斯坦的一員，於是矛盾產生了，印巴為爭奪喀什米爾爆發了三次戰爭，如今喀什米爾的大部分地區由印巴分別控制。

50

一直拒絕古巴的美洲國家組織

美國如此對付自己的死對頭

多年來，美國和古巴一直是死對頭，兩國長期處於對峙局面，幾乎達到了老死不相往來的地步。

可是兩國同屬於美洲，總有見面的機會，比如早在七十多年前，美國和古巴就同為美洲國家組織的創始國之一，既然同在一條船上，就難免會與對方發生糾葛，真是想躲也躲不過去。

西元一九四五年三月，美國和包括古巴在內的二十一個拉丁美洲國家在墨西哥舉行泛美會議，確定建立一個泛美組織，這便是三年後的美洲國家組織。

美洲國家組織成立後，隨著影響力越來越大，加盟國也越來越多，可是唯獨古巴成了異類，不僅被趕出美洲國家組織，此後還一直成為了被孤立的對象。

事情緣於西元一九五九年的古巴革命，古巴用五年的時間反對親美獨裁，並建立起社會主義國家，相應的，美國對其恨之入骨，在西元一九六一年的第八次美洲國家外長協商會議上，宣稱：「如果有成員國信奉馬列主義，就不能與泛美體系相容！」

結果，美國帶頭發動投票，以三分之二的贊成票將古巴從美洲國家組織開除了出去。

孰料古巴是個硬骨頭，並未因此事而向美國妥協，美國政府更加生氣，三年後又將古巴的「罪行」控訴了一遍，並要求美洲國家組織各成員國斷絕與古巴的一切外交、經貿往來。

古巴游擊隊長勞爾．卡斯楚（左），以及游擊隊中二號人物切．格瓦拉（右）。

此後，美國無數次在美洲國家外長協商會議上反對讓古巴重返美洲國家組織，而拉美各國深覺都是一家人，不必鬧得這麼僵，又總是在極力打圓場。

從西元一九八九年到二○○九年的二十年間，美國屢次駁回美洲國家組織重新接納古巴的提議，而且態度十分堅決，讓拉丁美洲各國無可奈何。

事情到了西元二○○九年六月才出現轉機。

六月三日，第三十九屆美洲國家組織大會在洪都拉斯舉行，會議照例離不開古巴回歸的問題，面對著美國的激烈反對，尼加拉瓜總統薩韋德拉尖銳地指出：「為什麼一直以來，古巴被排斥在外？那是因為以前的拉丁美洲國家的獨裁者遭到了美國佬的利用！」

薩韋德拉的話令拉丁美洲各國陷入了深思，美國國務卿希拉蕊的臉上則一陣紅一陣白，表情十分難看。

最終，大會通過決議，宣布廢除西元一九六二年將古巴驅逐出美洲國家組織的決議。

希拉蕊在決議結果產生前，藉口要訪問埃及，倉促離席，可是明眼人都知道，美國是在默許古巴的回歸，因為這一次，美國沒有再公開表示反對。

各國媒體都對此事興趣盎然，因為大家都沒想到，美國也有妥協的一天，而讓古巴重回美洲國家組織的懷抱，意謂著美國多年來苦心孤詣想孤立古巴的政策全面失敗。

不過令美洲國家組織大跌眼鏡的是，數日後，古巴居然發表了一份官方聲明，拒絕回歸，還怒斥該組織長期受美國控制，已經喪失了獨立自主的權力，古巴絕對不會同流合汙。

這一下，美國實在有點下不了臺，它原本以為自己已經做出讓步，古巴就會領情，沒想到對方依舊是那麼尖銳，真是令它又是氣憤又是無奈。

至今，古巴依然沒有加入美洲國家組織，但它與拉丁美洲各國的關係卻在改善，說起來這還得歸功於美國對古巴態度的改變。如果未來兩國能透過平等對話來解決問題，相信早晚有一天能化干戈為玉帛，一笑泯恩仇。

美洲國家組織由美國和拉丁美洲國家組成，西元一八八九年美國與拉丁美洲十七國在華盛頓成立了「美洲共和國國際聯盟」，這便是美洲國家組織的前身。目前該組織有三十四個成員國，並先後有五十八個歐美及亞洲國家或地區在其間設有常駐觀察員。

和其他國際組織一樣，美洲國家組織的目標也是為了促進經濟文化交流與合作、維護各成員國之間的和平與穩定。其每年都會舉行一次美洲國家大會，這是該組織的最高機構，另外還有不定期舉行的外長協商會議，用以處理緊急問題。

【小常識】

古巴為何會與美國產生芥蒂？

古巴是西印度群島中最大的島國，距美國佛羅里達州僅九十海里，曾是西班牙的殖民地。該國寬廣的哈瓦那優良海港一直是美國覬覦的目標，美國曾試圖花一億美元向西班牙政府收購古巴，但遭拒絕。隨後，美國插手古巴第二次獨立戰爭，企圖干涉古巴事務，但菲爾德·卡斯楚發動了人民起義，擺脫了美國的控制，並將美國在當地的公司收歸國有，建立社會主義政權，讓美國十分生氣，宣布對古巴進行經濟封鎖，從此兩國關係迅速走向了破裂。

51

「九一一」擊碎美國人的優越感

亞太經合組織的產生

西元二〇〇一年，美國東部時間九月十一日的上午，紐約這個繁華的都市逐漸熱鬧起來，曼哈頓島的街道上擠滿了各種膚色的人，這些人匆忙地奔向各個工作場所，一切似乎沒有什麼不同。

忽然，天空傳來飛機引擎巨大的轟鳴聲，緊接著，一架客機如閃電般地撞向五百四十一米的世貿大廈，瞬間，爆炸的火球震得地面不停顫抖。

人們驚訝地張大嘴巴，露出驚恐的神情，然而，恐怖襲擊沒有停止，另一架飛機跟著撞上世貿中心的另一幢一百一十層的大樓，爆炸後冒出的黑煙直沖雲霄，成為很多美國人心中的陰霾。

此次事件被稱為「九一一事件」，它造成了包括世貿中心在內的六幢摩天大廈的倒塌，並釀成了三千多人死亡的慘劇。

一時間，美國人談「恐」色變，新上任的小布希總統也感覺到前所未有的壓力，於是，美國政府將眼光投向了太平洋對岸的亞洲，認為亞洲是恐怖分子的活躍舞臺，必須進行及時的制止和防範。

怎樣才能拉攏亞洲各國一致反恐呢？小布希立刻想到了亞太經合會。該組織英文縮寫為 APEC，於西元一九八九年建立，美國是第一批加入該組織的成員國，卻一直保持著懶洋洋的態度，致使亞太經合會發展了十年，竟面臨崩潰的境地。

第二次世界大戰後，美國熱衷與歐洲及拉美聯盟，並成立了兩大組織——北大西洋公約和美洲國家組織，可是對亞洲地區卻並不重視，所以沒有提出要建立太平洋周邊聯盟的想法。

二十世紀六〇年代，美國捲入越南戰爭中，美國人民反戰情緒激烈，政府被千夫所指，這才意識到維持亞洲和平環境的重要性。於是，詹森總統帶頭呼籲東南亞國家聯合起來，展開亞洲各國的多邊合作。

可是，美國國內從上到下瀰漫著一股優越感，認為與亞洲國家的合作無濟於美國經濟的恢復，人們只關心政府如何能走出發展衰退的泥淖，並認為與歐洲的緊密聯繫才是對美國最有利的策略。

即便美國在二十世紀八〇年代末加盟亞太經合會，這股優越感也未消退。直到西元一九九三年，柯林頓總統將亞太多邊合作列入政府政策之一，亞洲國家才驚喜不已：美國終於要邁出友好協作的第一步了！

孰料，大家高興得太早了。西元一九九七年，金融危機爆發，亞洲國家亟待經濟支援，美國卻在緊要關頭提出建立「部門自願提前自由化」原則，這使得 APEC 各成員國之間產生了極大的分歧，美國在這場糾紛中一個頭兩個大，開始喪失熱情，甚至決定將重心放在西半球的貿易合作上，一時間，APEC 似乎走到了發展的盡頭。

西元二〇〇一年，九一一事件震驚世界，美國人的優越感如脆弱的玻璃一樣，一下子被擊得粉碎。布希政府密切關注一些組織和基地，如印尼伊斯蘭祈禱團、菲律賓阿布・薩耶夫組織等，並希望藉助 APEC 達到反恐的目的。

從此，每一屆亞太峰會上，美國政府都要竭力宣傳反恐的重要性，號召各國組成打擊恐怖分子的統一戰線，做為世界經濟最強國，美國的主導慾也日漸加強，每次參加峰會時都會強調美國的反恐戰略或解決當前的國際問題，這種大國心態難免會為今後的 APEC 埋下糾紛的伏筆。

政客總是關心政治，但 APEC 的實質是尋求貿易合作。與政府一樣，美國的工商人士也熱烈支持 APEC，他們關心的是建立與亞洲的多邊貿易合作，以此來分得亞洲市場的大蛋糕。西元一九九三年，西雅圖 APEC 峰會提出了自由貿易的概念，美國商界開始對 APEC 提起了興趣，從而加大對它的資金支援力度，而之前的一些合作組織，如 PECC、PBEC 等則宛如夕陽，日漸沒落。

正是因為商業需要，美國政府在 APEC 上的提議越發具體、目標也越發明確，從而使得 APEC 的重要性凸顯，讓各國的聯繫越來越緊密。

與美國忽冷忽熱的態度相比，APEC 其他成員國則一直熱情高漲，西元一九八九年，時任澳大利亞總理的霍克提議建立 APEC 後，日本給予了大力支持。同時，中國在加入世貿組織後，因其經濟實力的加強和全球合作範圍的擴大，發揮的作用也越來越明顯。

【小常識】

PECC 和 PBEC

PECC 於西元一九八〇年在澳大利亞首都坎培拉建立，即太平洋經濟合作理事會，是一個融合太平洋地區國家、地區政府、工商界、媒體、民間機構、學術界的非政府間國際組織。PBEC 於西元一九六七年在日本創立，即太平洋盆地經濟理事會，是一個融合太平洋盆地國家和地區的企業家組成的論壇式非官方經濟組織。

52

未雨綢繆未必得來好結果

小布希的先發制人

西元二〇〇一年，美國總統小布希入駐白宮，他首先給全世界來了個下馬威，聲稱：「誰不站在美國這邊，誰就是站在恐怖分子那邊！」

這句話的邏輯似乎有點問題，但小布希以「正義和和平的使者」——美國自居，很快就對阿富汗發動了反恐戰爭。

小布希為何要發動這場戰爭呢？因為在「九一一事件」之後，美國人對賓・拉登恨之入骨，經常想要將對方抓獲，而曾經答應交出賓・拉登的阿富汗塔利班組織此刻卻一副事不關己的姿態，難免會惹得小布希肝火直竄。

阿富汗戰爭打響了世界反恐戰役的第一炮，結果卻不盡如人意。迄今為止，美國士兵傷亡近兩千人，且耗費美金一萬多億。至於美國政府一心想打擊的塔利班組織反而勢力壯大，最後還逼得美國承認對方是阿富汗政體的一部分。

就在美國進軍阿富汗的第三年，小布希又以伊拉克擁有大規模殺傷性武器為由向聯合國提交議案，要求對伊拉克進行核問題調查。

可是小布希明顯太心急了，未等調查有結果，他立刻在公開場合表示：「如果聯合國不對擁有大規模殺傷性武器的伊拉克採取行動，美國將做為國際聯盟的領袖解除薩達姆政府的武裝。」

這句話似乎同樣令人匪夷所思，因為對伊拉克的調查結果還沒出。

不過，小布希的先發制人態度顯然得到了同僚的支持，有一些官員甚至認為，關鍵時刻美國可以撇開聯合國安理會對伊拉克進行制裁。

隨後，美國中央情報局組建起武器搜尋小組，開始調查伊拉克的生化武器問題。

衝動的小布希沒有耐心繼續等待，西元二○○三年三月二十日，美國繞開安理會宣布對伊作戰，並認為伊拉克等多個國家是「邪惡軸心國」的成員。

雖然伊拉克前總統薩達姆堅決否認美國的指控，但實力強大的美軍一意孤行，僅用不到一個月的時間便控制了伊拉克大局，並最終判處薩達姆死刑。

伊拉克戰爭之初，美國因推翻薩達姆政權確實受到了當地民眾的歡迎，但時間一長，問題就接踵而來。

伊拉克人民並不喜歡別國在自己的土地上盤踞，因此游擊戰不停湧現，致使美軍傷亡慘重，而最初的伊拉克戰爭還讓五萬名美軍受傷，這些代價已非「九一一」恐怖襲擊所能比擬。

西元二○○五年，在經過十八個月的縝密的調查後，武器核查小組公布了一份長達一千頁的搜索報告，稱他們已經動用了一切可能的手段，最終還是一無所獲。

更令人跌破眼鏡的是，調查小組不僅沒能找出伊拉克有生化武器的證據，反而找到了薩達姆早已銷毀殺傷性武器的檔案和證據，這一切，足以讓全球的反戰人士憤慨不已。

不過推行先發制人策略的小布希並無半分悔意，西元二○○五年他接受採訪時聲稱，自己從未對發動伊拉克戰爭感到遺憾，即使查不出伊拉克的大規模殺傷性武器，戰爭仍得繼續。

小布希的先發制人策略衍生出一個外交詞語：小布希主義，指的是小布希政府在國家安全政策和對外交往中採取強硬和保守的態度，對孕育恐怖主義和擁有大規模殺傷性武器的國家進行先發制人的打擊政策。

阿富汗和伊拉克戰爭將小布希主義推到了巔峰，但其實早在西元一九九九年，美國就同樣沒有經過聯合國授權，而發動了對南斯拉夫的「人道主義戰爭」。

小布希的策略並沒有發揮良好的效果，反而讓阿拉伯國家對美國產生了失望和畏懼之心，而對伊戰爭中使用的大量昂貴的武器也讓美國背負了沉重的包袱。西元二〇一四年，美國政府宣布將伊拉克的治理權重新移交給伊拉克政權，宣告了美國移植本國民主模式的失敗。

【小常識】

邪惡軸心國

第二次世界大戰時期，人們將法西斯同盟稱為「軸心」，而將納粹德國、義大利、日本及與這三國合作的國家稱為「軸心國」。到了二十一世紀，美國總統喬治·W·布希將軸心國的概念引申出去，把支持恐怖分子的國家定義為「邪惡軸心國」，遭他明確點名批評的國家有朝鮮、伊拉克和伊朗。

53

牛群促進兩國交流

朝韓新型關係的里程碑

這一天，朝鮮半島的三八線上吹起了蕭瑟的秋風，夏日裡漫山遍野的青草早已枯黃，已然過了放牧的好時節。

然而，山上忽然湧出五百零一頭牛，一時間，三八線附近充斥著牛群的「哞哞」聲，場面蔚為壯觀。

這些牛的放牧者是韓國現代集團的老總鄭周永，這位八十三歲的老人儘管滿臉滄桑，卻壓抑不住興奮之情，迫不及待要展開即將到來的旅程。

這已經是他今年第二次趕著牛群從韓國來到朝鮮境內了。第一次越過三八線時，距朝鮮前任領導人金日成去世已有四年，韓朝關係逐漸趨於緊張，鄭周永本以為訪問朝鮮只是天方夜譚，沒想到竟然得到了朝鮮最高領導人金正日的允許。

雖說有了第一次越境的經驗，但朝韓的局勢畢竟處於微妙之中，想要第二次去朝鮮，哪有這麼容易？

可是鄭周永有自己的苦衷，他本來打算今年九月讓韓國「現代金剛山號」豪華海上郵輪載著韓國遊客和記者赴朝鮮金剛山旅遊，不料此行始終未獲朝鮮政府首肯。

儘管朝鮮「亞太合作委員會」一再向政府保證有很多商業開發機會，首航金剛山的行程依舊擱淺，鄭周永迫不得已，決定第二次趕著牛群從韓

三八線是南北韓的軍事分界線，右側為朝鮮領土，左側為韓國領土。

國來到朝鮮，向世人證明朝韓關係發生了實質性的改善。

令鄭周永驚喜的是，金正日竟然同意了他的二度訪朝計畫，而更大的喜訊還在後面：金正日竟然親自來到鄭周永下榻的賓館，與後者暢談了四十五分鐘！

金正日十分肯定朝鮮與現代集團的合作專案，他竟然還透露了一個國家級的戰略規劃：「朝鮮的地下有很多石油，可以提供給韓國。」

這個新消息不僅讓鄭周永高興，也讓韓國政府十分欣喜。韓國總統金大中自信十足地說：「現在韓國政府對南北政府間的談判充滿了信心和耐心，我能肯定，在我任職期間我與金正日將軍一定能達成會面，屆時南北政府將就雙方存在的一切問題展開討論，我們一定能解決所有問題！」

韓國媒體將鄭周永的此次外交譽為「牛群外交」，認為他打破了朝韓之間的堅冰，對促進朝鮮半島的和平功不可沒。

就在鄭周永第二次「牛群外交」後，金剛山首航終於成行，金剛山旅遊一下子成為很多韓國人的黃金旅遊線，此事象徵著朝鮮半島打開了南北貿易之門，在之後的六年時間內，朝鮮預計能在金剛山旅遊專案上獲利十億美元。

至於金大中期待的南北對話，兩年後終於得到了實現。西元二〇〇〇年六月十三日至十五日，金大中訪問了朝鮮首都平壤，雖然在短短的幾天時間裡就想解決朝鮮半島的諸多政治問題絕無可能，但南北政府能平心靜氣地坐下來談話已足以讓兩國人民熱淚盈眶。

鄭周永原本出生於朝鮮，後逃到韓國，所以他對朝鮮始終具有深厚的感情。他勵精圖治，終於成為韓國現代汽車的開山鼻祖。

在獲得了事業上巨大的成功後，他又想向仕途進軍。早在西元一九九二年，七十七歲高齡的他就競選過韓國總統，雖然最終失敗，但六年之後，他又兩度趕著上百頭牛越過「三八線」，為朝韓之間的交流和合作搭建了一座關鍵的橋樑。

其實，「牛群外交」成功的背後，與朝韓兩方領導人的支持是分不開的。金大中在擔任韓國總統期間，因積極推動與朝鮮的關係而獲得了極高的民意支持，他甚至在德國柏林公開表示：如果朝鮮需要韓國支援，那麼只要對方發出正式聲明，韓國將立即為朝鮮的經濟建設添磚加瓦。

【小常識】

鄭周永為何要趕牛進朝鮮？

鄭周永出生在農村，他從小就渴望去大城市發展，於是他在十多歲時賣掉家裡唯一值錢的東西——一頭牛，然後隻身逃到韓國，終於在幾十年的奮鬥中獲得了成功，但他也一直沒忘記父親和家鄉給予自己的恩情，決心回到家鄉辦一個養牛場，所以他選擇了兩次趕牛返回朝鮮的方式。

54

匪夷所思的綁架事件

泰國驅逐朝鮮外交官

西元一九九九年三月的一天，泰國首都曼谷的氣氛忽然緊張起來，朝鮮駐泰國大使館內的六名外交官收到泰國政府的通知：他們必須在七十二小時之內離開泰國！

這算得上是一場很嚴重的外交事件，泰國的領導人為何要冒著破壞泰朝兩國關係的風險而做出如此決定呢？起因還得從朝鮮大使館前科技參贊洪淳京說起。

一個月前，朝鮮大使館毫無緣由地向泰國外交部發來一封密函，稱洪淳京一家捲走了朝鮮用來向泰國購置稻米的數百萬美金並失蹤，要求泰方立即解除洪淳京的外交官身分，並通緝洪淳京及其家人。

泰國政府大吃一驚，連忙積極配合尋找。二十天後，泰國警方在泰國東北部的呵叻府發現了洪淳京的行蹤，便將其抓獲，暫時收押進移民署。

沒想到，朝鮮當局接到消息後，採取了突然行動。

就在洪淳京被關押的當天，朝鮮使館工作人員強行帶走了洪淳京夫婦和其子洪天明，計畫將「犯人」引渡到老撾，最後再送回朝鮮首都平壤。

孰料洪淳京不甘心任人擺布，在被關押的車上與朝鮮使館人員發生衝突，結果車輛撞毀，洪淳京夫婦因受傷而被送進醫院。

機智的洪淳京在醫院找到一部電話，向自己在曼谷的朋友求助。

泰國警方循聲來到醫院，可惜晚了一步，朝鮮使館人員已經悉數離開，而洪淳京二十歲的兒子洪元明則落在了使館人員手中。

綁架事件發生後，洪淳京一家立刻申請聯合國難民身分，並請求到第三國進行政治避難，而朝鮮政府則堅決要求泰國政府交出洪淳京。

據泰國商業部透露，朝鮮向泰國購買稻米的錢款只能在兩國的中央銀行之間進行流通，絕不可能被區區一個科技參贊涉足。

由於朝鮮當局遲遲不能交出洪淳京犯罪的證據，惹得泰國政府心頭火起，泰方宣布朝鮮扣押洪淳京的行為已經侵犯了泰國的主權，並逮捕了數名參與綁架的朝鮮人和泰國人，並要求朝方公開道歉。

面對泰方的強硬態度，朝鮮政府也不甘示弱，對道歉一事隻字不提。

結果，泰方嚴正聲明：或將驅逐具有外交豁免權的朝鮮外交官。

此時此刻，朝方才意識到事態的嚴重程度，專門派出一個外交高級代表團赴曼谷與泰方進行交涉。

朝鮮外交部禮賓司司長李道燮雖然態度溫和，卻拒絕交出洪元明，並堅稱綁架事件中的朝鮮「特務」實為外交官，請求泰方將外交官和洪淳京安全引渡回平壤。

朝方的推諉終於將泰國政府惹毛了。泰方甚至認為朝方在拿洪天明做人質來要脅自己，於是一怒之下決定驅逐綁架案中的六名朝鮮外交官。

朝方幡然醒悟，將被扣押了兩週的洪元明交給泰國移民署處理，泰方卻似乎有點不買帳，聲稱如果朝鮮當局早點讓步，就不會發生朝鮮外交官被驅逐的後果。

洪淳京一家團圓後，泰方隨即展開事情真相的調查，在此後的數個月內，朝泰兩方均未再對此事有所回應，所有人似乎都已忘記了綁架案，但西元二〇一〇年，洪淳京一家赫然出現在韓國，並成為脫離北韓的黨派成員之一，從此與朝鮮政府成為政敵。

泰國是全球旅遊大國，因此其一貫奉行獨立自主的外交政策，尤其重視與鄰國，如中、美、日等大國的友好關係。

泰國反對發達國家的貿易保護主義，認為經濟對外交具有重要影響，因此其先後加入亞太經合組織、亞歐會議、世貿組織、東盟地區論壇和博鼇亞洲論壇等國際組織。

在洪淳京綁架案後的第三年，朝鮮打破僵局，由最高人民會議主席金永南對泰國進行了正式訪問，兩國簽署了保護和促進投資、文化交流及新聞資訊交流協定，象徵著兩國從此步入和平友好的良性外交軌道中。

【小常識】

外交官的豁免權

西元一九六一年，聯合國頒布了《維也納對外關係公約》，賦予駐外代表在他國享有的一些管轄豁免權。外交豁免權主要包括：外交官極其家屬的個人安全和財產不可侵犯，可以使用密碼通訊和派遣外交信使；可使用本國國旗國徽；免除一切賦稅和義務。

55

用和談打破三十年僵局

英阿馬島之爭

西元二〇一三年初，英國首相卡梅倫接到了一封來自阿根廷女總統克莉絲蒂娜的來信，這封信的措辭仍舊犀利，卻多了一份商量的口氣。

在信中，克莉絲蒂娜要求英國履行自西元一九六〇年起聯合國結束一切形式的殖民主義的決議，將馬島歸還給阿根廷，並希望英阿兩方能夠展開關於馬島問題的談判。

這算得上是阿根廷難得的一次讓步，因為自西元一九八二年馬島戰爭之後，阿根廷與英國就勢若水火，一直衝突不斷。

西元一九八二年四月，阿根廷軍隊以迅雷不及掩耳之勢攻佔了馬島的機場和港口，接著又派四千名空軍向該島發起衝鋒，島上的兩百名英兵很快便舉手投降。

馬島失陷的情況觸怒了「鐵娘子」柴契爾夫人，她堅決要求成立艦隊，給阿根廷一個凶狠的回擊。

於是，一支強大的特混艦隊誕生了，柴契爾夫人甚至毫不猶豫地下令，將當時世界上最先進的「伊莉莎白二世女王」號豪華遊輪也改裝成戰船。

美國人一看美洲要爆發戰爭，急忙對英阿兩國進行調停。誰知柴契爾夫人竟將美國的做法比作第二次世界大戰前夕的綏靖政策，美國只好灰頭土臉地放棄了。

很快，英國展開了對馬島上的阿根廷軍隊的軍事打擊，阿根廷亦英勇還擊。

馬島戰爭持續了七十四天，讓英國用近千人的傷亡和二十七億美元的耗資贏得了勝利。

但是這場戰爭毫無意義，因為阿根廷根本不承認英國對馬島的控制權，三十多年來始終在馬島問題上毫不妥協，為奪回馬島的主權可謂無所不用其極。

就在西元二〇一二年，阿根廷政府還針對馬島採取了一系列強硬的措施，比如禁止懸掛馬島旗幟的船隻停靠在南美國家的港口、要求英國石油公司立即停止在馬島海域勘探和開採石油。

當年三月，英國的一艘軍艦在行至秘魯附近時，準備對秘魯港口進行禮節性的訪問。秘魯當局本已同意，卻因擔心阿根廷會因此而憤怒，最後不得不取消了這次訪問。

沒想到一年之後，阿方的態度明顯好轉，讓英國政府大感意外。

雖然並沒有歸還馬島的打算，英國還是在西元二〇一三年十一月派遣外交代表團赴阿根廷談判，這是兩個國家三十年來的首次官方訪問，英方的做法堪稱是一次「破冰」之旅。

阿方也派出了外交部長齊默爾曼與英國代表會晤。

兩個國家都對此次會面抱有很大期望，期待能透過和平談判最終讓馬島糾紛有一個令人滿意的答案。

馬島被拉丁美洲和中國大陸稱為馬爾維納斯群島，而被其他國家稱為福克蘭群島，由索萊達和大馬爾維納兩座主島及兩百多個小島組成，位於阿根廷南段的大西洋水域，面積約一萬兩千平方公里，距離阿根廷五百多公里，但是距離英國就遠了，有一萬兩千公里。

據英國人自稱，馬島是由英國船長約翰·斯特朗在西元一六九〇年發現的，此後馬島數易其主，終於在西元一八一六年被獨立的阿根廷合併。

不過幾年以後，英國趁著美國人洗劫馬島，重新佔領了馬島地區。從此英阿雙方就在該島嶼的主權問題上爭執不下。

西元一九六五年以後，聯合國敦促兩國和平談判，一度發揮了成效，英國人甚至曾流露出歸還馬島的意向，誰知隨後馬島海域被查出蘊含著豐富的石油、天然氣、礦藏資源，和談宣告失敗。

【小常識】

「上帝之手」與阿根廷復仇

在西元一九八二年的馬島戰爭後的第四年，英國與阿根廷又在世界盃的球場上相遇，仇人相見分外眼紅，兩國展開了在綠茵場上的另一種戰爭。結果，阿根廷隊員馬拉多納用他的「上帝之手」擊敗了英格蘭隊，被阿根廷媒體稱讚挽回了國家的尊嚴和榮譽。此後，每一屆世界盃比賽，英格蘭隊和阿根廷隊之間都透著一股濃濃的火藥氣息，若有對決更是要拼個你死我活。

56

親兄弟也要明算帳

古巴呼籲朝鮮禁核

西元二〇一三年二月，朝鮮不顧聯合國反對開啟了第三次核子試驗，激起了全世界的憤慨。

然而，朝鮮似乎沒有意識到自己已成為眾矢之的，繼續放出狠話，宣布朝韓即將開戰，並準備遣散駐朝的韓國外交官，至於在對美態度上，朝鮮也是強硬到底，逼得美國迅速做出反擊，在鄰近朝鮮的海域進行了大規模的反核軍事演習。

一時間，整個朝鮮半島被籠罩在一種極度緊張的氣氛中，儘管很多人都認為朝鮮政府是在虛張聲勢，可是失控的局面又讓其他國家都為此捏了一把冷汗。

出人意料的是，一直與朝鮮交好的古巴首先按捺不住，竟然公開對朝鮮的做法表示反對。

四月初，古巴領導人卡斯楚發表了一篇名為《有責任避免在朝鮮半島爆發戰爭》，呼籲朝鮮適可而止，不要給民眾帶來「極大的犧牲」。

在這篇文章的一開頭，卡斯楚竟然用了「荒謬」一詞來形容朝鮮半島的局勢，還稱這是自西元一九六二年古巴爆發導彈危機以來人們面臨的最嚴重的核戰爭威脅之一。

這位耄耋老人還罕見地試圖拉攏美國一齊來阻止朝鮮。

他先煞有其事地描述了二十世紀五〇年代的朝鮮戰爭，美國是如何想用原子彈打擊朝鮮的，「但美軍統帥麥克亞瑟的這種想法，甚至連時任美國總統的杜魯門都不會同意」。

然後，卡斯楚又危言聳聽地警告美國總統歐巴馬，如果歐巴馬不阻止朝鮮半島的衝突，那他的政府將被大量涉有殘酷場面的圖片所淹沒，他也將「成為美國歷史上最險惡的人物」。

卡斯楚的話一出，全世界都震驚了，朝鮮更是驚得目瞪口呆。

做為共產主義國家，朝鮮和古巴的傳統關係一直非常和諧，兩國因為都受到了美國的制裁，所以這麼多年來都站在同一條陣線上，可謂同穿一條褲子的難兄難弟。

可是如今古巴卻跟親兄弟算起帳來了，難免讓朝鮮的內心非常不爽，但人家古巴也有理啊，卡斯楚說了，朝鮮如果發動戰爭，將會對全球百分之七十以上的人口造成嚴重影響，而朝鮮有必要為「對他友好的國家承擔義務」。

看來，親兄弟再親，也需要明算帳，古巴在利益爭鬥面前始終以國家大局為準，這也是外交關係中必須要堅持的一個準則。

就在朝鮮第三次核子試驗之後的第四個月，朝鮮的態度忽然來了一個一百八十度的大轉彎，宣布朝韓不會發生戰爭，此後朝韓兩方都伸出了和平的橄欖枝，開始步入和談局面，到九月份，朝鮮宣布開重開原本進駐了幾千家韓國企業的開城工業園，朝鮮半島的戰爭高壓似乎煙消雲散。

西元二〇一四年初，朝鮮再度發出友善信號，稱希望朝韓兩方放棄一切軍事行動，並呼籲韓國取消與美國的軍演。不料，這項提議遭到韓國的堅決反對。

韓國女總統朴槿惠甚至認為「朝鮮深不可測，不能大意」，看來朝鮮半島的和平局面在短時間內是無法獲得了。

【小常識】

古巴導彈危機

古巴導彈危機是美蘇冷戰的產物，也是兩個超級大國之間爆發的一次最激烈對抗。事情起源於西元一九六二年，古巴為打破美國的封鎖，向蘇聯求援，結果蘇聯秘密向古巴運送了四十二枚導彈，美國很快察覺，並要求蘇聯撤除導彈。在經過十三天的博弈之後，蘇聯終於妥協，而全世界也因此逃過一劫。

57

禍從口出惹來外交風波

烏拉圭總統的「無心之語」

眾所周知，國家領導人做為一國代表，儀容、言行都該慎之又慎，絕不能出錯，可是在西元二○一三年，烏拉圭總統穆希卡卻出現了一次非常嚴重的「口誤」，並引發了烏拉圭和阿根廷政府之間的激烈口水戰。

穆希卡雖然年過七旬，卻有著暴躁的脾氣和粗糙的講話方式。事發當天，他正在舉行一場關於探討烏拉圭和阿根廷關係的新聞發布會。

身為一國的總統，當然要在演講稿中宣揚一下兩國的「友好」，可能穆希卡對即將演說的客套話非常厭倦，他側過臉去跟身邊的一位官員咬起了耳朵：「這個老巫婆比那個鬥雞眼更壞！鬥雞眼總算是個政治人物，但眼前這個卻像頭倔騾子一樣固執！」

此時，穆希卡並沒有意識到：他面前的麥克風已經開了！他的一番言論早已透過各種媒體傳到了千家萬戶。

有評論員分析，穆希卡口中的「老巫婆」正是以暴脾氣著稱的阿根廷女總統克莉絲蒂娜，而那個「鬥雞眼」，則是克莉絲蒂娜的亡夫、阿根廷前總統基什內爾，因為基什內爾的一隻眼睛是弱視。

在給阿根廷的兩位領導人取完綽號後，穆希卡仍覺不解氣，又刻薄地諷刺道：「對一位已經活了七十七年的阿根廷教皇來說，難道你還要跟他解釋什麼是伴侶和瓶子嗎？」

穆希卡的這句話是針對早前克莉絲蒂娜送給教皇一個裝有飲酒伴侶的葫蘆所說，飲酒伴侶是阿根廷和烏拉圭非常流行的一種草藥，據說喝完酒再將其服下，可以緩解酒勁。

很快，穆希卡的話就如平地一聲雷，迅速炸開了。烏拉圭和阿根廷兩國的民眾從報紙和電視上得知消息後，都被逗得樂不可支。網友們立刻行動，有人將穆希卡諷刺克莉絲蒂娜的話編成段子，有人創建了相關網站。

當時肯定有工作人員好心提醒穆希卡麥克風打開著，否則他是沒有辦法發表「正規演講」的。

明知做錯了事，穆希卡卻拒絕認錯。事發一個小時後，穆希卡向本國的《共和國報》發出聲明，稱自己不會做出任何彌補措施，如跟阿根廷去玩球或去大張旗鼓地澄清任何事情，而阿根廷盡可以編造一切「他們想要的廢話」。

不過，穆希卡總算還有一點政治自覺，他又補充說，雖然烏拉圭和阿根廷分開了，卻沒有任何事情或個人能抹煞兩國曾融為一體的事實。

可是穆希卡說得十分隱晦，仍舊沒有對自己的侮辱言詞道歉，讓阿根廷政府火冒三丈。

當天，阿根廷的外交部長就發出了嚴正的抗議，譴責穆希卡的話語「不可原諒」，且抨擊對方不僅詆毀了現任女總統，還對死者大不敬。

其實，穆希卡之所以對克莉絲蒂娜如此嘲諷，根源還在於烏阿兩國不那麼和諧的關係上，也許當兩國的關係日漸修復之時，他們各自的領導人才能和平共處吧！

克莉絲蒂娜曾是阿根廷的第一夫人，在她的總統丈夫卸任時競選上了總統的寶座，成為繼伊莎貝爾・庇隆之後的第二位阿根廷女總統。

她雖然出身中下階層，但舉止優雅，且很會打扮，因此總是吸引著記者們的眼光。相較之下穆希卡就粗獷了很多，他說話的方式一點都不像精英，而且他總是態度強硬。

但是，穆希卡對國家的忠心很令人感動。他是全球最窮的總統，雖然月薪一萬一千美金，每月卻僅留一千五百美金做生活費，其餘全部捐獻。為了生活，他在處理完國家大事後，會開拖拉機耕種，來維持家裡的生計。

【小常識】

烏阿為何會分裂？

烏拉圭和阿根廷本屬一個國家。西元一五三五年，西班牙殖民者侵入阿根廷，將囊括了如今阿根廷和烏拉圭的地區命名為「拉普拉塔」。西元一八一六年，葡萄牙入侵烏拉圭，五年後將其併入巴西，結果烏拉圭人民奮起反抗，收復了蒙德維的亞城，宣告烏拉圭獨立。西元一八二八年，巴西又和阿根廷簽署條約，正式承認烏拉圭獨立。

58

竊聽觸動世界外交恐慌

美國「稜鏡計畫」事件

西元二〇一三年六月初的一天，一個帶著窄框眼鏡，外表看起來有幾分羞澀的年輕人走到街邊的郵筒旁，用顫抖的雙手拿起兩封厚厚信件，對著黑暗的投遞口塞了進去。

初夏的空氣中蘊含了一絲躁熱，也許不久之後，一場暴風雨即將席捲而來。年輕人慌了一下，但他瞬間鎮定下來，他知道，自己的做法無愧於心。

暴風雨真的來了！

幾天之後，英國《衛報》發表震驚世界的消息：美國國家安全局（NSA）正在執行一項名為「稜鏡」的竊聽專案，並要求美國電信巨頭威瑞森公司每日上交數以百萬計的用戶即時通信紀錄。

緊接著，美國《華盛頓郵報》也爆出猛料：「稜鏡計畫」已經實施六年有餘，NSA 和 FBI（美國聯邦調查局）透過世界著名的網路公司，如微軟、谷歌、蘋果、雅虎、YouTube、Skype 等，在全世界收集包括電郵、聊天紀錄、影片、照片等用戶資料。

此事一經披露，全球譁然，美國總統歐巴馬不得不大費周章地進行辯解，美國民眾卻不買帳，民權聯盟嚴厲譴責當局侵犯了「美國人民生活的各個層面」。

六月十日，《衛報》再度公布「稜鏡計畫」的曝光者身分，他就是CIA（美國中央情報局）的系統管理員愛德華．斯諾登。斯諾登依舊帶著幾分羞澀，在影片中斬釘截鐵地告訴全世界人民：「你們都生活在一個被監聽的世界裡。就算你是平民百姓，一旦你打錯了一通電話，你的想法、你的朋友、你的一切都會遭到審查。」

斯諾登的現身讓美國在全球面臨著信任危機，美國一向的好盟友——歐盟首先感到失望。

當歐巴馬辯稱：「你怎麼能在百分百安全的情況下，又同時擁有百分百的隱私呢？」

英國外交大臣則痛心疾首地表示：「每一個守法的英國公民永遠不知道，你們的政府為了阻止你們的身分外洩，做出了怎樣的努力！」

俄羅斯並未過多譴責美國，但當斯諾登在六月底飛赴莫斯科申請政治避難後，雖然美國多次敦促俄國交出斯諾登，俄方卻一再拒絕，隨後又批准了斯諾登一年的臨時避難身分。

迫於國際社會的壓力，美國不得不主動解密了「稜鏡」的相關文件。然而，此舉並未緩和美國與各國的外交關係。

十月分，德國總理默克爾憤怒地表示自己的手機被監聽了，質問美國到底是怎麼回事;義大利總理萊塔也要求美國解釋監控義大利公民的問題;墨西哥外長乾脆批評「稜鏡」是一項間諜行動；法國總統奧朗德則發怒表示：「稜鏡讓法國人完全不能接受！」

西元二〇一三年，「稜鏡計畫」是轟動全球的大事件，它讓美國焦頭爛額、處於千夫所指的境地。它的本身也具有極大的諷刺性，正如美國認為凡事不可能隱秘一樣，被美國政府深藏不露的「稜鏡」也終於有了曝光的一天。

稜鏡計畫的主角斯諾登目前仍在俄羅斯，且得到了俄羅斯的承諾：若斯諾登同意，俄國將為其無限期延長避難時間。

不過，出於對美國的外交考慮，儘管各國對「稜鏡」頗有微詞，也沒有與美國撕破臉皮。比如俄國雖然庇護了斯諾登，卻要求對方停止「對美國的損害」，而德國則明確表示不會為斯諾登提供政治避難。

【小常識】

歐盟的監聽項目

在西元二〇〇六年，歐盟為回應美國強烈要求打擊恐怖分子的言論，頒布了一項「監控公民網上活動的能力」的舉措。

根據歐盟的法律規定，用戶的電話和網路資料需要被保留至少六個月以上，而安全部門會在必要情況下獲取這些資訊。

不過，歐盟非常理性地補充了一項規定：政府只有在有充分理由懷疑一些行為涉及到恐怖主義或組織犯罪之時，才能獲取民眾的資料，顯然，這種保守的做法並不能令美國滿意。

59

贈禮難平奪島之怨

日俄的北方四島之爭

西元二〇一四年二月七日，俄羅斯索契冬奧會如期舉行。一場盛大的體育賽事往往也是各國進行外交的絕佳時機，日本首相安倍晉三就在冬奧會的第二天對俄羅斯進行了國事訪問。

安倍此行的目的依舊是為北方四島而來，當然他還有別的想法，比如與中國的釣魚島爭端，如果俄羅斯能站在日本這邊，安倍自然是求之不得。

可惜俄羅斯總統普京顯得有點無動於衷，讓安倍大失所望。

兩位領導人會面的當天，普京帶著安倍兩年前送給他的一隻秋田犬Yume，普京的此番做法似乎在為日俄兩國的友好關係做出努力。

Yume 的名字是「夢」的意思。才兩年時間，小狗就已經長成了活潑好動的大型犬，而且模樣十分俊俏，令安倍頗感得意。

安倍以為普京在向自己伸出橄欖枝，頓時喜不自勝，用俄語誇讚了Yume 一句：「好狗！」

誰知普京並沒有同樣報之以笑容，反而一語雙關地回應道：「但牠有時候也咬人。」

安倍聽完這句話，神色突變，而各國媒體也立即將普京的反應報導了出去。

秋田犬是日本的國犬，雖然體型很大，但性格極其溫順，普京卻說秋田犬脾氣不好，這不明擺著跟日本唱反調！

為何日本單方面示好，俄羅斯卻冷臉相待呢？答案還是出在日俄一貫的爭端問題——北方四島上。

北方四島是日本的說法，俄羅斯稱其為南千島群島。這片島嶼位於日本和俄羅斯的中間，歷來是日俄兩國的矛盾中心。

對於北方四島，日本外務省的發言人一貫堅持是日本人最先在這四個島嶼上生活的，而且俄羅斯在西元一八五五年還跟日本簽訂了條約，承認四島屬於日本領土。

不過，第二次世界大戰結束後俄羅斯重新進駐北方四島，並宣布四個島嶼歸俄國所有。對此，日本雖大為不滿，卻依舊抱有幻想，他們認為北方四島屬於日本已是板上釘釘的事實，俄羅斯遲早有一天會將這片領土雙手奉還，而且俄羅斯還曾經表示願意將四島之中的兩個島嶼返還給日本，這不禁讓日本充滿期待。

不過，俄羅斯也有話要說。

根據美英蘇三國簽署的《波茨坦公告》，反法西斯同盟規定日本的領土範圍僅限於本州、北海道、九州、四國及其他小島，但千島群島被明確判為蘇聯所有，所以第二次世界大戰一結束，俄羅斯就立刻佔領了北方四島，可以說，俄羅斯擁有四島是完全符合國際法的。

因此，就算安倍不停給普京送禮物，普京也不會做出讓步，而俄羅斯的外交官也公開表態，日俄的領土爭端短期內不可能得到解決，北方四島的問題，看來還得從長計議。

北方四島位於日本北海道以北、俄羅斯堪察加半島以南，其包括的四個島嶼分別為：色丹島、國後島、擇捉島和齒舞諸島，但是自從北方四島被俄國佔領之後，俄國人將其與周邊的其他小島合併，稱之為「南千島群島」。

北方四島的原住民是日本的蝦夷人，因此日本一直認為四島屬於日本，並在行政上將其劃歸為北海道的一部分，但這種做法始終未得到國際社會的認可。

俄羅斯不肯歸還北方四島，在於第二次世界大戰後的一系列條約所致。除《波茨坦公告》外，另有《雅爾達條約》，而西元一九五一年日本在美國舊金山簽訂的《舊金山條約》更是明文規定，日本政府承認朝鮮半島獨立，放棄臺灣、澎湖、千島群島、庫頁島、南沙群島、西沙群島等島嶼的主權。

【小常識】

北方四島對俄羅斯的意義

包含北方四島的南千島群島屬於不凍港，可讓俄國自由出入鄂霍次克海和太平洋之間，也方便西伯利亞鐵路的補給。另外，因為北方四島毗鄰日本，俄國還可以藉四島來牽制日本，並阻止日本出入鄂霍次克海。所以北方四島對俄羅斯而言，是一個集經濟、政治於一身的重要海上門戶。

第四章

風雲人物的外交軼事

60

濃縮的都是精華

晏子使楚

中國民間有句玩笑話，叫「濃縮的都是精華」，不過有時這句話也挺準確的，就如兩千多年前的齊國卿相晏子，他雖身材矮小，卻機智過人，為自己的國家賺足了面子。

晏子在當上齊卿之後，受齊王指派首次出使楚國。楚王聽說晏子身高只有五尺，是個侏儒，就輕蔑地笑道：「到底是小國的使臣，連個子都這麼矮小。」

楚王身邊的大臣們都跟著譏笑起來。

有個大臣眼珠一轉，諂媚地對楚王說：「陛下，矮人應該鑽狗洞啊！晏子他有什麼資格直接入城呢？」

楚王眉開眼笑，連連點頭，誇讚道：「妙啊！趕緊在城門旁邊開個小門請齊卿進去！」

結果當晏子來到楚國王都時，一眼就識破了楚王的用意，他並沒有動怒，反而彬彬有禮地對接待自己的楚臣笑道：「麻煩您跟你們的國王說一聲，去狗國的人才鑽狗洞，我現在來到楚國，不應該鑽狗洞。」

迎賓大臣愣了，卻不敢回稟楚王，只好帶著晏子從正門入了城。

晏子很快進了王宮，向楚王行禮問安。

楚王坐在王座上，斜睨著晏子，打心眼裡瞧不起這個矮個子卿相，就刻薄地問道：「齊國沒人了嗎？怎麼會派你過來呢？」

面對楚王的怠慢，晏子並未自卑，他不卑不亢地回答道：「在我們齊國的都城臨淄，百姓們一起張開袖子，天空馬上就會黯淡下來；一起揮灑汗水，天地間就會下起雨來，平時大街上也是擠滿了人，怎麼能說沒有人呢？」

楚王不耐煩地打斷晏子，晏子依舊禮貌地回敬道：「那是因為賢能的人都去了賢能的國家，我這個無才之人只好到這裡來了！」

楚王頓時啞口無言，暗罵晏子的牙尖嘴利，同時不敢再小看對方了。

過了一段時間，晏子再次出使楚國。楚王這回不敢大意，趕緊召集群臣商量怎麼讓能說會道的晏子丟臉。

這時又有一個狡猾的大臣提議：「不如讓我們押解一個人從陛下面前走過，陛下可以問我們此人犯了什麼罪，我們就說他是齊國人，犯了偷竊罪，看晏子這回如何下臺。」

楚王笑顏逐開，連忙吩咐隨從依計行事。

當天晏子見到楚王後，楚王假意請晏子喝酒，誰知兩人才剛開始推杯換盞，兩個楚國的官吏就押著一個犯人來到楚王面前。

楚王暗自得意，表面上卻裝出一副嚴肅的樣子，厲聲問：「被綁著的是什麼人？」

官吏回答：「是一個齊國人，犯了偷竊罪。」

楚王更加得意，對著晏子諷刺道：「沒想到你們齊國人這麼喜歡偷東西！」

晏子見楚王如此侮辱齊國的百姓，有點生氣，他站起身，一本正經地說：「我聽說長在淮南的橘子到了淮北，就變成一種叫枳子的東西，二者雖然葉子的形狀完全相似，可是果實的味道卻完全不同。為何會這樣？

因為一方水土養一方人。齊國的百姓在齊國不偷竊，跑到楚國卻開始偷東西，難道說是楚國的水土促使了這一現象的產生嗎？」

楚王羞愧不已，他沒想到本想羞辱晏子，結果卻變成了自取其辱，只好笑著打圓場，從此將晏子視為座上賓。而齊國因晏子也獲得了楚國的尊敬，兩國在很長一段時間裡保持了友好的關係。

從晏子使楚的故事中可以看出，使者對於外交關係的重要性，一個好的大使甚至可以提升一國的影響力和威望。晏子多次舌戰楚王，維護了齊國的尊嚴，其雄辯技巧和外交智慧值得後人效仿和學習。難怪史學家司馬遷對其推崇備至，稱讚晏子是可與管仲相媲美的人物。

【小常識】

晏子其人

晏子，本名晏嬰，其父晏弱是齊國卿相，他在父親病逝後繼承了父親的職位。晏子輔佐了齊國三代君王，任職期長達六十年。他忠君愛民，勇於向君王提出諫言。在對外交往中，他採取了靈活卻不失原則的外交手段，令其他諸侯國的君王非常欽佩。

61

仁德對君王的誘惑

屈完勸服齊桓公

「完了！完了！這是要亡我楚國啊！」楚國的皇宮內，楚成王右手摀著額頭，眉頭緊鎖，一張臉難看至極。他所在的書房沒有點燈，也沒有下屬在，因此被籠罩在一團黑暗中，像極了一個陰森的墳墓。

這時，一個宦官忽然來到他身邊，稟報道：「大王，蔡姬夫人求見。」

「不見，不見！」楚成王煩惱地揮揮手，此刻他不想被任何人打擾。

誰知蔡姬竟然擅自闖了進來，她一進來就跪倒在地上，抓住楚成王的衣角哭泣道：「都是妾身的錯，請把妾身送到齊國去吧！」

楚成王緩緩轉頭，看著地上哭得梨花帶雨的美姬，苦澀地搖著頭，嘆氣道：「唉，他意不在妳，而在我啊！」

這是怎麼一回事呢？

原來，齊國國君齊桓公在當時已是春秋霸主，令諸侯臣服，可是偏偏楚國自恃國力強大，不肯向齊國低頭，令齊桓公恨得咬牙切齒。

而就在不久之前，碰巧發生了一件事，令齊楚之爭從暗鬥變成明爭。

蔡姬是齊桓公的第三夫人，也是蔡穆公的妹妹，因為貌若天仙，所以很受齊桓公寵愛。

有一次，蔡姬與齊桓公一起坐船遊玩時玩心大起，拿水潑齊桓公。齊桓公喝令蔡姬住手，蔡姬卻不聽話，反而晃動小船，嚇得齊桓公面如土色。

齊桓公為了讓蔡姬好好反省，就將其送回了蔡國，準備暫時冷落愛姬一段時間。誰知蔡穆公這根牆頭草以為齊桓公不要蔡姬了，竟然把妹妹當成禮物送給了楚成王。齊桓公大怒，也終於找到伐楚的理由了，於是召集其他八個諸侯國的軍隊，一齊向楚國氣勢洶洶地殺來。

其實，楚成王也並非沒有試圖阻止過齊桓公。他曾派使節在半路上攔截過齊軍，可是蘇齊國的上卿管仲卻藉口說楚國沒有按時繳納貢品，所以要替周天子征討楚王，又將周昭王南巡未歸的事情賴在楚國頭上。使節沒有辦法，只得讓齊軍繼續前行。眼看著敵軍近在眼前，孤注一擲的楚成王抱住了最後一根救命稻草，他派德高望重的大夫屈完去跟齊桓公交涉。

齊桓公素來景仰屈完的才能，聽說對方來了，連忙讓各諸侯國將隊形展開，然後得意洋洋地對屈完說：「大夫此次前來，必然和戰事有關，那我就先滿足一下你的好奇心，帶你參觀一下軍隊吧！」

於是，齊桓公就與屈完坐在一輛戰車裡，戰車緩緩地從各國軍隊前經過，屈完一看，果然是千軍萬馬、氣壯山河。

齊桓公瞥了一眼臉上現出驚奇表情的屈完，笑道：「你覺得這些諸侯是為我而來嗎？錯！他們是為了與齊國交好才來的！你們國家也跟我們建立友好關係，怎樣？」

屈完很謙虛地說：「承蒙大王來到我們國家，我們很感激。」

齊桓公的自尊心得到了極大的滿足，他吹噓起來：「你看這些軍隊，真是無人能擋啊！所到之處，誰能不服？」

屈完並沒有畏懼，反而不卑不亢地回應道：「如果大王用仁德來安撫諸侯，我倒覺得是所向披靡的。如果您堅持要用武力征服，那楚國只好拼死一戰了，到時只怕您的兵馬再多，也無用啊！」

一聽此話，齊桓公的眼睛瞇了起來，開始思量：「武力征服不了人心，看來只有仁德才能樹立威望。」

冷靜下來的齊桓公不再衝動地進攻，而是與屈完商討結盟一事，最終，楚國與諸侯國簽訂了友好來往的盟約，一場危機就因「仁德」二字被化解了。

齊桓公是春秋五霸之首，由他執政的齊國是春秋時期首個稱霸的諸侯國。他姓呂，名小白，曾與哥哥公子糾爭奪齊國國君之位，當時輔佐公子糾的管仲一箭射中齊桓公的衣鉤，齊桓公假裝死亡，卻趁公子糾大意之時搶先回國登上王位。

繼位後的齊桓公沒有記仇，反而任用管仲為相，實行軍政合一、兵民合一的制度，使齊國日漸強大。他還喊出了「尊王攘夷」的口號，一統中原，成為各諸侯國的霸王，充分顯示出其賢明與智慧。可惜齊桓公在晚年昏聵，任用小人，以致活活被餓死。

齊桓公和管仲的塑像。

【小常識】

尊王攘夷

在春秋時期，中原各諸侯國常常受到戎狄等外族的侵犯，所以「尊王攘夷」的說法便呼之欲出。這個詞的本意是尊周王為中原國君，眾人一同來抵禦北方遊牧民族，後引申為建立民族統一戰線。

62

感同身受才有說服力

燭之武退秦師

「大王，你信不信有報應一說。」秦國的宮殿內，一個衣冠華貴的男人突然提出了一個莫名其妙的問題。

「也許吧！」被問的中年男人驚訝於對方的直接，儘管晉國對鄭國發兵的理由眾人皆知，但身為一個君王，也沒必要總是把鄭國的無禮掛在嘴邊吧！

不過，男子不會說什麼，誰讓秦國與鄭國一向都關係不錯呢？而且此次作戰，他們還將會是最親密的盟友。

這兩名男子便是春秋時期的秦穆公和晉文公。至於鄭國為何會惹得晉國雷霆震怒，則是因為先前晉文公重耳逃難經過鄭國時，鄭國沒有以禮相待；而在楚國對晉國發動的城濮之戰中，鄭國更是助了楚國的一臂之力，所以晉文公才決定要給鄭國一個教訓。

鄭文公早已嚇得屁滾尿流，急忙召集群臣商量：「怎麼辦啊？晉國和秦國都不好惹，鄭國只是個小國，真是腹背受敵啊！」

鄭國大夫佚之狐站出來說：「國勢危急，如果請燭之武去說服秦王，秦國的軍隊一定會撤退的！」

此刻鄭文公已是死馬當活馬醫，雖然他不認識燭之武，但還是聽從佚之狐的勸告，去向燭之武求救。

當鄭文公找上門的時候，燭之武正在往馬廄搬草料，他做夢也沒有想到，在自己的晚年，國君竟然能親自來找他，頓時惶恐不已，推辭道：「我年輕的時候就不如別人，現在老了，更加不中用了！」

鄭文公急得火燒眉毛，恨不得馬上就磕頭認錯，他只得再三表示自己有眼無珠，希望燭之武能曉以大義，使鄭國免受滅頂之災。

終於，在鄭文公的好說歹說下，燭之武總算答應出使秦國。

秦穆公得知鄭國使臣來找自己，知道對方必然是來講和的，其實他和晉文公一樣打著擴張版圖的主意，便想看看鄭國會開出怎樣的條件。

因為不能讓晉國知道，當天晚上，鄭國人用繩子將燭之武綁好，然後把他從城牆上慢慢放到城下。

燭之武深一腳淺一腳地來到秦穆公面前，深深地做了一個揖，用其三寸不爛之舌說道：「鄭國馬上就要滅亡了，如果鄭滅對秦國有好處，我是不會來麻煩您的。」

秦穆公聽出了對方話裡的意思，連忙點頭附和：「所以我才要見你啊！」

燭之武笑了笑，忽然換了一副謹慎的神情，小聲說：「鄭國與秦國並不相鄰，反而靠著晉國，越過別的國家把鄭國當成自己的國土，是有很大難度的，大王為什麼要給晉國增加土地呢？晉國的實力增強了，秦國的實力不就削弱了嗎？」

秦穆公一愣，他還從來沒考慮過這個問題。

燭之武繼續站在秦國的立場上來引導對方：「如果您放棄攻鄭，那鄭國可以做為秦國的東部驛站，隨時為來往的客人服務，對您來說也是好事一樁啊！再說，我知道秦晉交好，可是當初您幫助了晉惠公，晉惠公答應送您兩座城池，結果他前腳剛走，後腳就開始修築防禦工事，可見晉國的胃口是不能滿足的呀！」

聽著這番話，秦穆公的眉頭開始打結了。的確，秦國與晉國雖說關係不錯，可是畢竟都要顧及自身的利益，他對晉文公並非沒有防備之心。

「如果晉國向東吞了鄭國，就會向西侵犯秦國，不然晉國的土地從哪裡得到呢？所以希望大王慎重考慮攻鄭事宜！」

此時秦穆公已經完全被燭之武說服了，他與鄭國簽訂盟約，不僅撤了兵，還派了大將來守衛鄭國，而晉文公因為不想損害盟友之間的關係，也黯然離去。

燭之武以一番感同身受的遊說，逼得兩大強敵放棄戰鬥，可見在外交策略上，站在對手的角度幫其想問題，有時反而能發揮事半功倍的效果。

歷史上關於燭之武的文字不多，明朝小說家馮夢龍在自己的歷史小說《東周列國傳》中，將燭之武描述成一個忠心耿耿但始終升職無門的養馬官，當他出使秦國時，已是一個年過七旬滿臉滄桑的老人了，勸退秦穆公這件事，可以說是他人生中最絢麗的篇章。

【小常識】

「燭之武」的名字解釋

燭之武，並非姓「燭」名「之武」，「燭」是鄭國的一個地名，而「之」可解釋為「的」，「武」才是真正的名字，所以「燭之武」就是在燭生活的武。

63

挑釁反有理

巧舌如簧的子產

外交關係講求的是一份融洽，在輕鬆友善的環境下才能達成國與國之間的利益最大化。可是，並非每個國家都是那麼友好的，有時甚至會發生一些很不愉快的事情，該如何避免呢？

在中國的春秋戰國時期，諸侯間的紛爭調解全靠使者的一張嘴，這些使者大多是飽讀詩書且具有雄辯技能的文儒，從他們嘴裡講出的話竟能把死馬說成活馬，把歪理變成由不得人不信的真理。

鄭國的宰相子產便是鮮明的一例。

西元前五四二年，魯襄公去世，就在其離世的當月，子產與鄭簡公一齊去晉國進貢，誰知晉平公稱魯國有喪事，拒不接見他們。

鄭簡公氣得捶胸頓足，憤憤地說：「哪裡是因為喪事的緣故！明明就是欺負鄭國是個小國，講一些冠冕堂皇的話罷了！」

子產思索片刻，安慰國君：「大王你先別著急，我自有辦法讓平公改變主意。」

於是，他下令把鄭簡公所住賓館的圍牆全部拆除，然後把鄭國來的車馬行李全部放入賓館中。

晉平公聽到這個消息，頓時雷霆大怒，派大夫士文伯前來興師問罪。士文伯倒沒有發怒，他只是責怪子產不懂事，說：「我們國家的治安不好，街上到處都是竊賊和強盜，所以有貴客光臨本國，我們都會給貴客所住的賓館修築很高很厚的圍牆，免除安全隱患，現在可好，您把圍牆全拆了！你們能戒備森嚴，可是其他來訪的人該怎麼辦呢？」

子產立刻裝出一副痛悔的表情，壓低嗓音，似乎胸中滿藏發自肺腑的沉痛。他解釋道：「我們鄭國只是個夾在其他大國之間的小國，晉國讓我們繳納貢品，我們當然不敢怠慢，只能努力地去搜集全國的財物。可是晉國不告訴我們上繳的時間，我們只好一找齊貢物就趕了過來。誰知道，你們不告訴我們朝見的時間，我們擔心禮物放在露天被雨淋壞了被蟲咬爛了，會加重我國的罪過啊！」

說到這裡，子產吸了吸鼻子，眼眶竟然濕潤起來，一副十足受氣小媳婦的模樣。士文伯有點無奈，他也知道晉平公的做法有些不妥，只得悶不吭聲地聽子產說下去。

子產偷偷觀察著士文伯的神色，知道對方已被說動，心中暗笑，便繼續「沉痛」地說：「聽說晉文公以前做盟主的時候，雖然自己的皇宮很簡陋，卻會把接待賓客的旅館修得像皇宮那樣高大。只要有其他諸侯前來拜訪，他都會命人點著火把去巡視客人的住處。客人的車馬有存放的地方，客人的隨從也都配備了服務人員，另外還有給車軸加油的、飼養牲口的、打掃房間的、照料物品的，應有盡有，而且晉文公從不讓賓客等待，總是及時地召見訪客入宮，大家都其樂融融，誰會擔心有人來搶自己的東西，或是貢品淋雨生蟲啊！」

士文伯很羞愧，連連點頭，嘆氣道：「唉，先王確實有過人之處！」

子產趁熱打鐵，最後補充道：「如今你們國君的寢宮方圓數里，卻讓我們住在像奴僕住的房間裡，而且我們的馬車還進不了大門，又沒辦法翻牆進去。你剛才說有盜賊和天災，那就得趕緊把東西放進賓館啊！如果我們不拆圍牆，東西就沒辦法放，雖說魯國有國喪，可是不只晉平公一個人悲傷，我們也會難過啊！如果你們讓我們早點把貢品交上去，我們保證會把圍牆修好再走的！」

士文伯已經恨不得找個地洞鑽下去了，他急忙回朝向晉平公稟報了此事，結果後者認識到自己的錯誤，不僅向子產和鄭簡公道歉，還以隆重的儀式接見了他們。後來，鄭簡公回國，晉平公還重新修繕了接待諸侯的賓館，讓其他國家對鄭國十分感激。

子產其實叫公孫僑，字子產，他在鄭國當了幾十年的宰相，一直仁愛重德、愛護人民，推出了一系列的改革措施，如承認土地私有、按田畝納稅等，達到穩定政局的效果，使得鄭國的百姓在長久的時間裡都能安居樂業。

此外，子產還進行了一系列的外交活動，憑藉伶俐的口舌，他往往能幫鄭國爭取到很多利益，且使自己的國家免受戰亂之苦。晉國賢臣叔向就很佩服他，讚嘆從他身上發現了口才的重要性，而清朝思想家的王源更是稱讚子產為「春秋第一人」。

清朝金農繪《子產畫像》。

【小常識】

子產與刑鼎

鄭簡公三十年，子產鑄造了一座大鼎，將鄭國新制定的刑書鑄在了鼎上，這就是著名的「刑鼎」。子產還將鼎放在鬧市繁華區，以增加法律的威信。

64

古人千金買骨

燕昭王復仇的故事

戰國時期，齊閔王仗著祖輩為齊國打下的良好基業，繼位不久便西征北伐，打了不少勝仗，與秦昭王合稱為「東、西二帝」。

齊閔王的手下敗將有燕昭王，當年齊國差點滅了燕國，還逼得燕昭王的父親自縊，所以年輕的燕昭王決定盡一切可能讓國家富強起來，以報燕國的奇恥大辱。

於是他四處搜羅人才，然而俗話稱「書到用時方恨少」，人到用時也很難找，眼看著自己發出的招賢令已經公布了好幾個月，卻沒有一位能人前來投靠，燕昭王的心裡有些急了。

這時候有人給他出主意：「聽說在無終山上有一位隱者名叫郭隗，此人具有大智謀，可將他找來共商國策。」

燕昭王大喜，連忙上山去找郭隗。

郭隗也想為齊國效力，只是擔心燕昭王像先王一樣昏庸，就暫時打消了入仕的念頭，如今見新王虛懷若谷，不由得很高興，勸誡對方道：「帝王對人才的態度，決定了人才的品格。」

燕昭王看著眼前這位目光深邃的老者，似乎有點懂了，但他仍想問個究竟：「到底我該怎麼做，才能找到最好的賢士呢？」

郭隗見對方如此焦急，有點喜悅，笑著說：「如果帝王能像對待老師一樣對待賢者，那招來的賢者將勝過帝王百倍；如果帝王能虛心聽取賢者的意見，那麼招來的賢者將勝過帝王十倍；如果帝王能像對待朋友一樣對待賢者，那麼招來的賢者的能力將和帝王一樣。不過，如果國君喜歡頤指氣使的話，招來的人就是些奴才了。」

燕昭王如醍醐灌頂，連聲稱讚郭隗的見解高深，他對著郭隗深深地鞠了一躬，又問：「敢問老師，我該如何找到比我能力強百倍的人呢？」

郭隗捋了捋鬍鬚，意味深長地說：「我還是先給你講個故事吧！」

「古時候有一位君王，也和陛下一樣喜愛優秀的人和物。有一次，他想買一匹千里馬，就開價三千兩黃金，希望有人能賣給他。誰知一晃三年過去了，連根千里馬的鬃毛都沒見著。

這時，有位大臣突然說：『大王，讓我去買吧！』那位君王沒有辦法，只好同意了。

三個月後，大臣回來了，說只花了五百黃金買到了千里馬，君王就欣喜地跑去看，誰知他看到的只是一副千里馬的骨架。

君王勃然大怒，要治大臣的罪，大臣卻反而笑道：『大王，你肯花三千兩黃金買馬的骨頭，那活馬還不知要多少錢呢！你只要稍等些日子，肯定有人送千里馬過來。』

後來，大臣的話果然應驗了，很多人爭相帶著好馬上門，差點把王宮的門檻踏爛了。」

聽到這裡，燕昭王終於明白了郭隗的意思，他十分佩服，對郭隗說：「賢士說得沒錯，我若善待身邊的每一位賢者，天下賢才必定會慕名前來！」

於是，燕昭王就重用了郭隗，還為對方建造宮殿，結果消息一傳出，各國的謀士都按捺不住，紛紛跑到燕國效命。

有了賢才的相助，燕國很快強大起來，西元前二八四年，燕國聯合五國攻入齊國都城臨淄，將齊國的七十多座城邦打得只剩下即墨、莒兩座城池，齊閔王也死於戰亂，燕昭王的復仇大計終於得以實現。

齊閔王是齊宣王之子，與其父重用荀子、孟子等賢才的做法不同的是，齊閔王心胸狹隘，專橫固執，不肯採用謀士的諫言。原本擁有滿腔熱情的謀臣逐漸感到失望，最終憤憤地離開了齊閔王，齊國由此走向衰落，這也預示著齊閔王的人生滑向悲慘的終點。

與之相反的是，燕昭王求賢若渴，他在拜訪了郭隗後，聽從後者的建議修築了一座高高的招賢臺，並在臺上堆上千兩黃金，吸引得樂毅、鄒衍、劇辛等賢才投奔燕國，燕國因此強大起來，最終報了齊國的血海深仇。

【小常識】

齊國差點亡燕

齊國之所以和燕國結下仇恨，源於燕昭王的父親燕王噲將王位讓給了相國子之，子之心狠手辣，欲除掉後來的燕昭王，結果燕國大亂，齊國趁機攻打燕國，燕王噲和子之均死於非命。燕國幾乎被齊滅國，但齊國無法管理燕國的大片領土，只好退兵，燕國也因此成為戰國七雄中最弱的國家。

65

唇亡齒寒

宮之奇勸誡虞君

「陛下請看，這是我們大王從驪山腳下採來的上等藍田玉，我敢保證，天下再也出不了第二塊這樣的玉了！」

虞國的王座之下，晉國獻寶的使者花言巧語地送上絕世白璧，虞國的國君虞公被美玉所吸引，一時間樂得眉開眼笑，口中不停地讚道：「好！好！」

使者趁熱打鐵，繼續討國君歡心：「陛下，我國還送上一匹千里良駒，請陛下笑納！」

虞公早就聽說晉獻公有一匹千里馬，沒想到對方現在居然將這匹好馬送給自己，更加心花怒放，恨不得馬上就去觀賞那匹名貴的寶馬。

晉國使者一看效果已達到，連忙躬著身子，媚笑道：「那麼陛下，我們晉國向貴國取道的事……」

「沒問題！你們儘管過！」當下虞公只顧著賞玉，哪有心思考慮國家大事。

這時候，虞國的大夫宮之奇焦急萬分，上前一步勸道：「大王，萬萬不可呀！晉國拿這些東西來討好你，是為了挑撥我國和虢國的關係。虞虢兩國就像人的嘴唇和牙齒一樣相互依存，要是嘴巴沒了，牙齒就會感到寒冷，也將不復存在了呀！」

可是虞公卻被晉獻公的珍寶所迷惑，他不耐煩地一揮手，打斷宮之奇的話：「晉國送給朕這麼好的東西，就求我們幫點小忙，有什麼不可以！別再說了！」

宮之奇不死心，緊蹙眉頭強諫：「大王，虢國滅了，我們肯定會被晉國吞併的呀！」

「混帳！」虞公大怒，想摔東西，一看手中握著的是價值連城的美玉，連忙握緊了，然後對宮之奇怒斥道：「你不要小人之心了！晉國是去打虢國，跟我們虞國有什麼關係！這個話題休再討論！」

晉國來的使者竊喜，趕緊將虞公的態度轉告給晉獻公。

晉獻公得悉後與謀臣荀息會心一笑。原來，他們早就想攻打虞、虢這兩個鄰國，又擔心兩國聯合起來對付晉，就想出這麼一著從虞國取道攻虢的方法，以挑撥虞國與虢國的關係，沒想到虞公如此玩物喪志，讓這個計謀實行得非常順利。

隨後，晉國發兵兩萬，攻佔了虢國的下陽，虢國見虞國為晉國提供便利，十分氣惱，與虞國斷絕了往來。

彈指間，三年過去了，晉國並沒有對虞國做出任何不利的舉動，虞公非常得意，總是訓斥宮之奇杞人憂天，讓後者一臉無奈，只能連連搖頭嘆息。

某天，晉國再度派出使者向虞公借道，說要攻打虢國。

宮之奇心急如焚，不顧被國君怪罪的風險，重申唇亡齒寒的危險性。

可是虞公又把宮之奇罵了一頓，然後拱手將晉國的軍隊迎進了虞國。

宮之奇徹底覺得失望，他喃喃自語：「唇齒相互依存，如今牙齒幫助敵人撬開了嘴唇，等於是自謀死路啊！」

感到危險的宮之奇趕緊收拾細軟，帶著家人離開了虞國。他的猜測果然沒有錯，晉國這次在消滅了虢國之後，又將虞國吞併。可憐虞公在滅國前還不明就裡前去迎接晉軍，結果被當場俘獲成了階下囚。

脣亡齒寒的故事說明了外交中聯盟的重要性，也展現出一個好的外交策略對國家的有利影響。

虢國原是西周初期的重要諸侯國，分別為今河南的東虢和今陝西的西虢，國君為周文王的兩個弟弟，虢國一度在西周至春秋初期產生過重大影響，可惜後來逐漸沒落，先後被鄭國和晉國所滅。

虞國則位於山西晉南，為西周矢國的後裔，地理位置在虢國的東部，位於晉國和虢國之間。《左傳》中有關於晉國向虞國借道滅虢，而後又滅虞的詳細記載，而宮之奇口中的「脣亡齒寒」也因此演變為如今的成語，比喻雙方利益相關、不可分離。

【小常識】

大夫是幾品官？

古時候的「大夫」是官名，源於夏朝。在戰國之前，大夫是對為官者的統稱，而到了戰國時，才開始分官職等級。如秦漢時期，官員分十二等級，大夫按不同稱謂隸屬五至九級。到了隋朝以後，大夫變成了高級文官的官名，其中光祿大夫為正一品，榮祿大夫則為從一品，是封建社會中大夫的最高官名。

66

猜忌是對外關係的致命傷

子貢亂四國

孔子有七十二門生，唯獨弟子子貢具備軍事才能，而子貢還具有伶俐的口才，所以在經商方面具有過人的天賦，被後世奉為財神。因此，子貢很得孔子青睞，他多次誇子貢是國家的棟樑之材。

當時，齊國的國政被相國田常把持，田常為了提高自己的聲望，就勸齊國國君滅魯，以此來壓制自己的政敵。

魯國國力微弱，根本不足以對抗。孔子得知戰火一觸即發，非常憂心，趕緊召集所有的弟子，告訴他們：「我們的國家將要面臨大災難了！你們為什麼不想想辦法？」

一些弟子趕緊站出來，自告奮勇地要去平息戰亂。

孔子看了看毛遂自薦的弟子，搖搖頭，因為他知道這些人不具備外交的才能。

這時，子貢站了出來，胸有成竹地對孔子說：「先生，讓我去吧！我一定不辱使命！」

孔子這才欣慰地點頭，笑著鼓勵子貢：「此去一定要成功！」

於是，子貢立刻來到齊國，他沒有見國君，反而偷偷找到了田常，「好心規勸」對方：「魯國太弱了，打下來根本就沒有好處，還不如攻打強大的吳國，對齊國來說是好事一樁啊！」

孔子在杏壇彈彈琴，與弟子們敘《書》、傳《禮》、刪《詩》、正《樂》、贊《易》，所以，杏壇成為孔子萬世立教的第一聖地。

被孔子譽為「瑚璉之器」的子貢。

田常臉色鐵青，狠狠地瞪著子貢，問：「你這是什麼餿主意！你為什麼要這樣教我？」

子貢似乎沒有注意到田常的神色，反而雲淡風輕地說：「我聽說一國之內有矛盾，都會去攻打強敵，而一國遇到外敵時，才會想要攻打弱敵。相國現在是不是時常會感到朝中有大臣對您不滿呢？如果征服了魯國，齊國的國君威望大增，大臣們的實力也相應壯大，對您來說一點好處也沒有。如果伐吳，齊國不管能不能取勝，都會實力損耗，那樣國君就只能對你言聽計從了！」

田常這才露出笑容，顯然他被子貢的話打動了，但他轉瞬又憂慮起來，擔心自己轉而讓齊國攻打吳國，會遭致大臣們的反對。

子貢見田常已完全贊同自己的說法，不禁狡黠地一笑，拍著胸脯說：「放心吧！我會說動吳國打齊國的！」

田常不知中計，還再三感謝，為子貢送行。子貢來到吳國後，換上了一副驚惶的神情，對吳王夫差說：「不好了！齊國要吞併魯國，這樣一來，齊國的勢力就會比吳國大了！我為大王表示擔憂啊！不如大王幫助魯國伐齊，這樣才能使吳國安全啊！」

夫差有些猶豫，試探性地問子貢：「可是越國一直很仇視吳國，我還是先把越國滅了再伐齊吧！」

子貢深知吳越一直不和，而楚國被吳國打敗後雖然成為後者的附屬國，卻始終沒有放棄復仇的想法。

子貢決定仍從吳越敏感的關係入手說服吳王，於是他這樣說：「等大王滅楚後，齊國早就吞併魯國了。大王還不如幫助魯國滅齊，顯示您的仁義之心，還能成就大業，讓越國心甘情願歸順。如果大王還有顧慮，我可以說服越王與吳國一同對付齊國。」

夫差大喜過望，不僅再無疑心，還催促子貢趕緊去越國。

越王勾踐早已在郊外等候子貢，他知道子貢足智多謀，一定有辦法救楚國脫離吳國的魔爪。

果然，子貢勸越國假意與吳國一同攻打齊國，然後趁吳國後方薄弱，再一舉滅了對方。

勾踐連聲誇讚子貢的主意好，遂派人拿著禮物去找夫差聯盟。然而，子貢很清楚，光憑越國的實力還不足以敗吳，需有其他國家助陣才能成功。

他又找到晉國國君，斷言吳國如果打敗齊國，接下來第一個攻打的就是晉國。晉國國君大為恐慌，連忙表示要秣馬厲兵，防止吳國的侵犯。

子貢亂四國的目的終於達到了。吳國打敗齊國後，又開始攻擊晉國，晉國早有準備，將吳國打得落花流水，越國趁機滅了吳國，魯國的危機終於解除了。

魯國是一個小諸侯國，居然能在一場諸侯紛爭中躲過一劫，雖說多虧了子貢的巧舌如簧，但各國之間的相互猜疑也幫了很大的忙。

齊國與吳國都是強國，為了爭霸必然會彼此仇視，發動戰爭是理所當然，而越國因為不甘心屈服於吳國，多年來伺機報復，最終導致了吳國的滅亡。在幾個大國互相猜忌、爭鬥之時，魯國便可漁翁得利，實乃外交策略的一項良計。

【小常識】

吳國忠臣伍子胥

西元前四八四年，吳王夫差聽信子貢的話，要攻打齊國。大臣伍子胥堅決反對，讓吳王先將越國滅掉。夫差不聽，結果大勝齊國，伍子胥更加擔憂，不聽諫言，結果被暴怒的夫差賜死。臨死前，伍子胥捶胸頓足，讓人將他的眼珠挖出放在吳國東門，他要親眼看勾踐怎樣滅吳。結果九年後，越軍果然攻入吳國，夫差這才相信了伍子胥的話，羞愧自殺。

67

完璧歸趙不辱國威

藺相如舌戰秦王

藺相如是戰國時期趙國的著名謀臣，他能言善辯、剛正不阿，即便面對的是強大的外敵，也依然竭力為本國爭取利益和顏面，是一位不可多得的政治和外交人才。

在趙惠文王還不知道藺相如的存在前，秦昭王看中了趙王新到手的一個寶貝——和氏璧，就派人給對方送去一封書信，說秦國願意用十五座城池來換這塊玉。

當時秦國已是戰國時期最強大的諸侯國，趙王擔心受騙，卻又不敢得罪秦國，一時間舉棋不定。

此時，有宦官向趙惠文王舉薦了藺相如，藺相如當即斬釘截鐵地對趙王說：「趙國比秦國弱，若不答應肯定吃虧。若秦王不守信用，那也是他理虧，我們是佔了上風的。」

趙王立刻對藺相如另眼相看，還派他帶著和氏璧去見秦王，談判寶玉換城的事宜。

藺相如到了秦國後，將和氏璧恭敬地獻給秦王。哪知秦王拿著和氏璧左看右看，還讓自己的妻妾和侍從賞玩傳遞，就是不說換城邑的事情。

藺相如是個聰明人，他看出秦王想耍賴，就走到秦王身邊，假裝關切地說：「大王，這塊玉上有點瑕疵，讓我指給你看。」

秦王沒有懷疑，將和氏璧交還給藺相如。

藺相如手持和氏璧，臉上的表情忽然無比堅毅，他退後幾步，靠在柱子上，用憤怒的語氣質問秦王：「我們趙王是個講信用的人，我來之前，趙王特地齋戒五天，足見對這次交換的重視。可是我來了之後，卻只受到了大王的傲慢對待，可知大王沒有信守諾言的誠意。平民百姓在交往時也厭惡欺騙，何況是國與國之間呢！」

他忽然將捧著和氏璧的雙手揚起，做出要撞擊的姿態，怒吼道：「秦國仗勢欺人，我絕不會把和氏璧交給大王。大王如果要逼我，我的頭顱就和這塊寶玉一起撞碎在柱子上！」

秦王沒想到這個趙國的使者性格這麼剛烈，怕對方真把寶玉撞碎了，只好向藺相如道歉，還讓官員拿來地圖，將要割讓的城邑指給藺相如看。

這個時候，藺相如的心裡卻如明鏡似的，他幾乎可以肯定秦王在欺騙他，於是就找了個藉口，謊稱道：「這塊和氏璧是聞名天下的寶貝，我們趙王在送玉之前都齋戒了五天，也請大王齋戒相同的期限，然後安排盛大的歡迎典禮，我才敢獻玉。」

秦王一心想要美玉，只好答應了藺相如的請求。

當晚，藺相如派隨從懷藏和氏璧，從小路逃回了趙國。他並不擔心自己的安全，而是一心掛念著寶玉是否能平安送達。

五天後，秦王將藺相如請到王宮，急切地問：「現在可以把和氏璧給我了吧！」

藺相如搖搖頭，平靜地看著秦王，回答道：「已經送到趙國去了。」

秦王和大臣們倒吸一口氣，難以置信地瞪著藺相如。

藺相如依舊不動聲色地說：「我們趙國是絕不會違約的。只要大王先把十五城割讓給趙國，您再派一位使者去趙國，趙王肯定會立即把玉送過來。我犯了欺君之罪，該如何處置任由大王安排！」

有些大臣勸秦王殺了藺相如，可是秦王或許被藺相如說得心軟了，他不僅沒有處死藺相如，反而將他放回了趙國。

此後，秦王未再提換城的事情，趙國也就沒有把和氏璧給秦國，一場紛爭就此結束。

藺相如與強秦交涉維護趙國的事情還不只和氏璧這一件，在另一樁著名的事件「澠池會盟」中，他也是給予秦國有力的反擊，最終保全了趙國的尊嚴。

藺相如有勇有謀，在澠池會盟後位列趙國的上卿，與廉頗官位相當。傳說廉頗曾因此心生不滿，不斷向藺相如挑釁，後來在對方的感化下負荊請罪，兩人終於和好，京劇中著名的曲目《將相和》就是由此而來。

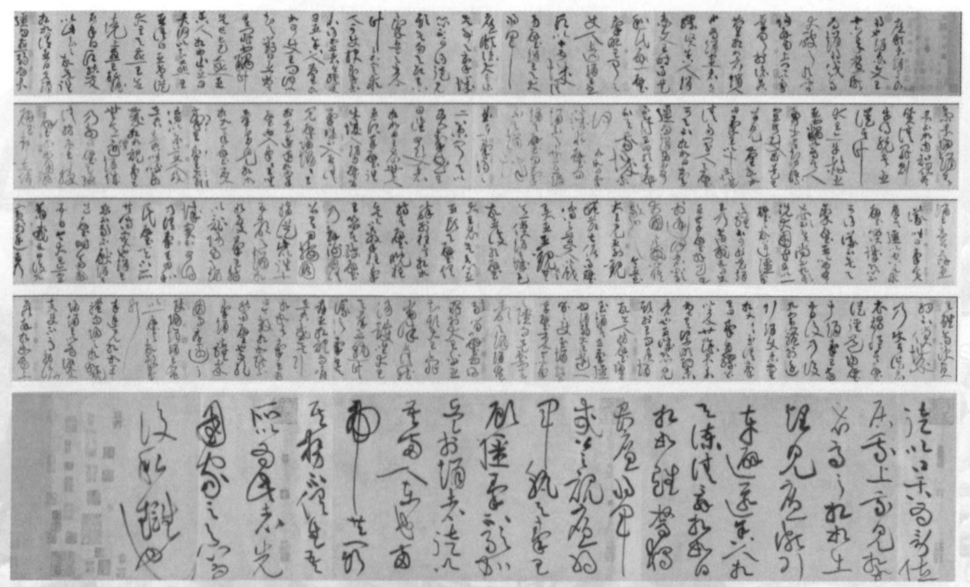

黃庭堅手書《廉頗藺相如列傳》，文中有節略。（美國紐約大都會博物館，約翰．克勞弗德藏）

其實藺相如並未當過相，平原君趙勝才是趙國的相。有意思的是，據史料記載，廉頗倒是曾經為相，他在平原君離世之初暫代宰相一職，處理了一段時間的國家大事。

【小常識】

什麼是「璧」？

壁是中國古代玉的一種形狀，常做祭祀之用，中間有孔，是一個玉質環狀物。古人認為，半徑是圓孔半徑三倍的環狀玉器才能被稱為壁，但實際上這只是一種理想狀態，出土的玉器很少能達到這一標準。

68

一面之詞定勝負

范雎與長平之戰

戰國諸侯爭霸，各國之間連年征戰，卻始終不能實現一統江山的霸業。

好在到了秦昭王時期，天下已呈現出歸一的趨勢。在謀臣范雎的輔佐下，秦昭王採取了「遠交近攻」的軍事策略，向韓國發動了進攻。

韓國根本抵擋不住強秦的攻勢，連連敗退，最後韓國的上黨郡被秦兵包圍，領土岌岌可危。

韓國不想讓秦國輕而易舉地將上黨郡吞併，就想了一個嫁禍於人的方法，將上黨郡的十七座城池送給了趙國，趙國國君趙孝成王因此派老將廉頗駐守長平，以防秦軍來襲。

秦昭王聽說趙國插了一手，當然很生氣，對長平發動了猛攻，歷史上著名的長平之戰爆發了。

廉頗是一位很有戰鬥經驗的將軍，他固守城池，任憑秦軍怎麼挑釁都不應戰，意圖拖垮對方。

可是趙孝成王卻認為廉頗在做縮頭烏龜，非常不滿，幾次三番派人責備廉頗。

眼看著秦軍來勢洶洶，趙孝成王有點害怕，就去與謀士樓昌、虞卿商量下一步的棋該怎麼走。

樓昌建議與秦國議和，虞卿皺著眉反對，認為秦國不會真的與趙國和解，到時趙國反而讓自己處於孤立無援的境地，局面就不好收拾了。

可惜趙孝成王被嚇破了膽，最後還是派了使者去秦國求和。當范睢聽到這個消息後，高興地拍著手，對秦昭王大笑：「趙國這下是自找死路，我們一定要隆重地接待趙國的使者，讓諸侯們以為我們和趙國真的講和了，然後我們再猛攻長平，趙國沒有其他國家支援，必定慘敗無疑！」

秦昭王連誇范睢的計謀好，兩人一拍即合，不僅對著趙國的使者百般殷勤，還對外放出風聲，說秦、趙已經成為盟友，結果讓趙的鄰國楚、魏斷了救趙的念頭。

因有廉頗守在長平，秦兵始終無法前進，范睢心生一計，就派人帶著千兩黃金去趙國收買官員，散布對廉頗不利的謠言。

沒幾日，趙國都城內傳開了小道消息：廉頗不敢應戰，因為他根本就沒有獲勝的能力，其實秦國人最怕的是馬服君趙奢的兒子趙括。

趙孝成王信以為真，中了秦人的反間計，他怒氣沖沖地撤掉廉頗，讓趙括成為長平的主將。

范睢的目的達到了。

趙括根本沒有實戰經驗，他一去戰場就向秦兵發動了猛攻，卻反被秦軍射殺，四十萬投降的趙軍也被秦軍大將白起全部活埋。

長平之戰以趙國的慘敗收場，范睢僅憑一句謠言，就讓戰爭局勢發生

武安君白起。

了決定性的扭轉，可見外交上言語的威力，不亞於千軍萬馬。

范雎是戰國時期的一個傳奇人物，他本是魏國人，卻被懷疑私通齊國而被魏國的相國魏齊鞭笞，差點死於非命。他隨後逃出魏國，成為秦國的宰相。

范雎向秦昭王提出了遠交近攻的建議，即與遠方的國家結盟，而對鄰國發動攻擊，如此以來，鄰國無法與遠離秦國的國家聯手攻秦，而一旦發生戰事，鄰國又將受到秦國與其他國家的聯合攻擊，可謂一石二鳥之計。

「遠交近攻」為秦國的統一奠定了基礎，而其提出者范雎可謂是秦國的一大功臣。只可惜後來范雎為了報恩，重用鄭安平和王稽，結果兩人一個降趙一個通敵，讓范雎失去了秦昭王的寵信，一代名臣從此退隱山林，不久病死。

【小常識】

長平之戰與紙上談兵

長平之戰衍生出中國一個著名的成語——紙上談兵，而該成語的主角則是兵敗陣亡的趙括。趙括出身將門，讀了不少兵書，可是他只知道照搬書裡的經驗，不懂得變通。在長平之戰中，他被秦將白起的誘敵之計迷惑，率領軍隊貿然前進，結果被秦兵包圍，斷水斷糧四十六日，最後在突圍時中箭身亡。

69

讓自身成為一件商品

蘇秦的合縱

寒門出人才，亂世出英雄，這兩點在戰國時期的謀略家蘇秦身上都應驗了。

據說蘇秦師從鬼谷子，起點並不低，可惜他是一介寒士，沒有治國經驗又沒有人際關係，想出人頭地非常困難。

他本渴望去強大的秦國謀事，可是秦惠王看不起他，當他是個只會高談闊論的吹牛者，一口否定了他的戰略方針。蘇秦不死心，又先後十次向秦惠王進諫，卻再也沒受到秦王的召見。

蘇秦折騰了很久，卻始終不得重用，眼看著銀子也花光了，他只好灰頭土臉地回到老家。

家人見蘇秦穿得破破爛爛地回來了，都很輕視他。他父母懶得跟兒子說話，嫂子也不給小叔子做飯，讓蘇秦大受打擊。

不過有些人就是屬於愈挫愈勇型，比如蘇秦，他頭懸樑錐刺股，發憤讀書，不僅將鬼谷子的《陰符經》背得滾瓜爛熟，還認真分析七國局勢，制訂出一套切實可

蘇秦畫像。

行的策略。

不過蘇秦沒有忘記教訓，他知道在說服諸侯使用自己的計策之前，得先將自己推銷出去。

一年之後，蘇秦精神抖擻地出山了，這次他首先選擇了北方弱國——燕國。

他來到燕國後，利用三寸不爛之舌說服燕文侯相信唯有與齊、楚、韓、趙、魏五國聯盟，才有對抗秦國的希望。

燕文侯被蘇秦說動了心，真誠地表示：「願將國家交給你來管理！」於是，蘇秦從一個窮書生立刻變成了燕國的相國，他帶著燕文侯賜給他的車馬和金帛，威風凜凜地來到了趙國。

俗話說，佛要金裝，人要衣裝，蘇秦今時不同往日，又肩負著聯盟的使命，自然令趙王另眼相看。

在受到趙國隆重的接待後，蘇秦也對趙王談起了六國合縱術。

趙王見蘇秦是燕國的相國，覺得對方不可能騙自己，加上蘇秦很有演講的天分，逐漸讓趙王打消了疑慮，所以最終趙王接納了蘇秦的策略。

不僅如此，趙王還封蘇秦為武安君，賜豪車百輛、黃金萬鎰、白璧百雙，加上不計其數的綾羅綢緞，只為了讓蘇秦去其他諸侯國宣傳「合縱術」。

趙王的大手筆令蘇秦十分高興，他信誓旦旦地對趙王說：「請大王放心！我一定會讓齊國、楚國、韓國和魏國與趙國聯盟，讓秦國再也不敢來侵犯其他國家！」

趙王大喜，在他人生的幾十年中，還從未有人說過如此肯定的話，這一下，他更加相信蘇秦的能力，還關切地告訴對方，如有需要，只管再向趙國開口。

描繪蘇秦衣錦還鄉的年畫。

蘇秦得意洋洋地繼續周遊列國，他摸出了門道，在拜訪齊、楚、韓、魏時，首先亮明自己的身分，再講燕王和趙王如何器重他，然後才開始談合縱術。

果然不出他所料，四個諸侯國的國君不敢怠慢，紛紛將他當成座上賓，不僅虛心採納他的意見，而且最後都無一例外地封其為本國的丞相。

有意思的是，蘇秦身上背負的官職越多，他被諸侯封相的進程就越快。最後趙王聽說蘇秦已是五國丞相，不由得產生了危機感，也趕緊封蘇秦為趙國的丞相，好讓對方肯用心輔佐趙國。

於是，蘇秦這個當年在秦國猛吃閉門羹，差點當了乞丐的讀書人，竟然一晃成了六國的丞相，風頭一時無二。他在成功推銷了自己之後，做的第一件事就是讓六國團結一致，形成與秦國的對峙局面。

秦國這下該後悔當初沒有重用蘇秦了，在蘇秦執政的十五年間，秦軍不敢輕舉妄動，始終未踏出函谷關一步，可見合縱術的厲害之處。

在商海中，有一個詞語叫「奇貨可居」，蘇秦觸類旁通，也讓自己變成了一件諸侯們都搶著要的商品，最後自然是他佔盡了好處，不僅謀到了一個好東家，還大大提高了自身的知名度，其外交手段不可謂不聰明。

蘇秦，字季子，河南洛陽人，與秦國丞相張儀齊名。不過，蘇秦主張合縱術，即讓南北方國家聯盟，而張儀提倡的是連橫術，主張東西國家聯盟。

蘇秦後因與燕國王太后私通之事被燕王發現，不得已逃到齊國，結果被齊國大臣暗殺，合縱術遂失去了主導者，加上六國的聯盟本不穩固，很快合縱被連橫所破，六國分裂，秦國重新佔據了優勢。

【小常識】

鬼谷子是何人？

鬼谷子，名王詡，或王禪，號玄微子，是春秋戰國時期著名的道家、軍事家，也是縱橫家的鼻祖。孫臏和龐涓、張儀和蘇秦都是他的弟子，傳說他善於占卜，能知曉宇宙中一切事物，所以被稱為萬聖之祖。其著作有：側重談判技巧的謀略學鉅著《鬼谷子》和用以修身養性的《本經陰符七術》。

70

提前挖對手牆腳

公孫衍的深謀遠慮

先秦時期是一個奇異的時代，諸侯割據，賢士各尋其主，既動盪，又精彩，而神奇的是，就算兩國是宿敵，有大臣從敵對的一國跑到另一國謀求發展，竟也能入仕為官，受到君王的重用，充分展現出當時人們思想的包容。

戰國策略家公孫衍就是這樣從秦國跑到了魏國，並當上了魏國的宰相，他推行合縱術，多次組織各諸侯國攻秦，可惜無一例外地失敗了。

不過公孫衍留了個心眼，他除了聯合中原諸侯外，還將目光移到了秦國西方的少數民族國家義渠身上，雖然義渠不會支持公孫衍的合縱之術，但這個國家與秦國素有爭鬥，也許在將來可以成為除秦以外的諸侯國的救星。於是，當義渠的君王拜訪魏國時，公孫衍特地擺下盛大的宴席邀請義渠君參加。義渠與魏國的關係比較好，而公孫衍又是魏國的大官，所以義渠君就同意了邀約。

當義渠君赴約後，公孫衍先是與對方寒暄，然後講起了各國的奇聞異事。公孫衍口才好，說話生動形象，將義渠的君王和大臣們逗得樂不可支。

趁著義渠君高興，公孫衍裝出無心的模樣，「隨口」問了一句：「大王，你們的百姓是否安居樂業啊？」

義渠君的笑容僵住了，他搖頭嘆息：「唉！不瞞大人，鄰近我們的秦國仗勢欺人，多年來一直侵犯我國的領土，百姓難得安心啊！」

「這樣啊！」公孫衍見對方已入圈套，不由得暗喜，臉上卻裝出非常嚴肅的樣子，勸誡對方：「那大王可得小心了！秦王很會使用計謀。如果中原無事，秦國就會對付你們，在你們的國土上燒殺搶掠；如果中原各國遭到秦國的攻擊，秦王就會花重金賄賂你們。」

義渠君皺著眉頭思索公孫衍的話，不解地問：「秦王為什麼要賄賂我們？」

「那還不簡單。」公孫衍憂心忡忡地說，「秦國是怕你們從背後攻擊它，這樣它就不能全力發動進攻了。如果你們真的坐以待斃，那麼秦滅掉其他國家後，下一個吞併的目標就是義渠了！」

義渠君被嚇了一跳，頓時有點坐立不安，公孫衍連忙安撫對方，說自己只是猜測而已，讓義渠君不要太過擔心。

幾年以後，公孫衍因合縱伐秦失敗，受到政敵田需的排擠，不得不去韓國當了宰相。由於他始終堅持合縱聯盟，秦王將他視為眼中釘，乾脆先發制人，派出大量秦兵攻打韓國。兩國的戰爭打響後，其他諸侯國因為畏懼秦兵的威力，竟眼睜睜地看著韓兵被秦兵蹂躪。眼見韓國即將戰敗，韓國大臣公仲明向韓王進諫，提議與秦國議和，並與秦一起征楚。

楚懷王得知後很不高興，他裝出一副要出兵救韓的模樣，還派出大量戰車，把通往中原的道路都給堵塞住了。

韓王大喜，以為楚國真的要支援自己，連忙下令取消了議和。誰知楚國出爾反爾，也迅速將軍隊撤回國內。

韓國這才知道中了楚國的計，可惜大錯已經鑄成，無法挽回。秦惠王見韓國違背諾言，勃然大怒，加派兵力攻打對方。兩軍交戰一年多，韓軍一敗塗地。正當韓國上下人人自危，以為國將不存時，好運突然奇蹟般地降臨到他們頭上。

原來，就在秦國攻打韓國之際，秦王向西戎國義渠派出求和使者，還送去了千匹質地精良的錦緞和百位能歌善舞的美女。

義渠君猛然想起公孫衍的話，覺得秦王的做法別有用心，他趕緊召集大臣商議對策。因為有公孫衍的忠告在先，義渠的君臣一致認為秦國的議和用心險惡，於是義渠突然發動了大批士兵攻秦，打得秦國猝不及防。秦王見本土有難，被迫放棄了攻韓的戰爭，韓國這才得以倖存。

從這件事上，我們不得不佩服公孫衍的深謀遠慮，他居然能將未來的事情預測得八九不離十，而且讓義渠乖乖地跟著他的指揮行事，足見他外交口才的厲害。

公孫衍本是秦國的大良造，後因收受魏國賄賂而勸秦王與魏國修好，結果其死對頭張儀力主伐魏，秦王採納了張儀的建議，公孫衍被迫逃亡魏國。公孫衍一直想以合縱術征服秦國，他發起的最著名的聯盟為「五國相王」，即組織魏、趙、韓、燕、中山五國，讓這五國相互之間承認對方稱王。不過此舉遭到其他國家的激烈反對，最終以失敗收場。

【小常識】

大良造

大良造，是秦國的一種官職，又叫大上造，其掌握軍政大權，在秦孝公時期是秦國的最高官職，但經過商鞅變法，到了秦惠文王時期，大良造成為軍功爵制的名稱，位列二十等爵制的第十六位。

71

他讓趙國走向衰亡

大器晚成的龐煖

俗話說，擒賊先擒王，換個角度說，即是領導者對於整個大局發揮了決定性的作用。若上層決策失誤，則很有可能帶來災難性的後果。

戰國末期的龐煖便犯下了這樣可怕的錯誤，他雖曾挽救過趙國的命運，卻在最後時刻高估了政治局勢，使趙國走向了衰亡的境地。

龐煖是一位軍事奇才，當他還在相當年輕的時候就受到了趙武靈王的重用。趙武靈王在位時期，他實行了一系列改革，使得趙國從一個弱小的國家變成實力強盛的大國，而類似龐煖這樣的人才也被大量任用，所以趙國一躍成為強國。可惜趙武靈王死後，他的革新幾乎都被廢除，連帶龐煖等一大批人才也被棄用，而這一棄，就是整整五十年。

趙國從此衰落下去，由趙武靈王時期僅次於秦、齊的大國，變成了趙悼襄王時期無人可用的弱國。

這時候，龐煖的機會才姍姍來遲，有人得知他尚在人間，就向趙王舉薦這位先朝的元老。於是，龐煖以年近八十的高齡重新入仕，成為趙國的統帥。此時恰逢燕王興兵征趙，燕國名臣劇辛率領軍隊一路氣勢洶洶向趙國殺來，龐煖立刻佈下陣法，沉著應戰。

雙方的激戰非常慘烈，最終，燕軍灰頭土臉地扔下了兩萬具屍體，從戰場上撤退，而劇辛也在戰爭中陣亡，趙國贏得了壓倒性的勝利。

龐煖一戰成名，人們一提起他，就紛紛豎起大拇指，讚道：「不愧是四代元老啊！真是老當益壯，估計連廉頗都自愧不如啊！」

廉頗是趙國有名的武將，後因為不肯放權而惹怒趙王，被迫離開趙國，所以龐煖才得以接替趙國的統帥之職。

燕趙之戰後，趙國重新在諸侯國中贏得了威望，龐煖也順利地當上了合縱國的聯軍統帥。龐煖得意洋洋，以為自己真的可以將天下局勢掌握在自己手中。他開始將目光對準秦國，希望能一舉消滅這個最強大的對手。

於是，他四處遊說各諸侯，希望其他國家與趙國結成聯盟攻打秦國。

經過他的努力不懈，魏、韓、晉、楚及小國衛都結成了伐秦的聯盟，只有齊國一向順著秦國，所以沒有參戰，除此之外，趙國的手下敗將燕國因為元氣沒有恢復，也沒有結盟。

龐煖非常激動，他覺得自己的合縱術萬無一失，此次秦國必定會敗在自己手中，便趾高氣揚地率領著聯軍，一路浩浩蕩蕩地向西進發。

聯軍在靠近秦國都城咸陽的臨潼與秦國的宰相呂不韋相遇。呂不韋沒有被鋪天蓋地的敵軍所嚇倒，他認真研究軍情，認為楚國是大國，若能將楚擊退，其他國家必定不敢再與秦對抗。

於是，秦軍對楚進行了偷襲。

懦弱的楚軍竟然不戰自敗，拼命後撤，其他國家的軍隊聽到這個消息，無不軍心動搖，一潰千里。這時候，勝敗已成定局，魏、韓、晉、衛紛紛向龐煖請辭，龐煖沒有辦法，只好讓聯軍四散而逃。

此次戰役不僅沒有構成對秦國的威脅，反而極大地折損了各國的兵力，此後，各國再也沒能形成合縱的局面，秦國有恃無恐，逐漸吞併了各諸侯國，可以說，龐煖的失敗是他沒有看清各國之間渙散的關係的結果，他的衝動導致趙國僅過了十幾年就被秦徹底亡國。

龐煖也是一位合縱家，戰國時強秦提倡連橫，為了與之對抗，其他諸侯國的謀士就提倡合縱，希望能發揮削弱秦國的作用。

在戰國時期，龐氏出了三位知名的人物：龐涓、龐蔥、龐煖。龐涓是鬼谷子的徒弟，曾在魏國顯赫一時，後被孫臏打敗，戰死在馬陵。

龐蔥也是魏國的大臣，被魏王派到趙國陪伴當作人質的太子。龐蔥擔心不再受到魏王的信任，就苦口婆心地引經據典，告訴對方人言可畏，可惜最後還是被魏王棄用了。

龐蔥因此專心在趙國發展，而龐煖的身分不詳，有可能是龐蔥的後人。龐煖是戰國最後一位合縱家，不過他比廉頗、藺相如在世時間要長，是一位老當益壯的人物。

胡人馴馬圖。

【小常識】

趙武靈王與胡服騎射

趙武靈王姓嬴名雍，但先秦男子只呼名不稱姓，所以其通常被稱為趙雍。趙武靈王致力於軍事政策和作戰方法的改革，推行「胡服騎射」，即將趙國士兵的寬大衣袖改為短衣窄袖，後又演變成為盔甲，因為改造後的軍服很像西北民族的服裝，所以被稱為「胡服」。另外，趙武靈王還讓士兵學習騎馬和射箭，以增強戰鬥攻擊力，他的改革不僅提升了趙國的軍事水準，還縮短了漢族和少數民族的差距，促進了民族融合。

72

解圍還得靠美女

差點被俘的漢高祖

寒冷的冬夜，空氣冷得彷彿能凝成片片白霜，皎潔的月光照在鋪滿白色積雪的大地上，更顯出天地間的清冷。

沐浴在月光中的白登山一片死寂，此時山上的一支軍隊正處於生死抉擇中，而他們的首領，正是赫赫有名的漢高祖劉邦。

「怨朕啊！要是早點聽從劉敬的勸告，也就不會出現今日局面了！」劉邦嘆了口氣，灰暗的目光望向不知名的遠方。

「大王不必自責，一切皆有天命，我們還是想辦法突圍才是。」謀士陳平故作輕鬆地勸著劉邦，實則他也餓了好幾天，說話的聲音都有點發抖。忽然，山下傳來匈奴士兵的狂笑聲，劉邦的軍隊頓時慌亂起來，大家都以為匈奴這時候發起了進攻，想迅速組成防禦隊形，卻又發現自己手腳發軟，別說是反抗了，連走路都困難。

劉邦見此情景，苦澀地笑了，又是一聲嘆息：「今日之景，倒讓朕想起前秦的苻堅，沒想到朕也有草木皆兵的一天！」

陳平大為不忍，安慰道：「陛下不必太過擔心，微臣倒有一個方法使匈奴退兵，不知可不可行。」

漢高祖劉邦。

劉邦已經被困了七天七夜，早就接近崩潰的邊緣，這時候一聽有突圍希望，宛若撈到一根救命稻草，趕緊問陳平：「什麼方法？」

原來，陳平在昨日巡視的時候，發現冒頓單于的身邊有一位容貌絕佳的閼氏，看得出來，單于對自己的夫人十分喜愛，否則不會帶著閼氏視察軍隊。陳平便想收買閼氏，讓閼氏吹吹冒頓單于的枕邊風。

於是，漢軍被圍困的第八天，一名漢朝的信使偷偷面見閼氏，並給對方送了很多珠寶首飾和名貴字畫。其中的一副字畫畫的是一個閉月羞花的美女，信使裝作很神秘的樣子，小聲對閼氏說：「這幅畫出自我們漢朝的一位書畫名家之手，畫中的女子是我朝的一位美女，你們單于之所以要攻打我們漢朝，全因為要得到這位美女。」

閼氏信以為真，立刻心煩意亂，既嫉妒中原美女的花容月貌，又害怕單于喪失對自己的寵愛，便下定決心要說服單于撤軍。當天晚上，閼氏對冒頓單于格外溫柔，她又是唱歌又是跳舞，哄得單于非常開心。

單于拍著大腿嘆氣道：「今天本來比較煩心，還好有妳在啊！」

閼氏不解，倒在單于懷裡撒嬌，問道：「到底是什麼煩心事啊！」

單于撇撇嘴，說：「漢朝的援軍馬上要到白登山了，如果我無法及時俘獲漢朝皇帝，這場戰爭就沒有勝算了。」

閼氏覺得勸單于退兵的機會來了，就趕緊說：「大王，你花那麼多精力打漢朝有什麼用呢？我們世代逐水草而居，漢朝全是田地，哪有水草可以畜牧啊！既然這場戰爭又沒好處，又要折損我們的將士，大王你為何還要繼續呢？」

冒頓單于覺得閼氏的話有道理，他並沒有吞併漢朝的野心，便決定結束白登山的進攻。第二天清晨，天降大霧，單于故意讓士兵露出破綻，於是疲憊不堪的劉邦得以突破重圍，一路跌跌撞撞地撿回了一條性命。

劉邦為何會被匈奴困在白登山，而他口中對不起劉敬又是怎麼回事呢？這還得從西漢建國之初說起。

劉邦稱帝後大封諸侯，但是諸侯之中的韓襄王之孫韓王信卻令劉邦很不放心，後來韓王信的都城被冒頓單于攻破，人也投降了匈奴，五十六歲的劉邦大怒，親率大軍前去平叛。

沒想到匈奴不僅有勇，還有謀略，他們一路撤退，並留下很多老弱病殘，結果劉備以為匈奴不堪一擊，就想乘勝追擊。劉敬勸劉邦謹慎行事，反被衝動的劉邦關押。劉邦本打算在打敗了匈奴之後處罰劉敬，卻反被匈奴圍困在白登山，差點成為階下囚。

【小常識】

草木皆兵的典故

西元四世紀下半葉，前秦皇帝苻堅的勢力範圍遍及黃河流域，他覺得自己兵強馬壯，便派出九十萬騎兵，大舉進攻偏安江南的東晉。

豈料東晉拼死抵抗，前秦的二十五萬先頭部隊竟離奇被八萬晉軍擊潰。苻堅這才驚慌失措，與弟弟苻融趁著夜色巡視前線，結果心虛的苻堅將八公山上的草木當成了漫山遍野的晉軍，頓時慌亂不已。主帥一害怕，前秦的軍心也就散了，隨後的淝水之戰，前秦大敗，苻堅倉促撤退，在逃跑途中，他聽到風吹草木的聲音，竟以為又是晉兵追到，一路狼狽不堪。

73

漢朝皇室竟遭匈奴侮辱

單于戲呂后

和親是中國特定的語言，一般指兩個國家透過嫁娶的方式結成同盟。這種方式是從漢初形成的，始作俑者是漢高祖劉邦。

劉邦之所以會選擇和親，是因為白登之圍後被匈奴的氣焰嚇怕了，冒頓單于雖然放了劉邦一馬，但仍貪戀中原的富庶，再度帶著四十萬鐵騎殺入關內。

劉邦嚇得手足無措，於是聽從劉敬的話，用一個宮女冒充公主嫁給單于，從此開啟了漢朝與匈奴的和親模式。

匈奴由此安分了一段時間，可惜隨著劉邦病逝，冒頓單于又起了侵犯中原之心，不過他知道漢朝不是好惹的，不敢明目張膽地舉兵侵犯，就想出了一個鬼點子。

他用什麼方法來達到吞併漢朝的目的呢？答案還是：和親。

可是冒頓單于的膽子也大了一點，他按照匈奴的習俗，以為呂后失去了丈夫，一定希望再找一位良伴，那他做為匈奴的國君，又與劉邦結拜為兄弟，自然是再合適不過

匈奴王金冠。

了。

於是，冒頓就給呂后寫了一封洋洋灑灑的表白信，意思就是讓呂后接納自己，他做為劉邦的義弟，有資格娶自己的嫂子，讓呂后考慮考慮。

其實冒頓知道呂后是個強勢的女人，肯定不會答應自己的求婚，但他要的就是這個結果，他想激怒呂后，以得到進軍中原的藉口。

果然，呂后暴跳如雷，氣得渾身都在發抖，當堂就怒罵道：「我堂堂漢朝國母，從來沒遭受過這等侮辱！匈奴簡直放肆到極點！」

大臣們也氣憤不已，附和道：「這匈奴明顯是在挑釁！他們怎能讓我們的太后接受這種亂倫的習俗！」

跟隨劉邦東征西闖的大將樊噲怒目圓睜，自告奮勇地說：「太后，請讓我殺掉匈奴使者，然後集結全國所有兵力攻打匈奴！」

樊噲的提議獲得了很多大臣的讚許，正當大家點頭稱是，表示要與匈奴一決高下時，大臣季布卻陰著臉上前一步，狠狠地瞪了樊噲一眼，稟明呂后：「請太后立即將這個吹牛的樊噲斬首！當年高祖率軍三十二萬對抗匈奴，卻被匈奴圍困在白登山長達七日之久！而今全國兵力不過十萬有餘，樊噲當時不能解救高祖於危難之中，現在卻說能擊敗匈奴，簡直是言行可憎！」

呂后本來差點被樊噲說動了心，眼下聽季布這麼一說，立刻又冷靜下來。

她仔細一掂量，覺得若漢朝與匈奴作戰，確實沒有勝算的把握，眼下只能委屈自己，以求息事寧人。

呂后壓抑著內心的憤怒，給冒頓單于回了一封信，她在信中委婉地說：我現在人老珠黃，是個老太婆！不想改嫁，也沒有改嫁的希望了，單于你就不要再提和親的事了。

除了寫信外，呂后還送給匈奴兩輛馬車、八匹駿馬，以求維持漢朝和匈奴的穩定關係。

也算西漢國運不絕，冒頓此刻忙著向西域擴張勢力，暫且不想與漢朝為敵，他見呂后低聲下氣地求他，也就順著臺階往下走，沒再與漢朝產生衝突。

據說《史記·劉敬傳》中記載，冒頓單于在統治期間，匈奴勢力強大，光弓箭手就有三十多萬，匈奴仗著自己的兵力優勢，不斷騷擾漢朝邊境，給西漢王朝帶來了無盡的困擾。

為避免以卵擊石，漢高祖本想將宗室女遠嫁匈奴，但呂后不肯答應，高祖只好封一個宮女的女兒為長樂公主，令其嫁給冒頓單于。

除了聯姻的意思外，和親在古代還有「和睦相親」、兩國親善友好之意，但最普遍的解釋，還是特指兩國婚嫁。

【小常識】

女人中的最強者—呂后

呂后，名雉，是劉邦的皇后，也是中國歷史記載的第一位皇后和皇太后。她出身富貴人家，卻奉父命甘願嫁給大自己十五歲的窮亭長劉邦。後來她隨劉邦征戰之時被項羽俘虜，兩年後才重獲自由，隨後成為皇后。呂后早年賢慧，一人養活全家，但艱難的歲月和劉邦的移情別戀改變了呂后的性格，讓其最終成為一個心狠手辣、獨攬朝政的女強人。

74

一介女流阻止一國滅亡

中國首位女外交官馮嫽

一望無際的黃色，從遠方的大地一直綿延到天際，乾澀的秋風捲起了荒漠中的黃沙，頓時，天地間都被枯萎的黃色所吞噬。

「公主，請捂住口鼻。」一匹棗紅色的駿馬之下，一個婢女顧不得遮擋沙塵，而只顧著關心馬背上的公主。

公主趕緊照做，卻晚了一步，被風沙嗆得連連咳嗽，讓她的婢女憂心忡忡。

這位公主就是西漢楚王劉戊的孫女解憂，她此行是要嫁給烏孫國的昆莫。不過年方二十的她在婢女馮嫽眼中顯然是勇敢有餘，健康不足，所以馮嫽一直對解憂公主細心呵護。

到達烏孫後，馮嫽嫁給了一名烏孫右大將，她足智多謀，是解憂公主的得力助手，有了馮嫽的協助，解憂公主逐漸使西域各國與漢朝建立起堅固的關係。

可惜，就在馮嫽偶爾離開烏孫之際，解憂公主卻犯了個致命的錯誤，正是這個錯誤導致烏孫國一分為二。

當時，匈奴公主所生的兒子泥靡是烏孫昆莫，泥靡性格狂暴，被稱為「狂王」，解憂公主見狂王倒行逆施，便利用狂王同母異父的弟弟烏就屠對哥哥的不滿，聯合漢朝使者刺殺狂王。

烏就屠見此機會，趁機殺了狂王逃到匈奴，揚言要替烏孫整治叛亂。

此時，烏孫國內的親匈奴分子順勢組成一股勢力，要將烏孫變成匈奴的領土。

當馮嫽回烏孫後，被國內的混亂局面嚇了一跳，不過智慧過人的她很快就冷靜下來，她一方面安慰急得團團轉的解憂公主，另一方面決定挑大樑解除匈奴的威脅。

於是，她立刻找到奉漢宣帝之命在烏孫駐紮的長羅侯常惠，與其商討化險為夷的辦法。

隨後，馮嫽又傳達了漢宣帝的詔令，命烏就屠來烏孫談判。

一見面，馮嫽就給對方下馬威，她斬釘截鐵地說：「你居然為了權力殺害自己的親兄弟！簡直罪不可恕！我勸你不要再任意妄為地殺戮了，否則漢朝大軍自會給你厲害，到時你可知道自己的下場如何！」

烏就屠確實沒膽量與漢朝對抗，他哀求道：「馮夫人恕罪！我不想侵犯烏孫，只求當一個小昆彌。」

烏孫危機終於得到解除，解憂公主的兒子元貴靡成為為烏孫大昆彌，而烏就屠則成為小昆彌，可惜烏孫國也因這個協定而一分為二，再也得不到統一。

漢宣帝聽聞喜訊趕緊召馮嫽回國陳述詳情。在朝廷之上，一屆女流馮嫽侃侃而談，其思維之清晰、知識之淵博使皇帝震驚。皇帝破天荒任命馮嫽為漢朝第一位女使節，持漢朝節仗，代表朝廷出使西域各國。

當時的馮嫽已經年逾半百，可是她二話不說，毅然踏上了旅程。她克服了嚴寒、荒漠等諸多困難，一共走訪了西域三十多個國家，為這些國家排憂解難，宣揚漢朝的恩典，被各國人民尊稱為「馮夫人」。

後來她與解憂公主一同返回長安，但當她聽說解憂公主的孫子星靡成為烏孫大昆彌時，竟以七十多歲高齡再度請求返回西域輔佐星靡。

儘管漢王室苦心規勸這位老人頤養天年，馮嫽卻一心注意烏孫的發展。她為漢朝邊境的和平穩定有著巨大的貢獻，其光輝事蹟將永載史冊。

《漢書·西域傳》給了馮嫽極高的評價，稱其是一位傑出的女外交家，且獲得了西域各國廣泛的尊敬。雖然她只是解憂公主身邊一個卑微的婢女，但其學識驚人，解憂公主的很多治國之道都是向馮嫽請教而來的。

解憂公主的祖父劉戊是劉邦的小弟，可惜劉戊後來叛亂，兵敗身亡，解憂公主的日子就越發難過。在漢朝的細君公主遠嫁烏孫抑鬱而終後，解憂立刻成為替代品，被漢武帝嫁給了烏孫昆莫。她一生與三代烏孫王結婚，一直為鞏固漢朝與烏孫的關係而奮鬥不懈，是西漢唯一的一位參與政事的一品夫人。

【小常識】

昆莫與昆彌的含意

每個少數民族都有對國君特定的稱呼，比如匈奴人就稱他們的國王為「單于」，而烏孫人則稱國君為「昆莫」，後又改為「昆彌」。此外，鮮卑、契丹、回鶻、蒙古、突厥則稱為「可汗」，吐蕃則是「贊普」。根據烏孫語，昆莫應該是太陽之意。

75

困居十年堅守使命

張騫出使西域

西漢初期，匈奴的勢力慢慢壯大起來，且自漢高祖劉邦險些在白登山被冒頓單于俘虜後，匈奴就越發囂張跋扈起來，經常騷擾邊境，讓漢朝十分頭痛。

漢武帝繼位後，想盡辦法削弱匈奴的力量。

機會來了！

有一次，漢軍俘虜了一個匈奴士兵，並從對方口中探聽出了重要情報。

原來，匈奴與西域的大月氏發生戰爭，當年匈奴的單于殺害了大月氏的國王，還將對方的頭顱做成盛酒的器皿宴請賓客。月氏人被迫西遷，卻從未忘記與匈奴的血海深仇。

漢武帝聽了大喜，連忙讓郎官張騫出使大月氏，希望能達到對匈奴左右夾擊的目的。

西元前一三八年，張騫率領百餘人，從隴西出發，一路西行，不久之後就到了河西走廊。

令張騫他們根本沒想到的是，本受大月氏控制的河西走廊，如今已經落入匈奴之手。

很快，匈奴的探子就發現了張騫一行人的身影，匈奴趕緊派出騎兵

描繪張騫出使西域的壁畫。

隊，將張騫抓了起來。

張騫只是個文官，根本對抗不了凶悍的匈奴人，當他被扭送至匈奴的王庭後，軍臣單于見抓到了一個漢朝大臣，不由得高興萬分，一個勁地問張騫出使西域的目的。

張騫閉緊牙關，不肯透露一絲秘密，可是他的隨從裡有些人經不起刑訊逼供，將漢朝欲與大月氏結盟的事情說了出來。

單于肯定不能容忍張騫的西行。為了同化張騫，單于逼張騫娶了一位匈奴女子，後來那名女子為張騫生了一個孩子，一晃十年過去了，張騫始終沒有步出王庭一步，單于逐漸放鬆了警惕，以為從此張騫不會再想聯合大月氏的事了。

實際上，張騫在十年間始終沒有忘記自己的使命。

有一天，他發現匈奴的守衛沒幾個人在，頓覺時機成熟，於是立刻叫來自己的隨從，一行人迅速離開了王庭。

雖然前有惡劣環境，後有凶猛的追兵，但十年的西域生活讓張騫對當地的氣候、風俗瞭若指掌。他換上西域的服裝，幾經波折，順利離開了匈奴的管轄範圍。

孰料在十年間，西域各國發生了很大改變，月氏因受烏孫的威脅，被迫再次向西遷徙，最終征服了大夏，在媯水地區重建家園。

張騫經過仔細思考，沒有直奔月氏而去，而是選擇南下，翻越蔥嶺進入大宛。

大宛國王見有漢朝使者來訪，非常高興，他們一向希望能與富庶的漢朝結盟，於是熱情款待了張騫等人，隨後又派出嚮導和翻譯，護送張騫來到月氏。

不料此時的月氏國富民安，且距離敵國又遠，所受的威脅已經相當小，月氏國王便不願再發生戰爭。張騫苦口婆心勸了月氏國王一年多，卻始終未能動搖國王的決心，最後只好無功而返，準備回到漢朝。

為了避免再度遇到匈奴人，張騫計畫從青海的羌人地區到達漢朝。

誰知他再度失策，因為羌人現在也被匈奴所控制，結果張騫一行人又被扣在了匈奴。

好在一年多之後，匈奴的軍臣單于離世，其弟篡奪王位，匈奴亂成一團。張騫趁機帶著自己的匈奴妻子和孩子，逃回長安。

這是張騫的第一次出使西域，出行十三年，原先出發的一百多人，最終只剩幾個人回歸，何其慘烈！

張騫雖然沒有達到與月氏聯盟的軍事目的，他的功勳卻依然卓著。首先，他是首個出使西域的漢族使者，對西域的情況進行深入的調查，他的報告被收錄進司馬遷的《史記》中，直到今天仍是重要的文獻資料。

其次，他創立了絲綢之路，將中國與中亞、西亞，甚至南歐的路線規劃了出來。如今絲綢之路譽滿全球，張騫實在功不可沒。

兩年後，張騫又第二次出使了西域，這一次匈奴的勢力被逐出河西走廊，且漢朝使者眾多，所以一路通行無阻。張騫在西域各國展開一系列的外交活動，維護了漢朝與西域的關係，加深了少數民族與漢族的交流，對經濟文化的發展有著重要的貢獻。

【小常識】

西域的範圍

從廣義上，西域指蔥嶺以西的亞洲西部和歐洲東部區域；在狹義上，則是指如今的新疆天山南北地區。從漢朝的角度來看，張騫主要是在中原的邊境活動，所以他出使的西域應是狹義的概念。

76

貝加爾湖邊的氣節

蘇武牧羊

大漠孤煙直，馬蹄聲聲傳，在刺骨的西北風下，任何一種出行都充斥著決絕的氣息，這令熟悉中原儒雅禮節的漢族使臣不寒而慄。

在匈奴王庭的一處穹廬下，一名青年男子正緊張地對著另一名中年男子求助：「中郎將，匈奴正在審訊虞常，他一定會供出我的！怎麼辦？」

中年男子聽罷，暗自嘆了口氣，神情黯然地說：「既然如此，那我一定會受牽連的，與其被匈奴人殺害，不如自行了斷！」

說罷，他拔出刀就要自刎，他的部下們慌忙搶走他手中的刀，又好言相勸，這才阻止了慘劇的發生。

要自殺的男人便是漢武帝派去匈奴的使臣蘇武，他本可以馬上返回漢朝，奈何緱王與虞常在匈奴謀反，結果東窗事發，虞常又跟自己的部下張勝密謀過叛亂的事情，致使蘇武這一群漢朝使者大難臨頭。

果不其然，第二天，匈奴人氣勢洶洶地過來興師問罪了。匈奴單于怒髮衝冠，本想將蘇武等人全部處死，但聽到有大臣建議招降後，又改變了主意，讓蘇武歸順匈奴。

蘇武面無懼色，斬釘截鐵地一口回絕：「若讓我苟且偷生，將來還有什麼顏面回到漢朝！」

說完，他突然揚起手中暗藏的匕首，對準自己的胸口狠狠刺去。

匈奴人大驚，連忙對蘇武進行緊急搶救，才將他從鬼門關帶了回來。

單于因此對蘇武產生了敬佩之情，越發想讓對方投降，可惜蘇武寧死不屈，讓單于又氣又惱。

為了給蘇武一個下馬威，單于讓蘇武去北海牧羊，還放出話說：「等這些羊生出小羊後你就可以歸漢了！」

蘇武輕蔑地冷笑，原來匈奴人給他的羊都是公羊，根本不可能生出小羊。

由於北海極度寒冷，蘇武吃不到飯，只得以野鼠囤積的野果為生，但即便如此，他每天也不忘帶著皇帝賜予他的漢節牧羊，時間一長，符節上的毛全都脫落了，變得破舊不堪，可是他仍舊視若珍寶。

五年之後，單于的弟弟于靬王來北海打獵，正巧碰上蘇武。蘇武幫于靬王編織捕獸網、矯正弓弩，獲得了于靬王的賞識，也因此得到了久未品嚐的美食和足夠禦寒的衣服。

可惜蘇武的運氣實在太差，三年後於靬王病逝，北海的丁零人趁機偷走蘇武的財物，蘇武不得不再次過上一貧如洗的生活。

後來漢朝大將李陵投奔匈奴，前來勸蘇武歸降，蘇武依舊不肯，李陵只得嘆息道：「如果朝廷不殺我母親，我也是不會投降的，可是現在我心死了，沒有辦法再回中原了！」

就在蘇武被匈奴扣押的第十三年，漢昭帝繼位，幾年之後匈奴與漢朝議和，漢昭帝這才想起蘇武，便要求匈奴放了這位年邁的使臣。

狡猾的匈奴單于謊稱蘇武已死，令前來要人的漢使非常失望。這時已投降匈奴的蘇武前部下看不下去了，就悄悄帶著漢使去找蘇武。

漢使非常高興，又去找單于。單于見謊言被戳破，只好將蘇武放回漢朝。

漢昭帝始元六年，五十九歲的蘇武終於回到了長安，他手中握著光禿禿的符節，聽著長安城百姓的歡呼聲，忍不住熱淚盈眶。

蘇武牧羊。

蘇武，字子卿，因為寧死不降匈奴，他在回到故土後受到了漢帝的重賞，在他去世後，漢宣帝將他位列麒麟閣十一功臣之一，可見蘇武在漢朝的重要地位。

蘇武之所以會去匈奴，是因為匈奴的鞮侯單于害怕漢朝的實力，放還了扣在匈奴的漢使。為了禮尚往來，漢武帝也將關押在漢朝的匈奴使者放還匈奴，並命蘇武前去護送，沒想到蘇武到匈奴後被扣押，十九年後才重獲自由。

【小常識】

蘇武牧羊的北海在哪裡？

蘇武牧羊的北海即如今俄羅斯的貝加爾湖，是世界上最深、容量最大的淡水湖，被稱為「西伯利亞的明眸」。

77

弱女子換來半世紀的和平

昭君出塞

兩千多年前的一個深夜，在長安的皇宮高牆裡，一群如花似玉的秀女們各懷著心事。

她們有的哀傷，有的喜悅，有的妒忌，有的期望，在她們之中，有一位名叫王嬙的女子凝神看著窗外，全然不顧深秋的刺骨冷意。

潑墨的天邊只有幾點黯然星光，反襯著屋內的燭光紅得悽慘。王嬙嘆一口氣，回屋拿把剪子挑了挑燭花，然後拿起琵琶，哀戚地彈了起來。

白天的時候，又有一名秀女被皇帝選中了，大家都說那些被選中的秀女偷偷塞了錢給畫師，所以被畫得極其動人，所以才能出類拔萃。

於是，大家都一股腦兒地去賄賂畫師，只有高傲的王嬙並沒有這麼做。

可是她不知道，正是因為她的不爭，畫師毛延壽不僅將她的容貌畫得極為粗糙，而且還在眼睛下方點了一顆淚痣，這意謂著她永遠不會被漢元帝選上，最終只能成為高牆下的一把枯骨。

一晃幾十個寂寞的日子過去了，後宮忽然傳來了一個令人振奮卻又沮喪的消息：匈奴的呼韓邪單于向皇上提出了和親的請求，皇上決定挑選一位宮女給對方，遂派宦官前來詢問，看是否有人願意出嫁。

秀女們剛開始聽說自己有可能找到一位君王做丈夫，個個激動不已，可是當她們聽說要遠嫁條件惡劣的塞北時，頓時又無精打采了。

當王嬙聽到這個消息時，也同樣對艱苦的北方心生怯意，可是若不去，接下來該怎麼辦？繼續當囚徒，直到自己白髮蒼蒼、孤苦伶仃嗎？她不想再等了，反正橫豎也是最壞的結局，還不如為自己的命運搏上一搏。

於是，她向宦官表達了自己願意出嫁的想法，漢元帝得知後大喜，連忙為王嬙擇定良辰吉日，並為她置辦豐厚的嫁妝，希望早日將其嫁給匈奴單于。

王嬙已無退路，決定將自己最好的一面在臨走的那一刻展現在眾人面前。

昭君出塞。

婚禮當天，她在自己的衣著和妝容上下足了工夫，當她出現在群臣面前時，大家都驚訝極了，連大氣也不敢出一聲，漢元帝的眼珠子都快瞪掉下來了，他非常後悔，一心想著怎樣把王嬙留下來，可是怎麼也沒臉開這個口。

呼韓邪單于見漢元帝賜給自己這麼一位漂亮的老婆，開心得嘴都合不攏，他忙不迭地對皇帝表示感謝，並快速地舉行了婚禮，隨後帶著貌美的老婆離開了長安。

肩負著漢族和匈奴和平使命的王嬙謹記自己的任務，到了匈奴之後就規勸呼韓邪單于與漢朝友好往來，單于十分喜愛自己的老婆，果真沒再發動戰爭。

可惜三年後，呼韓邪單于病死，王嬙一方面不習慣大漠的氣候和生活習慣，另一方面則是按照匈奴的傳統，她得再嫁呼韓邪單于的長子雕陶莫皋。

深受漢族禮節影響的王嬙不能接受這樣的改嫁，她寫信給漢朝皇帝，希望皇帝可以批准自己返回長安。

此時如果收信的一方是漢元帝的話，王嬙的請求或許就能被接受了，可惜漢元帝因縱慾過度已經病死，繼位的漢成帝以大局為重，拒絕了王嬙的請求。

不得已，王嬙只好嫁給雕陶莫皋，兩人一起生活了十一年。後來，雕陶莫皋病逝，王嬙再也沒有回到中原，她致力於維護漢朝與匈奴的穩定關係，受到了匈奴人民的一致擁戴。因為有她在，匈奴與漢朝的邊疆在六十年間平安無事，兩族百姓都過著平靜的生活。

王嬙，字昭君，與西施、貂蟬、楊玉環合稱為中國四大美女，她與呼韓邪單于生有一子，名為伊督智牙師，後被封為右日逐王。她嫁給雕陶莫皋後，又生了兩個女兒，長女叫須卜居次，次女叫當雲居次，後都嫁給了匈奴貴族。

王昭君出嫁匈奴前，漢朝比匈奴強大，且皇族的宗室女數量不多，所以漢元帝只給匈奴挑了位宮女做老婆。不過據說把昭君嫁過去後，漢元帝非常懊悔，還殺了畫師，於是後來的很多文學作品以這個事件為素材，創作出不少小說和戲劇。

昭君雖然為兩族的和平有著不少的貢獻，但她的姪子王莽卻篡奪王位，導致西漢滅亡，匈奴不承認王莽的政權，再度進犯中原，讓昭君多年的心血功虧一簣。

【小常識】

沉魚落雁的原型

中國人形容美女，常用「沉魚落雁」，其中的落雁即指王昭君。傳說昭君首次來到大漠，見四下淒涼，又懷念故鄉，忍不住悲從中來，坐在馬車裡彈起了憂傷的琵琶曲。南飛的大雁被琴聲打動，再看到昭君驚為天人的容貌，竟忘記了扇動翅膀，直接從空中掉落下來。「沉魚」也表達了相似的意思，說的是魚兒看到在河邊浣紗的西施，忘記了游泳，紛紛沉入河底。

78

西域六十五年後的回歸

漢朝功臣班超

漢朝最著名的外交家有兩個：西漢的張騫、東漢的班超，兩人都為西域與中原的友好關係打下了堅實的基礎。

班超在幼年時就被算命先生預言以後會有遠大前程，後來他人到中年，受到名將竇固的賞識，奉命與從事郭恂一起出使西域。

在西漢時期，西域因張騫的關係一度與漢朝交往甚密，只可惜西漢末年因為戰亂，匈奴勢力不斷擴大，西域各國與漢朝的關係大不如前，所以此次班超西行，具有重要的外交意義。

班超到達的第一個西域國家是鄯善，該國位於新疆羅布泊西南方，是絲綢之路上的交通要道，水土肥美，牛羊遍地。

當班超一行人進入鄯善後，鄯善王熱情地接待了他們，可是不出幾日鄯善王就翻了臉，不太願意接見班超，態度也冷冰冰的。

班超很聰明，立刻想到是匈奴使者來到鄯善的原因，鄯善王一定是怕得罪匈奴，所以對漢朝使臣特別冷淡。

班超。

為了證實自己的想法，他直接問了鄯善侍

從，果不其然，侍從苦著一張臉告訴班超，前幾日確實有一群匈奴人來到了鄯善，至今仍沒有離開。

班超趕緊召集自己的一幫部下，藉口飲酒聚會。等到大家喝得差不多時，班超故意怒喝道：「前幾天匈奴使者來到鄯善，鄯善王一下子對我們冷淡了，他是要勾結匈奴，將我們送到匈奴去當俘虜！」

隨從們一驚，藉著酒勁膽量陡升，義憤填膺地吼道：「司馬，我們的命運由你決定吧！」

班超將酒碗一摔，喝道：「不入虎穴，不得虎子！我們連夜火攻匈奴使者營地，給鄯善王一個下馬威！」

班超的建議得到了眾人的一致贊同，班超與大家密謀一番，等到天黑之後，就率領隨從到匈奴使者的駐地去放火。

當晚颳起了大風，匈奴人很快即葬身火海，那些僥倖沒被火燒死的，也成了漢朝使者們的刀下鬼。

第二天，班超將匈奴使者的首級呈給鄯善王，鄯善王大吃一驚，表示願意歸降漢朝，還將王子送到洛陽當人質。

經過此事，漢明帝對班超的才能非常讚賞，並再次派遣他出使西域，以便與更多的西域國家聯盟。

第二次西行，班超來到了新疆的于闐，該國剛打敗莎車國，已經稱霸了天山南北，所以國王非常傲慢，對班超不屑一顧。

于闐的巫師窺出國王的態度，就諂媚地說班超惹怒了天神，要將班超的坐騎殺掉祭天，才能平息天神的憤怒。

班超假意答應了巫師的請求，但要求巫師親自來牽馬，結果當巫師過來的時候，班超出其不意地殺死了他，然後將巫師的首級交給于闐王，並曉以大義。

于闐王早就聽說班超在鄯善的事蹟，非常震驚，當即答應歸順漢朝，而西域的其他國家見于闐都臣服了漢朝，也都誠惶誠恐，紛紛表示願意效忠於漢朝。就這樣，與漢朝斷交六十五年的西域，經過班超的努力，終於與中原恢復了聯繫。

班超字仲升，其父班彪是西漢末年著名的儒學家，其兄班固、妹妹班昭是著名史學家，兄妹二人著有中國第一部紀傳體斷代史、二十四史之一的《漢書》。

班超原本是一介儒生，但他不甘心將生命消耗在為官府抄文書之類的瑣事上，毅然投筆從戎，隨竇固攻打北匈奴，並立下赫赫軍功。他能言善辯，在出使西域的三十一年裡平定了西域五十多個國家，對漢朝的邊疆穩定有著巨大的貢獻。

【小常識】

「不入虎穴，焉得虎子」

這句話是根據班超所說的「不入虎穴，不得虎子」而來的，原意是說如果不進入老虎的洞穴，就不能捉到小老虎。後來引申為如果不冒風險，就不能完成既定目標；也有人將其理解釋為不經歷最艱苦的磨練，就不能獲取真理的意思。

79

賠了夫人又折兵

悔恨的孫權

荊州位於益州與東吳的中間地帶，歷來是兵家必爭之地。當年劉備無處棲身，不得不低聲下氣地向東吳借來荊州避難，後來他羽翼漸漸豐滿，便不再理會歸還荊州一事，令孫權十分生氣。

一天，東吳的大都督周瑜忽然興奮地對孫權說：「主公！我得到了一個好消息！」

孫權仍在為荊州的事發愁，就沒精打采地問：「什麼消息？」

周瑜神秘地一笑，說：「劉備的老婆剛剛過世，他肯定會續弦，主公有一妹妹，可以假借招婿的名義引劉備來東吳，只要劉備一來，我們就將他打入囚室，到時再派人去討荊州，諒諸葛亮不敢不答應。」

孫權聽罷，眼睛一亮，點頭稱讚：「好主意！不愧是大都督！」

於是，東吳大將魯肅派使臣呂範到荊州去說媒。

呂範非常熱心，一再撮合劉備與孫權的妹妹孫尚香的婚事。劉備知道此人無事不登三寶殿，就以年齡差距太大推託，沒想到諸葛亮卻顯得很高興，一口答應了這門婚事，還讓呂範即刻回東吳準備婚禮，令劉備很不高興。

見劉備的臉色陰沉，諸葛亮胸有成竹地說：「請主公放心！我有三條錦囊妙計，讓趙雲將軍護送主公去東吳，可保主公無虞！」

儘管知道有危險，劉備還是半信半疑地啟程了。

到東吳之後，趙雲打開了第一個錦囊，原來諸葛亮讓他去買結婚的用品，並叫劉備去拜訪周瑜的岳父喬國老。

趙雲的士兵在城內大肆宣揚劉備與孫尚香的婚事，鬧得人盡皆知，而劉備拜訪完喬國老後，國老趕緊去向孫權的母親吳國太道喜，同時又為自己是最後一個知道婚事的人而抱怨不已。

誰知，吳國太的反應讓喬國老吃了一驚，原來吳國太並不知自己的女兒即將嫁給劉備，然而據東吳的探子回報，城中確實有劉備的軍隊在置辦婚禮，場面非常風光熱鬧。

吳國太大發雷霆，將孫權找來質問。孫權有些心虛，低著頭小聲說：「這是不得已的計策！」

吳國太卻不管什麼計策，決然道：「木已成舟，劉備是我的女婿，誰都不能殺！」

有了吳國太的支持，劉備和孫尚香很快成婚了，為了防止劉備被孫權暗殺，吳國太還讓劉備住進宮裡，而劉備猛地跌入溫柔鄉後，有些不思進取，令趙雲非常擔憂。

這時趙雲按照諸葛亮的吩咐打開了第二個錦囊，看完後他立即稟報劉備，說曹操帶著五十萬精兵殺向荊州，請劉備趕緊回去。

孫尚香願意跟夫婿一起回荊州，劉備大喜，夫妻二人瞞著孫權來到長江邊，偷偷往荊州進發。

豈料孫權不肯放過劉備，派出大批士兵窮追不捨。

趙雲見情勢危急，又打開了第三個錦囊。劉備依照錦囊的提示，將孫權和周瑜的陰謀流著眼淚告訴了夫人。

孫尚香是一個剛烈的女子，她暴跳如雷，將東吳追兵大罵了一頓，士

孫權。

兵們見公主發怒，不敢阻擋，只得為劉備放行。

正當劉備等人即將渡過長江時，周瑜率兵追來，他還帶來了一個消息：孫權已下令即便殺了自己的親妹妹，也要捉住劉備。

千鈞一髮之際，諸葛亮的伏兵忽然出現，將周瑜殺得大敗。

周瑜還沒來得及喘口氣，就聽岸上劉備的士兵大笑：「周郎妙計安天下，賠了夫人又折兵！」

周瑜再也受不了刺激，一口鮮血噴出，昏了過去，而孫權也是懊悔不已，怨恨自己偷雞不成蝕把米。

三國時期，曹操、劉備和孫權是三個實力最強的諸侯，因此他們之間的爭鬥非常激烈。其中，孫劉兩家較弱，所以不宜鷸蚌相爭，讓曹操得利，但劉備與孫權之間仍有暗鬥，而爭奪的焦點就是荊州。

在奪取荊州後，劉備知道東吳仍對荊州虎視眈眈，因此深覺該地不宜做為都城所在地，就向西攻佔了益州，而後建立起蜀漢政權，他的領地包括了如今的四川、雲南大部、貴州及陝西漢中和甘肅白龍江的一部分。

【小常識】

喬國老的兩個女兒

喬國老有兩個如花似玉的女兒—大喬和小喬。大喬嫁給了孫權的哥哥孫策，小喬則許配給周瑜。孫策長年在外征戰，大喬留守東吳照顧子女，後孫策戰死，大喬才年方二十。小喬則與周瑜南征北戰，兩個人恩愛十一年後周瑜病死。大小喬雖都是絕世美女，卻在最美好的年華喪偶，最終孤獨地死去，實在令人唏噓。

80

苦心經營卻成泡影

一代賢后文成公主

雪域高原是聖潔之地，有著很多神奇的傳說，傳說中都少不了一位冰清玉潔的雪山仙女。而在中國唐朝，也出了一位為藏民所景仰的「女神」，不過她是凡人，名叫文成公主。

西元七世紀，吐蕃贊普松贊干布向唐王朝求親，唐太宗李世民認為一樁婚姻的作用可抵得上十萬雄兵，因此對這場政治和親非常重視。

可是讓哪個皇族女子成婚比較好呢？吐蕃地域偏遠、天寒地凍，漢族女子很難適應那裡的高原氣候。

正當唐太宗為難時，十六歲的文成公主主動請求嫁給松贊干布。原來，文成公主自幼信仰佛教，對西藏自然生出很多好感，而她聽說松贊干布年輕有為，崇敬之心也是大起，因而促成了這樁好事。

於是，就在松贊干布來長安的第二年，歡送文成公主的隊伍浩浩蕩蕩

西元六四〇年（貞觀十四年），吐蕃王松贊干布仰慕大唐文明，派使者祿東贊到長安通聘。《步輦圖》所繪是祿東贊朝見唐太宗時的場景。

地向高原進發了。唐太宗賞賜給公主十分豐厚的嫁妝，據史書《吐蕃王朝世襲明鑑》記載，除了有「釋迦佛像、三百六十卷經典、各式珍寶、金玉書櫥」，還有多種食物、種子、錦緞、醫書和醫療器械、六十多種製作工藝著作，此外還配備了大批文人、樂師和園丁，儼然是一個「文化技術交流團」。

難道唐太宗是因為十分疼愛文成公主，才會給予如此可觀的一筆嫁妝？當然不是，他若真的寵溺文成公主，又怎會讓公主嫁到蠻夷之地呢？

唐太宗其實是想讓吐蕃對大唐的恩澤有所感激，從而拉攏吐蕃這個唐朝西南邊陲強邦，而文成公主就是「交流團」的團長，發揮了睦鄰友好的作用。

文成公主沒有令太宗失望，她到西藏後進行一系列的改革，讓藏區的面貌煥然一新，也贏得了藏民們的愛戴。

當時的藏民有個習慣：每天早晨起床後都要用赭色的土塗抹臉頰，據說有避邪作用。文成公主對這種習俗加以研究後發現，用泥塗臉不僅不衛生，而且會讓人很不舒服，於是她就建議松贊干布廢除這一陋習，得到了丈夫的採納。

藏民們一開始特別反對文成公主干預藏族的生活習慣，可是後來他們才發覺公主的提議確實對大家有好處，於是對公主十分感激，就這樣，文成公主在民眾心中取得了極高的讚譽。

類似的事情還有很多，文成公主帶來的漢人為西藏的教育、藝術和經濟發展帶來了一股新鮮的活力，松贊干布和藏民更加欽佩文成公主，對其心悅誠服。

此時大唐與吐蕃的關係已達到水乳交融的境界。當唐太宗去世後，繼位的高宗冊封松贊干布為西海郡王，再度為吐蕃王朝送去大量的金銀財物和生活用品，同時也賞給文成公主很多飾物和胭脂綢緞，以嘉獎她為安定邊陲所做的不懈努力。

松贊干布當即給唐朝豐厚的回禮，並忠心耿耿地表示，如果出現了唐朝的叛賊，吐蕃將全力征討，讓唐高宗十分高興。

可惜一切和平景象在松贊干布去世之後戛然而止。

文成公主來不及宣洩喪夫之痛，就輔佐松贊干布的孫子繼承了贊普之位。但贊普太年輕，只能由宰相祿東贊幫忙掌權。祿東贊不久後離世，他的兒子欽陵繼承了宰相的職位。

這時，吐蕃與鄰國土谷渾的關係不斷惡化，兩國都是唐朝的屬國，便都請求唐高宗給個說法。

軟弱的唐高宗猶豫不決，欽陵是個急性子，他索性一舉擊潰了土谷渾。

此事卻惹得唐高宗十分生氣，他覺得吐蕃不聽指揮就擅自行動，實為大不敬，就派大將薛仁貴起兵征討吐蕃。

沒想到薛仁貴大敗，唐朝只好在吐蕃邊境設立起防線，從此兩國陷入緊張對峙的局面，文成公主苦心孤詣近四十年的成果，在一夕之間全化為泡影。

雖然唐朝與吐蕃的關係再也回不到從前，但藏民對文成公主的愛戴卻一如從前。文成公主去世後，藏民們為她造了很多神廟，這位中原來的公主，已成為當地人心中永遠的神明。

據傳文成公主原名李雪雁，是唐太宗的遠親，她被吐蕃人尊稱為「甲木薩」，意思為漢朝的女神仙。因其對吐蕃的諸多貢獻而受到西藏人民的崇拜，而她死後還享受到了吐蕃王后才有的祭祀待遇。

尺尊公主（左）、松贊干布（中）、文成公主（右）。

據說文成公主出嫁前，為考驗松贊干布的智慧，藏在一百個姑娘中間，讓吐蕃使臣祿東贊辨認自己，沒想到祿東贊明察秋毫，於是公主欣然出嫁，這個傳說展現出漢藏文化的絕妙接觸。

【小常識】

為文成公主而建的布達拉宮

當文成公主來到松贊干布面前時，她那端莊的儀態立刻擄獲了松贊干布的心，他興奮地表示要為公主造一座華麗的宮殿，於是布達拉宮應運而生。這座恢宏的宮殿建於紅山的山腰上，共有九層樓高，宮殿有一千間。史料稱松贊干布和文成公主的宮殿間還有一條銀銅材質的橋相連。後來布達拉宮一度毀於戰火，在十七世紀後，達賴喇嘛對其進行擴建，終於具備現在的規模，如今布達拉宮已成為歷代達賴的冬宮居所。

81

強國才有外交

差點改變印度版圖的王玄策

在中國歷史上，有一位天神一般的外交官，他以一人之力活捉印度國王，且在完全沒有學過任何軍事技能的前提下差點滅了印度。

他就是唐朝的使節王玄策。

不要以為王玄策是個貪婪的軍事狂人，其實他初始赴印度的目的非常純粹，就是對印度半島上最強大的摩羯陀帝國進行友好訪問。

當時印度半島上有五個國家，按東西南北中的位置分而治之。不過在唐朝初年，中印度摩羯陀帝國實力大增，征服了周邊國家，成為了印度半島上的霸主。

摩羯陀帝國在建立政權後很快對唐王朝發出了和平的信號，於是唐太宗就派王玄策一行三十人出使印度，順便去看望吐蕃的松贊干布和文成公主。誰知此時摩羯陀帝國發生內亂，阿羅順那篡奪了王位，但王玄策並不知情，依舊興高采烈地一路西行。

阿羅順那擔心唐朝使者將印度的情況通報給唐朝皇帝，他也是不知道唐帝國的真正實力，就萌生出殺人滅口的心思。

當王玄策的隊伍踏入印度之後，阿羅順那指使的兩千精兵忽然從天而降，將唐朝使者殺了大半，僅有王玄策和副使蔣師仁逃脫。

一想到被殺害的使臣，王玄策這個七尺男兒就忍不住流下眼淚，他覺得自己從未這樣窩囊過，發誓一定要報仇雪恨。

於是，他與蔣師仁馬不停蹄地來到尼泊爾，以松贊干布的名義向尼泊爾國王借兵。松贊干布娶了尼泊爾的公主，所以王玄策的話令國王深信不疑，經過談判，國王答應借給王玄策七千騎兵。

其實松贊干布也不介意被人利用，因為他本來就對唐朝十分擁戴。當聽說王玄策遭遇印度的伏擊後，松贊干布義憤填膺，又借給王玄策一千兩百名精銳騎兵，就這樣，王玄策自命為統帥，又命蔣師仁為先鋒，一路向印度殺了過去。

儘管不懂作戰技能，王玄策卻深諳各種攻城之術。他首先在牛的犄角上綁上火把，在牛尾繫上爆竹，然後點燃爆竹，逼迫火牛衝入敵群，將印度的數萬象軍打得落花流水。

阿羅順那這才知道自己有眼不識泰山，可是他已經上了賊船，無法再回頭了，只好躲在茶博和羅城裡不出來。

王玄策急於報仇，使出各種攻城武器連續擊打了王城一個月。終於，茶博和羅城被唐軍攻下，印度兵潰不成軍，阿羅順那倉皇逃回中印度。

王玄策窮追不捨，竟直接攻入中印度的皇宮。阿羅順那沒有辦法，只得捨棄皇城去向東印度王屍鳩摩求援。隨後，他集結了殘兵敗將繼續負隅頑抗，沒想到卻被王玄策用計俘獲，而此時由阿羅順那的妻子駐守的朝乾托衛城也被攻破，其餘城池更是不戰而降，中印度就此滅亡。

王玄策沒有停戰的意思，因為他聽說屍鳩摩是阿羅順那的盟友，遂決定繼續攻打東印度。屍鳩摩嚇得屁滾尿流，他深知唐王朝的厲害，立刻給王玄策送了牛馬萬頭和珠寶無數，並在對方面前痛哭流涕，稱自己一時糊塗乃至犯下大錯，希望唐朝既往不咎讓自己歸順。

王玄策便不再深究，押著阿羅順那回到了長安。他回國後受到了唐太宗的熱烈嘉獎，而王玄策也用事實證明了一點：強國才有外交，弱國只能等待被欺辱的命運。

王玄策是唐朝高僧玄奘的老鄉，或許因此淵源，他也出使過印度，還前後拜訪過印度三次。

他第一次出使印度是在北印度遣送使節來唐之後，一年後，他進行了第二次的出使，便被捲入印度王位爭奪戰中。當他凱旋回國後，唐太宗才得知唐朝在外如此威風，頓時十分得意，將王玄策連升兩級，任命他為散朝大夫。

可惜王玄策在那場戰爭中俘虜到一個印度和尚，該和尚自稱能長生不老，王玄策就將和尚獻給唐太宗。結果僅用一年，唐太宗就被和尚敬獻的藥丸毒死，王玄策的仕途因此受阻，再也未得到升職機會。

一晃十幾年過去了，王玄策第三次被派往印度。這次他不僅去各地訪問，還前往摩訶菩提樹進行參拜。由於對印度非常瞭解，他還寫有《中天竺行記》一書，可惜如今只剩《法苑珠林》、《解迦方志》等殘篇流傳。

【小常識】

印度不等同於天竺

雖然很多人認為印度在古代被稱為天竺，實際上天竺是對印度和巴基斯坦等南亞國家的統稱。天竺曾被中國人音譯為「身毒」，到了唐朝才改稱天竺。天竺曾有四大帝國：孔雀帝國、笈多帝國、德里蘇丹國和莫臥兒帝國。

82

以佛教搭起東西文化橋樑

玄奘和鑒真

「此行西去，曠日持久，且不知是凶是吉，師兄你要三思啊！」

長安莊嚴寺內，幾位僧人正苦心規勸著一位牽著白馬、背負行李的僧侶，這名僧人就是後來鼎鼎大名的玄奘法師，此刻他已打定主意要去天竺求法。

唐朝貞觀元年，長安城連遇災荒，唐太宗終於下詔，准許僧侶去遠方化緣。玄奘先前請求朝廷批准赴西域的公文，未獲允許，如今朝廷終於解禁，他怎能錯失這一千載難逢的好機會呢？

「各位師弟，請不要再阻攔我，求取佛經是佛門大事，就算我不去做，別人也會去做，還是把這個重任交給我！」玄奘溫和地安慰著眾人。

也難怪大家會擔心玄奘，因為玄奘孤身一人，要穿越荒無人煙的沙漠、翻越冰寒刺骨的雪山、遭遇凶猛殘暴的各種野獸，路途之凶險非常人所能想像。

可是玄奘還是義無反顧地出發了，當時他一心求法，並沒有意識到自己的肩上還承擔著一份對外交流的重任。

玄奘法師。

當他到達蘭州後，為當地人講了一場經，當時正巧有西域的商人在場。那些商人立刻將玄奘的事情廣而告之，很快，整個西域都得知唐朝高僧即將到來的消息。

玄奘過玉門關後，艱難地來到達伊吾，得到了高昌王麴文泰的盛情款待。高昌王請玄奘留下講經，玄奘卻不肯貪圖榮華富貴，堅決不允。高昌王沒有辦法，只好派人護送玄奘到西突厥境內。

雖然路途艱險，所幸的是西域各國或迫於唐朝的國威，或崇尚佛法，都對玄奘禮遇有加，最終，玄奘懷揣西行途中各國的信件，順利抵達了印度。

到達印度後，他才遇到了最危險的事情。

在沿著殑伽河東下的時候，他遇到了強盜，不僅行李被搶奪一空，還差點送命。

也許這是西行的最後一劫。此後，玄奘在印度潛心學習梵文和佛法，成為當地德高望重的高僧。

他在印度待了十二年，始終沒有忘記將大乘佛法帶回長安，西元六四三年，這位高僧終於啟程，帶著六百五十七部佛經前往中土。

兩年後，他回到了闊別十九年的長安，當時長安城內都轟動了，唐太宗也驚訝不已，為玄奘安排了盛大的歡迎宴席。

回國後的玄奘不顧辛勞，又組織了譯經場，日夜翻譯印度經文。在接下來的十九年中，他譯經七十五部，共計一千三百三十五卷，終因積勞成疾而圓寂。

就在玄奘去世後的第二十四年，另一位高僧出世了，他就是鑒真。

鑒真早在年幼時期就聽說了玄奘西遊的動人事蹟，他發誓也要向對方一樣，為傳播佛教而奉獻一生。

隨著鑒真的名氣大漲，在長安的日本僧侶盛情邀請鑒真東渡日本傳

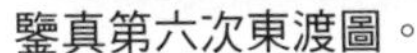
鑒真第六次東渡圖。

遣唐使。

戒。鑒真非常激動，當即表示願意前往。

可是當時在唐朝的沿海地帶，海盜橫行，鑒真的船隊不宜組織大規模的僧人東渡，以免成為盜賊的目標。

有僧人因此未能成行，便惱羞成怒，誣陷鑒真勾結海盜，結果第一次東渡失敗了。

鑒真沒有氣餒，他又陸續進行了四次東渡，均因航海條件惡劣而折返，更糟糕的是，第五次東渡後，鑒真的雙目因難耐海南的炎熱氣候而失明，導致他的心裡承受了巨大的傷痛。

然而，這一切依舊沒有阻礙鑒真東渡的決心。

西元七五三年，鑒真終於乘坐日本遣唐使的船隻抵達日本，令日本政府極為感動。

三年後，鑒真被封為「大僧都」，統領日本所有僧尼，並開設四戒壇，將唐朝正規的戒律制度傳給日本。

鑒真去世後，被日本僧侶尊稱為日本律宗初祖。

玄奘與鑒真的地位是世界級的，他們在與其他國家交流佛法的同時，也將不同國家的文化相互傳播，發揮了對外交往的作用，是當之無愧的和平使者。

玄奘在歸國後撰寫了《大唐西域記》，該書詳細描述了西域和印度的政治、經濟、文化等風貌，另將印度的天文、醫學、曆算等技術傳到唐朝，對中國有著巨大的貢獻，被譽為「中華民族的脊樑」。

鑒真在日本的十年間，孜孜不倦地傳播著唐朝的先進文化，時至今日，他仍是日本民眾心中的「文化之父」。

【小常識】

玄奘去西天求的是什麼經？

在玄奘求法之前，唐朝流行的是小乘佛法，即讓修行者脫離生死輪迴。玄奘去西天求的則是大乘佛法，即讓修行者成佛，並且可以普渡眾生。另外，大乘佛法分為很多宗派，玄奘取的是唯識派，後來根據自己所取的佛經，玄奘還創立了中國佛教十大宗派之一的法相宗。

83

宋朝文人在遼國的高級禮遇

宋遼文化交流

在人們的心目中，北宋是一個戰亂不斷的國家，但是它與自己的勁敵遼國之間，卻有著一段不為人知的文化外交。

西元一〇八九年，蘇軾的弟弟蘇轍代表北宋朝廷去遼國祝賀遼道宗的生辰。

途中，蘇轍看到有契丹人在讀自己和兄長蘇軾的詩詞，覺得十分驚訝，後來他看到遼國驛館的牆壁上也題著蘇軾的詩文時，更是大吃一驚。

他沒有料到在文明程度不如宋朝的遼國，居然也是這般的附庸風雅。

事實上，北宋為了顯示大國的地位，在派遣使臣赴遼時，往往會選一些在本國很有名氣的文人前去交流，而遼國也會派一些對宋朝文化相當熟悉的外交官來接待宋朝文人，就怕丟了面子。

蘇軾回翰林院圖。

宋遼之間的文化交流，名為交流，其實仍屬於外交手段。雖然不再發動戰爭，兩國之間的明爭暗鬥還是會繼續下去，所以在招待使臣的酒席上，就出現了文雅的爭鬥——行酒令，兩國使者運用才華互相發難，既保存了國家體面，又炫耀了本國的國威，可謂一舉兩得。

蘇轍的哥哥蘇軾就曾在酒席上遭遇過遼國使者的刁難。

當日在晚宴上，皎潔的月光從半開的窗戶裡透進屋來，從屋外向黑絲絨般的天幕望去，只見繁星點點，宛如罕見的寶石綴在月亮旁邊，此情此景，令人心曠神怡。

遼使者有感而發，便藉著酒興舉起酒杯，出了上聯：「三光日月星！」並指明要蘇軾對。

這名使者得意洋洋地想：「三光」之後加三種物體，正好湊足五個字，你不是宋朝的大詩人嗎？你要想對得上我的聯，就必須說少於三種或者多於三種的事物，可是那樣一來，我看你還怎麼湊五個字？

誰知蘇軾思索片刻，不慌不忙地應對出下聯：「四詩風雅頌。」

遼使者一聽，頓時啞口無言。因為在《詩經》中，「雅」分大雅和小雅，所以雖為「風雅頌」，但實則有四種文學類型，令人拍案叫絕。

如此關於文字爭鬥還有很多，而在出使遼國的過程中對北宋貢獻最大的宋朝使臣，則當屬於精通地理的學者沈括。

西元一〇七五年，遼帝要求與宋朝劃定邊界，並派出大臣蕭禧去東京談判。

結果蕭禧非說位於山西的黃嵬山屬於遼國，宋神宗就派沈括去與遼帝理論。

在動身前，沈括先去樞密院查了很多資料，證明黃嵬山屬於宋朝，然後又畫出該地區的地圖給蕭禧。在鐵證面前，蕭禧理屈詞窮。

到了遼都上京，沈括與遼國宰相楊益戒就邊界問題展開了幾輪交鋒。

面對遼方的挑釁，沈括及隨行人員始終對答如流，楊益戒見爭辯不過，竟威脅沈括：「你們也太小氣了，是想跟我們斷交不成？」

沈括卻理直氣壯地回敬道：「你們不僅背棄過去的盟約，還妄圖訴諸武力，若你們真想翻臉，我看情況也不會對你們有利！」

至此，遼國徹底敗下陣來，只好放棄了無理的要求，還恭恭敬敬地將沈括送了回去。

宋遼兩國的文化交流是繼西元一〇〇四年宋遼簽訂檀淵之盟後開始的，兩國從此擁有了長達一百二十年的和平歲月，在兩國的友好時期，每一年雙方都會派很多使臣執行外交任務，外交行為空前繁盛。

不只是蘇軾兄弟和沈括，其實在宋朝，還有很多名人出使過遼朝，如大詩人歐陽修。歐陽修在遼國的知名度也是非常之高，所以遼帝對他非常重視，由於歐陽修喜歡吃契丹出產的一種李子，遼帝還特地將這種李子命名為「歐李」。

遼朝胡瓌所繪《卓歇圖》（局部），圖中可見契丹族的可汗、閼氏和他部下於出獵後圍地飲宴，展現遊牧民族的特色。

遼國人之所以對文化有如此高的熱忱，主要是因為遼朝是繼動盪的五代時期之後建立的，當時的社會異常混亂，很多漢族百姓為了逃難，紛紛北上，所以由契丹人統治的遼國漢化程度非常高。

而享有良好教育條件的遼國上層階級，則更是對漢學有了深刻的認識和理解，所以才會不遺餘力地和宋朝進行文化上的交往與溝通。

【小常識】

遼朝外交團成員

遼朝派往宋朝的外交官由以下成員組成：正式外交官叫「專使」，由遼政府選派；由皇族耶律氏及外戚蕭氏擔任的外交官叫「大使」；此外，還有副使，由非皇族官員擔任。遼朝的使臣官職都比北宋的高，且主要由對文史書畫精通者擔任。

84

虎口奪食四度議和

兩宋使臣王倫

西元一一二六年四月的一天，恐怖的氣息席捲了北宋的都城東京，那一天，大批金國士兵湧入東京汴梁，進行慘絕人寰的燒殺搶掠。在宋朝百姓慌亂的尖叫聲中，金兵很快攻入皇宮，將徽欽二帝及皇族三千人盡數俘虜，北宋宣告滅亡。

這一天被稱為靖康之變，宋人則更願意稱其為「靖康之恥」，南宋大將岳飛就曾在《滿江紅》中悲憤地感慨道：「靖康恥，猶未雪，臣子恨，何時滅！」

兩位宋帝被俘，對宋朝來說是一個巨大的恥辱，此時趙構已經在應天府建立了南宋小王朝，朝中大臣每日都在上書朝廷，請求皇帝派使臣將兩位皇帝解救回來。

《中興四將圖》，左起第二個人為岳飛。

雖然大臣們一副義憤填膺的模樣，但當皇帝問起誰願意出使金國時，卻都露出膽怯的神情。

面對著鴉雀無聲的大臣，趙構怒火萬丈，厲聲吼道：「混帳！我堂堂宋朝，就沒有一個人勇於出馬救朕的父兄嗎？」

趙構話音剛落，一個堅定的聲音響起：「陛下！微臣願意前往！」

主動請纓的這位大臣名叫王倫，此刻他臉上帶著堅毅的神情，沒有一絲退縮。

趙構頓時轉怒為喜，拍著王倫的肩膀說：「好！不愧是我大宋臣子！朕封你為刑部侍郎，去金國議和！」

幾日之後，王倫做為宋朝的朝奉郎，開始了北上之旅。

雖然宋朝被金國打敗，但好在戰爭結束後，金朝沒有對南宋使臣有諸多不敬，所以王倫順利見到了金帝。

令所有人大吃一驚的是，王倫一開口就毫無懼色地提出：「請歸還我朝兩位帝王和皇后，並退出我們的國土！」

擁有強大軍事實力的金國皇帝只當王倫的話是個笑話，並沒有答應他的要求。

儘管王倫的第一次議和以失敗告終，但他卻開啟了南宋和金國的議和之路，此後他又連續三次前往金國，英勇地與對方周旋。

第二次議和始於宋徽宗和宋欽宗的鄭皇后去世之時，南宋朝野一片哭聲，王倫壓抑著沉痛的心情前往金國，商議割地議和之事。

這次他總算帶來了一個好消息，金帝同意了南宋的請求。趙構大喜，加封王倫為端明殿學士。

一年之後，王倫在一個金秋的清晨奔赴金國，再度商議歸還先帝棺槨之事。

很快，南宋的皇帝和朝臣們驚喜地看到王倫與金國使者一同來到臨安，使者向宋高宗保證金朝會歸還棺槨，甚至還答應將北宋的河南、陝西之地一起還給南宋。

一時間，南宋上下沸騰了，大家都認為這是南宋成立以來取得首次外交勝利，王倫也因此成為了英雄，得到眾人的讚譽。

可惜，現實總是有很多偶然，接到喜訊的王倫第四次前往金國，與金兀術商議割地的事情，誰知當他到達東京後，正趕上金國內亂，不僅自己被金人扣押了起來，原先兩國商量好的一些協議也被金朝單方面撕毀了。

一晃就是六年。

六年來，王倫始終對宋朝忠貞不二，任憑金人怎麼勸降，都嚴詞拒絕。

最終，金朝沒有辦法，只能將王倫處以極刑。

在行刑之日，王倫給行刑官塞了很多禮，以便讓自己有足夠時間穿戴好宋朝的官服。儘管那些服裝已經因年久未穿而發出一股難聞的味道，但穿上代表身分的舊衣，王倫仍不禁激動得熱淚盈眶。

他跪向南方，叩首痛苦道：「祖輩輔佐朝廷，天下皆知！如今微臣卻怠忽職守，只能以一死謝罪！」

說完這些，他慷慨赴義，終年六十一歲。

王倫，字正道，是北宋丞相王旦弟弟的玄孫，他臨危受命，在宋金剛結束大戰之時就去敵國議和，且第一次出使金國就被留在敵方長達五年，可見其具有過人的膽識。

不只如此，他還有很高的談判技巧和智慧。雖然是戰敗國的使臣，他在前後十年的出使過程中，並沒有讓南宋割讓一分一毫的領土，也沒有賠償一兩銀子，反而讓金國答應交還土地、先帝先后的遺體，這在對外始終是退讓一方的宋朝外交史上絕對是個奇蹟。

【小常識】

徽欽二帝的結局

宋徽宗趙構是著名書法家，開創了「瘦金體」，卻是位治國昏君，在位二十六年，於西元一一二六年被俘，九年後被金人折磨致死。

宋欽宗更慘，他只做了一年皇帝，就被俘虜，然後遭遇了長達三十年的囚禁，最後客死他鄉。

宋徽宗的書法作品。

85

中國第一位漫遊歐洲的旅行者

列班・掃馬

在元帝國時期，元朝疆土達到空前廣闊的境地，元軍的鐵蹄甚至一度攻打到了歐洲的多瑙河畔，成為世界上疆域最廣的帝國。

那麼，元朝是否只需要靠打仗來征服其他國家，不需要走外交路線呢？

當然不是。

在元朝，中國是有外交的，並且出現了中國第一位漫遊歐洲的外交官——畏兀兒人列班・掃馬。

列班・掃馬的家族信奉聶斯托利教派，該教派是基督教的一種，所以列班・掃馬從小就與基督教結下了不解之緣，他的信仰也成為助他日後周遊歐洲的奇特緣分。

列班・掃馬從小就愛讀書，他學習了很多天文地理知識，內心也極渴望來一次說走就走的旅行。

當他四十多歲的時候，一個影響了他後半輩子的人突然出現了，此人便是馬忽思。

馬忽思仰慕列班・掃馬的才華，特地從內蒙古跑到元大都來拜訪後者。

兩人相見後，聊得甚是愉快，馬忽思是一名虔誠的基督徒，且有過去聖城耶路撒冷朝聖的經歷。當列班・掃馬聽馬忽思講述耶路撒冷的情景時，多年來被壓抑的西行渴望爆發了，他請求對方帶自己一起去朝聖。

西元一二七五年，列班・掃馬和馬忽思沿著絲綢之路一路西行，他們先後到過伊爾汗國、波斯、亞美尼亞等地，可惜因為敘利亞北部發生戰亂，阻斷了去耶路撒冷的路，只好暫居毛夕里（今伊拉克蘇摩爾）。

一晃六年過去了，中東國家戰亂頻繁，列班・掃馬始終沒能實現去耶路撒冷的願望，他留在了報達（今伊拉克巴格達），成為了當地基督教的新教長。

又是一個六年過去了，伊爾汗國國王阿魯渾汗因與穆斯林國家交戰沒有勝算，便想要與西歐基督教國家來個聯手攻敵，就派列班・掃馬去說服羅馬教廷和西歐各國與自己聯合。

列班・掃馬儘管年過半百，但一聽到要周遊西方，仍然壓抑不住內心的激動。他穿過君士坦丁堡，第一次乘船穿越地中海，來到了義大利。

當他帶著使團來到羅馬帝國時，卻遇到一個意外情況：教皇霍諾里烏斯四世剛剛去世，而下一任繼承者還未產生，聯合羅馬教廷的事就此擱淺。

不過，列班・掃馬仍受到紅衣主教的歡迎，在義大利短暫停留後，他又來到了法國巴黎。

在那裡，他受到了法蘭西國王——美男子菲力浦的熱情接待，還由對方陪同一起參觀了法國的聖察帕勒教堂。

隨後，列班・掃馬趕赴下一個目的地——法國南部的波爾多，他在那裡見到了英格蘭國王愛德華一世。

兩位國王都非常和善，甚至有些討好列班・掃馬了。可是列班・掃馬敏銳地察覺出，英國和法國都不願捲入戰爭中，所以一聽到結盟的事情，他們都在搪塞。

列班・掃馬非常失望，只得折回羅馬。幸好此時羅馬教廷已經選出新教皇尼古拉四世，列班・掃馬抱著試試看的心情給新教皇呈遞了國書，沒想到後者一口答應了伊爾汗國的聯盟請求，還把列班・掃馬當成座上賓，邀請他出席復活節前一週的慶祝儀式。

列班・掃馬轉憂為喜，他圓滿地完成了出行歐洲的任務，順利回到了伊爾汗國。

阿魯渾汗國王也是欣喜萬分，嘉獎了列班・掃馬，此後列班・掃馬再也沒有返回元大都，而是為伊爾汗國貢獻了自己的餘生。

列班的意思為「教師」，或者聶斯托利教教士，掃馬才是名字，所以列班・掃馬的意思其實就是掃馬教士。不過，當列班・掃馬在到達伊拉克並被封為教長之後，他更名為雅八・阿羅訶三世。

列班・掃馬在伊爾汗國的地位非常高，因為他促成了該國與羅馬教廷的聯盟，伊爾汗國國王因此為列班・掃馬連建兩座教堂，而羅馬教廷也因列班・掃馬的出使更相信元朝與各汗國均信奉基督教，因而也派遣了教士東行。所以說，列班・掃馬出使歐洲的行為在一定程度上促進了東西方的文化交流。

【小常識】

聖城耶路撒冷

「耶路」是城市的意思，「撒冷」則有和平之意，所以耶路撒冷就是和平之城。早在西元前十一世紀，耶路撒冷就成為猶太人的王都；西元一世紀左右，這座城市成為基督教創始人耶穌的誕生地，至於西元七世紀初，亦是伊斯蘭教的真主穆罕默德升天的地方，所以耶路撒冷便成為了猶太教、基督教和伊斯蘭教三教的聖地。

第一次十字軍東征攻佔耶路撒冷。

86

弘揚國威背後的心機

鄭和七下西洋

「鄭和，此去務必要有所收穫，不要辜負朕的一片期望！」金鑾殿上，明成祖朱棣意味深長地下達著命令。

此刻，站在殿下聽命的，正是被後世尊稱為「三寶太監」的內官監太監鄭和，他知道皇帝暗示的意思是什麼。

三年前，明成祖經靖難之役而奪得皇位，建文帝卻在戰火中下落不明，有傳言說建文帝已經流亡海外，這讓朱棣始終覺得是個隱患。於是三年後，朱棣終於命鄭和下西洋，藉弘揚國威的理由來尋找自己的姪子。

自古以來，下西洋的中國人寥寥無幾，且要面對一個全新的海域，鄭和的心裡並沒有底。可是，他依然雀躍歡欣。

因為他是信仰伊斯蘭教的回民，而他的祖父和父親都曾去聖城麥加朝拜過，所以那些異邦的奇特風情經常跟鄭和提起。鄭和也因此在小時候就立下宏圖大志：以後一定要去西洋遊歷一番，去麥加圓自己的朝覲夢想！

如今，當鄭和邁入而立之年時，他的夢想終於快要實現了。

明成祖朱棣著袞龍袍全身像。

西元一四〇六年，鄭和帶領的船隊首次揚

帆，順風南下，來到了印尼的爪哇島。不巧的是，島上的麻喏八歇國正在發生東王和西王的王位爭奪戰，鄭和的水兵下岸後去市集上做買賣，卻被西王誤認為是支援東王的部隊，竟被全數殺害。

鄭和震怒異常，欲派兵向西王報復。

西王得知錯殺了明朝的士兵，嚇得魂不附體，趕緊派使者賠罪，還提出要給明朝六萬兩黃金的賠禮。

本來鄭和憋了一肚子火，但在聽說是個誤會之後，為了顯示明朝的大度，就採取了和平處理的方式，向明成祖稟報了此事。

最終，明朝決定放棄黃金賠償，與麻喏八歇國化干戈為玉帛。西王感激涕零，發誓從此與明王朝和睦相處。

一年後，鄭和回到中國。在故鄉休養生息僅十幾天後，他又踏上了二下西洋的征途。這一次，除了爪哇外，他還訪問了暹羅國、滿剌加、南巫裡、錫蘭等國。

鄭和第三次下西洋的主要目的是去錫蘭（今斯里蘭卡）迎佛牙，並於西元一四一一年將佛牙請回京師。此次去錫蘭是朱棣下的命令。此時朱棣可能也已意識到，建文帝在七年的時間裡始終音信全無，很可能回不來了，而自己的王位始終坐得名不正言不順，就需要用宗教來證明他的正統地位，所以這次鄭和下西洋可謂是目的性最強的一次了。

此後，鄭和又連續四次出使西洋，他的船隊到達過印尼、孟加拉、中東，最遠甚至來到了東非的木骨都束卜喇哇、麻林等國。

每次下西洋，鄭和都會帶著大量的奇珍異寶，當船隊每到一個國家，鄭和與使者都會首先帶著珍寶去拜訪該國的首領。

那些珍奇的寶物令外國的王公貴族驚嘆不已，而鄭和龐大的船隊也獲得了對方的一致欽佩，於是，「唐人」這個帶有尊敬意義的稱謂就流傳開來。在鄭和下西洋的二十七年間，明朝展現出了強大的經濟實力，在對外交往過程中博得了西方國家的一致讚譽，中華文明得以發揚光大，這是明朝的驕傲，也是中國人的自豪。

據史料記載，在鄭和航海期間，整個明朝海軍共擁有船隻三千八百艘，其中一千三百五十艘是巡邏艦，而鄭和的船隻體型巨大，身長約一百三十八米，寬約五十六米，被稱為「巨舶」。英國著名史學家李約瑟因此斷言：「中國在西元一四二〇年前後，其海軍數量可能超過歐洲所有國家的海軍總和。」但是，建造這麼多艘船不是為了打仗，而是為了外出貿易和外交所用，這充分彰顯出明朝的宏大氣魄。

至於鄭和，他原本姓馬，叫馬和，小名又為三寶，雲南人。他在十歲時，因戰亂被明軍俘至南京，流落到朱棣的燕王府中，後因跟隨朱棣行軍打仗，屢立戰功，獲得朱棣信任，被賜姓鄭。

不過，下西洋也耗損了明朝的大量財力，致使明成祖離世的那一年，繼位的明仁宗立即下令停止下西洋的舉動。

十年後，鄭和不捨航海情結，第七次組織下西洋。這也是他最後一次下西洋，在旅途中，他因積勞成疾，在印度西海岸的古里去世，享年六十二歲。

【小常識】

「西洋」指的是哪裡？

明朝人以馬來西亞的婆羅洲和汶萊國為界，界線以東的稱為東洋，以西的則稱為西洋，所以鄭和去的西洋，就位於馬來西亞以西的海域。

87

兵變解決國土危機

與明朝交好的朝鮮太祖李成桂

七百多年前的一天，煙波浩渺的鴨綠江畔瀰漫著戰爭的肅殺氣息，大批高麗士兵乘船渡江，跨入明朝境內。此次行軍的目的是奪取遼東新設立的鐵嶺衛，而統領軍隊的將領分別是左軍都統使曹敏修、右軍都統使李成桂。

此刻，李成桂正憂心忡忡地看著隊伍中那些步履蹣跚的士兵，他對身邊的曹敏修說：「曹都統，你覺得我們能否取勝？」

曹敏修的目光陰鬱，他低沉地回答：「我們的軍糧只夠維持一個月，大王卻不肯多發糧餉，只怕此次凶多吉少啊！」

曹敏修的話堅定了李成桂想退兵的決心。李成桂的祖上曾為元朝賣命，在歸順高麗王朝後，李成桂跟女真人有過多次交鋒，雖然他獲得了赫赫戰功，但中國人的驍勇善戰令他印象深刻，他覺得與明朝硬碰硬，無異於是雞蛋碰石頭，不僅無法獲勝，還極有可能惹禍上身。

早在出征前，他就勸阻過高麗國王王禑，可是王禑執迷不悟，眼下他見士兵們剛過江就一副狼狽的樣子，心中大呼不妙，便勸說猶豫不決的曹敏修班師回朝，避免讓高麗捲入戰爭的災難中。擁有兵權的兩人回國後很快控制了高麗的政權，李成桂逼王禑退位，挾持高麗宗室王瑤登基。

可是他並不滿足一人之下，萬人之上的地位，乾脆罷黜了王瑤，在五十八歲之時登上了皇帝的寶座，從此掀開了朝鮮王朝五百年的序幕。

剛一做皇帝，李成桂就開始思索高麗與明朝的關係。他知道高麗始終是個小國，無法與明朝抗衡，因此萌生出從屬於中國的念頭，以確保高麗擁有休養生息的太平歲月。

朝鮮國第一代國王李成桂。

於是，他派知密直司事趙胖赴中國進貢，謙卑地向明太祖朱元璋提出請求：「高麗國王王瑤昏聵，又有奸臣鄭夢周當道，弄得民不聊生，幸好有立下戰功的李成桂等人扶持朝政，才不至於困苦不堪。可是國不能一日無君，所以朝廷特地派我來傾聽陛下的指示，我好傳達回國以安民心。」

朱元璋見高麗如此恭敬，自然很高興，就說了一些喜慶讚美的話。使臣將這些話傳遞給李成桂後，後者的激情之情溢於言表，又派使臣去南京，請求明朝皇帝給自己一個正統的名分。

朱元璋便問高麗想改一個什麼樣的國號，李成桂懷著喜悅的心情告知中國皇帝，目前擬好了「朝鮮」、「和寧」等名。朱元璋選中「朝鮮」做為李成桂王朝的名稱。從此，朝鮮這一國號便沿用至今，做為對中國皇帝的答謝，李成桂還將明朝賜予前任高麗皇帝的金印送還南京。

可是，儘管李成桂一再伸出歸順的橄欖枝，朱元璋卻不太領情，拒不接收朝鮮送還的金印，這表明明朝不肯承認李成桂的地位。

可憐李成桂再三請求明皇賜給自己王位金印，朱元璋卻拋下一句「朝鮮性相好而來王，聽其自然」的話語，意思就是你願不願意當王，隨你便，我不管。

眼見自己的熱情被朱元璋一盆冷水潑下，李成桂自然是有點灰心喪氣，可是為了國民的前途，他依舊堅持讓朝鮮成為明朝的藩國。

於是，在他掌權的六年時間裡，他無數次上書明朝，且奏摺中始終寫道：「權知高麗國事。」雖然每每受到朱元璋冷遇，他仍無怨無悔，以致於後來的朝鮮史官在評價李成桂時，一致認為這位皇帝擁有「百折不撓之毅」的品格。

李成桂出生於元朝遼陽省的雙城總管府，後來他的高祖父歸順高麗，李家才在高麗駐紮下來。

李成桂登基一個月後就遷都漢陽，兩年後建造景福宮，又過一年將漢陽改名為漢城，也就是今日韓國的首都首爾。他還用武力征服了朝鮮東北部的女真族，讓朝鮮半島的版圖擴大到圖們江。

可是當上皇帝的李成桂晚景卻十分淒涼，他本想立愛子李芳碩繼位，引發了原配之子李芳遠的嫉恨，李芳遠殺了李芳碩，自立為王。李成桂退位後被兒子軟禁，老死於昌德宮，享年七十四歲。

【小常識】

「王」姓為何是朝鮮的稀姓？

李成桂當皇帝後，因為擔心前朝皇帝的後人篡位，就命令下屬誅殺高麗宗室。高麗宗室為了躲避追殺，不得不將「王」這個姓氏改頭換面，變成如今常見的「玉、全、琴、申、田、車、周、馬」，以及龍、乃、金等姓氏，而曾做為皇室姓氏的「王」反而成了稀姓。

88

穿行在大國之間的美人心計

明成皇后上位史

春天是萬物復甦的季節，而在藏著叵測心思的皇宮裡，潛伏了一冬的陰謀也在蠢蠢欲動。

「閔妃太囂張，是讓她嚐到失敗滋味的時候了！」在一所大宅院裡，朝鮮的太上皇大院君露出了陰森的笑容。

大院君是當朝皇帝高宗的父親，閔妃則是他的兒媳婦，如今朝鮮的政權都落在沒有皇室血統的閔妃手中，難怪大院君要將閔妃視為眼中刺。

幾個月後，在大院君的唆使下，遲遲拿不到軍餉的軍人攻佔了皇宮，並四處追殺閔妃。

閔妃不得不喬裝打扮成宮女逃回老家，大院君謊稱閔妃已死，重新掌握了實權。

閔妃是個集美貌與智慧於一身的女強人，她並不甘心隱居終老，便將目光投向了西方的清朝。她一方面秘密聯絡高宗，給丈夫吃定心丸；另一方面派親信向清政府求援，並允諾事成之後會答應清朝的一切條件。

於是，清朝大將吳長慶、丁汝昌率軍三千攻入朝鮮，很快扣押了大院君，閔妃在流亡近兩個月後終於又重新奪回了朝野的權力。

不過，閔妃為了鞏固自己的地位，分別與各國簽下了一系列不平等條約，致使民眾憤慨不已，還使得朝鮮的主權一步步淪落到他國的手中。

在這種情況下，朝鮮開化黨領袖金玉均聯合日本向閔妃宣戰，試圖促使朝鮮獨立。

高宗立刻被嚇得六神無主，不知如何是好，閔妃卻沒有慌了手腳，她又引來袁世凱所率領的清兵，將開化黨殘酷地鎮壓了下去，此次動亂僅僅維持了三天便告終結。

儘管這時閔妃已經從親日派變成了親清派，她卻依舊有著清醒的思緒。因為清政府越發貪婪，竟發出要將朝鮮設為清朝一個郡縣的聲音，而清朝的入駐將朝鮮境內的日本勢力擠得縮了水，日本非常不滿。

閔妃不想再讓清朝的勢力擴大，更害怕朝鮮成為中日交戰的戰場，便開始拉攏俄國來牽制清朝。

為使計謀成功，她先賄賂清朝派來的外交官和稅務官穆麟德，後者是個德國人，對清朝並沒有很高的忠誠度，於是在得到閔妃的一點好處後就大發「聯俄拒清」的言論。此外，閔妃還在清朝不知情的情況下與俄羅斯簽訂了友好通商條約。

但清廷還是知道了閔妃的小動作，立刻罷免了穆麟德，又將大院君放回朝鮮來牽制閔妃。

閔妃也不是吃素的，她聘請穆麟德做自己的私人顧問，讓對方在歐美各地演說，以達到拉攏各國政府的目的。她還打擊了大院君的勢力，讓自己的公公再也無出頭之日。

雖說閔妃遊走在各國之間，利用國際關係來壓制清朝，但她仍舊是親清派的典型代表。西元一八九四年她派人在上海暗殺了政敵金玉均後，要求將對方的屍體引渡回國。當時朝鮮在中國並沒有領事裁判權，可是清政府依舊答應了閔妃的要求，可見中朝兩國仍舊保持著不錯的外交關係。

閔妃是朝鮮高宗李熙的皇后，因西元一八九七年高宗改國號為「大韓帝國」，追諡閔妃為明成皇后，因此現代人就將閔妃稱之為明成皇后。

明成皇后因聯合俄國對抗日本而遭到日本政府的仇恨。西元一八九五年日本人攻入景福宮，在玉壺樓殺了皇后並焚毀其遺體，兩年後明成皇后的遺骨才被移葬至洪陵。

玉壺樓舊照。

【小常識】

明成皇后的改革功績

雖然明成皇后為鞏固政權而簽訂了很多喪權辱國的條約，但她也對朝鮮的經濟、教育、醫療、軍事等發揮了促進作用。她使被禁錮百年的基督教和天主教合法化，並藉美國之力開設醫院和學校，成立了朝鮮第一家西洋醫院濟眾院和第一所女子學校梨花女子大學。此外電燈、相機等先進的器材也被引進朝鮮。她還開設了訓練將士的育英公院和練武公院，專門聘請美國人為教官，希望使朝鮮強大起來，以與清朝抗衡。

89

周旋於列強之間的梅特涅

駐外使者的協調作用

唯有各國勢均力敵，才能維持國家不受侵犯，可是怎樣才能做到這一點呢？

十九世紀初，這是困擾奧地利外交大臣梅特涅的一個難題，況且奧國已經式微，根本沒能力去實現均衡理論，難道奧利地這個曾經的歐洲霸主要變成他國的附庸嗎？

天無絕人之路，轉機悄然來臨。

西元一八〇九年十一月的一個夜晚，法國大法官康巴塞雷斯邀請各國使節及其眷屬來自己的府邸參加化裝舞會，梅特涅與夫人愛琳諾也應邀前往。

梅特涅。

當舞會進行到一半時，一位矮個子的男士彬彬有禮地走到愛琳諾面前，向她鞠了一躬，然後伸出手，做出邀請跳舞的姿勢。

愛琳諾沒有絲毫懷疑，搭上了這名男士的手。孰料剛一跳舞，該男子就似乎心不在焉，且半強迫性地將愛琳諾拉到了客廳。

愛琳諾被拖到一間無人的房間，還未等她反應過來，男士就摘下了自己的假面具。她頓時大吃一驚，原來對方竟是法國皇帝拿破崙！

早在一年半以前，法國大敗奧地利，甚至攻陷了奧國的首都維也納，奧國皇室驚慌失措，立刻與法國簽訂割地條約。一時間，奧國民眾談拿破崙色變，即便是愛琳諾這樣的大使夫人，在面對著拿破崙時，也不能抑制自己的緊張情緒。

拿破崙禮貌而又冷淡地向愛琳諾道歉：「很抱歉，夫人，我不得不以這樣的方式來打攪妳。我就直說我的目的吧！我想娶貴國公主瑪麗．路易莎，請問是否可以？」

可憐的大使夫人過於震驚，結結巴巴地說：「陛下，我不知道。」

拿破崙目光堅定地看著大使夫人，禮貌地發號施令：「那請夫人轉告您的丈夫，讓他來回答我的問題，打擾了！」說完，他匆匆離去。

驚魂未定的愛琳諾趕緊跑到丈夫身邊，將剛才的一幕告訴給梅特涅。

梅特涅不愧是外交大臣，他思索片刻，臉上浮現出一絲笑容。他做為奧國駐法大使，早就知道拿破崙因皇后約瑟芬失去生育能力而與之離婚，如今正在尋找一位皇室公主結婚。

早前拿破崙曾想娶沙皇的妹妹安娜，卻遭到拒絕，他不由得惱怒萬分，將目標轉向奧地利，希望與哈布斯堡王朝締結姻緣，生下一個擁有合法身分的王位繼承人，所以他才會如此著急地來找梅特涅表明自己的想法。

梅特涅知道奧地利正急需一個有力的扶持者，而法國的勢力正在歐洲日益擴張，正好是一個完美的聯盟對象。況且拿破崙現在對俄國懷有怨恨，奧地利與法國聯姻不僅能避免奧國被法國吞併，還能讓法國將矛頭指向俄國，讓奧國保存大國的實力。

梅特涅將這些想法透露給奧國皇帝，成功說服皇室在幾個月後將十八歲的瑪麗公主嫁給了拿破崙。

婚後不久，天性好戰的拿破崙果然對俄國發動進攻，他還要求奧地利出兵三萬協助自己。

狡黠的梅特涅滿口答應，私底下卻聯絡英、俄及普魯士室，向這些國家保證奧地利絕對不會成為拿破崙的幫凶。

結果，拿破崙派出去的六十萬大軍因為不適應俄羅斯極冷的天氣，凍死無數，最後僅剩三萬人馬，而奧軍卻幾乎沒有折損。

拿破崙雷霆震怒，將梅特涅找來，對他大發脾氣。梅特涅卻冷靜地與拿破崙理論，試圖讓對方認識到急於發動戰爭是一件多麼愚蠢的決定。他已經意識到俄國過於強大，不能再一味地打擊法國了。

可是拿破崙不聽梅特涅的勸告，雙方進行了一場長達九小時的談判，最終毫無結果，梅特涅嘆了一口氣，對拿破崙說：「陛下，你與整個歐洲的交戰是輸定了。」

西元一八一三年，各國建立第六次反法同盟，梅特涅施計讓奧地利親王擔任反法聯軍統帥，在反法戰爭取得勝利後，奧國理所當然地在維也納召開了反法會議。

儘管戰勝國之間鉤心鬥角，誰都想擴充國家的實力，梅特涅卻極力維持歐洲政局的平衡，使得各封建王朝暫時無法產生重大的衝突和戰爭，他可謂是美國外交家季辛吉的前身。

描述梅特涅在西元一八四八年三月革命流亡的諷刺漫畫。

梅特涅的各國均勢思想來源於他的老師——德國美因茲大學的福格特教授。教授主張維持歐洲各國的實力平衡，建議在政治上採取保守姿態，結果梅特涅學以致用，終於使日漸衰落的奧地利擁有了重要的發言權。

因為擁護封建君主制，梅特涅在西元一八二一年與其他君主制國家結成「神聖同盟」，兇殘鎮壓資產階級革命，結果在二十七年後，他被迫流亡到英國，三年後他又重返維也納，但從此再也未回到政治舞臺。

【小常識】

約瑟芬皇后與玫瑰

約瑟芬皇后喜愛玫瑰，她在法國南部開闢了一個玫瑰花園，種植有約三萬株玫瑰，她還為倫敦的一位園藝家辦了特別護照，讓對方穿越火線運送玫瑰。結果在英法戰爭期間，當運送玫瑰的船隻駛入戰場時，出於對皇后的尊敬，兩國艦隊會立即停戰，待商船離開後再開火。

在教宗庇護七世旁觀下，拿破崙替跪下的妻子約瑟芬加冕為皇后。

90

李鴻章的餐桌軼事

努力國際化的清廷外交

中國在清末以前，一直都是外交大國，因其強大的經濟和軍事實力，一直處在東亞及東南亞龍頭老大的位置。

中國有句成語，叫「夜郎自大」，長期以來備受周邊藩國的敬仰，令中國朝廷產生了自大愚昧、閉關鎖國的心理，直到殖民者們的炮火轟開中國的國門，清朝政府才驚慌失措，赫然發現自己已落後了外面的世界一大截。儘管清朝做為一個腐朽的封建制王朝，已經跟不上時代的步伐，滿清的皇帝和大臣們還是決定銳意革新，試圖讓中國強大起來。

晚清名臣李鴻章。

當大批黃頭髮、綠眼睛、高鼻樑的外國人湧入中國後，清廷覺得有必要建立起一個正規現代的外交機構，於是「總理衙門」應運而生。

可惜朝廷掛起羊頭，賣的還是狗肉，誰都沒有真正的外交經驗，如何知道怎樣與洋人打交道呢？

在這件事上，外交大臣李鴻章的態度很積極，他決心早日讓中國在國際關係上打響名氣，以便獲得西方列強的尊敬，這種幻想支持他做了很多努力。

搞外交，自然要吃飯，結果李鴻章在餐桌上鬧出不少笑話。

有一次，他去訪問美國，並命人做了一大桌色香味俱全的中國菜請美國人品嚐。

美國人一向吃的都是麵包，哪裡吃過這麼好吃的菜餚？於是三兩下將飯菜一掃而空，神奇的是，他們居然還一副沒吃飽的樣子，翹首等待廚師繼續上菜。

李鴻章這下可犯了難，因為菜已經全部上齊了，哪還有多餘的菜餚端出來啊！沒有辦法，他只好走進廚房搜集食材。

忽然，每道菜剩餘的材料落入李鴻章的法眼，他不禁得意地一笑，如此這般地吩咐了廚師一通，很快，一鍋五顏六色、什麼食材都有的菜餚出爐了！

美國人嗅著這道菜，只覺得香氣撲鼻胃口大開，於是紛紛揶揄李鴻章：總督大人，你把這麼好的一道菜藏到了最後啊！

李鴻章毫不謙虛地打著圓場：「這是我們中國的習俗，最好吃的菜要壓軸上！」

這時，幾個客人好奇地問：「總督大人，這道菜叫什麼名字？」

李鴻章的英語很糟糕，也沒有聽清，以為客人在問他好不好吃，就連連點頭：「好吃，好吃！」

也許是機緣巧合，中文的「好吃」與英文的「雜碎」發音相似，美國人便恍然大悟：原來菜名叫雜碎啊！

沒想到晚餐過後，更大的烏龍還在後面。

美國媒體的記者開始向客人們追問每一道菜的菜名，結果「雜碎」就傳出去了，還被冠名為「李鴻章的雜碎」。

雜碎在中文裡的一個意思為「垃圾」，但美國人並不知情，所以這並非一個罵人的話語，而是對李鴻章的美譽哦！

在中國古代，外交主要有三種形式：與少數民族、部落軍國交往；對鄰近國家採取武力征服策略，使其成為附屬國；對遙遠的國家，無法實行直接控制，便採用和平友好的方式進行交往。

可惜，這些外交準則在工業革命之後就顯得老套過時，無法再發揮良好的效果。

清朝政府對此成立了國家專署外交機構——總理衙門，而廢除了古代具備一定外交能力的理藩院、市舶。另外，清朝還向西方學習了一些外交手段，儘管弱國無外交，但中國的外交卻終於可以擺脫幼稚期，緩慢地走向成熟。

【小常識】

總理衙門

總理衙門，並非「總理的衙門」，而是「總理各國事務衙門」。西元一八六一年一月二十日由咸豐帝批准成立。初始只是管理外交事務，但隨後職責不斷擴大，權力涵蓋了與外國有關的財政、軍事、礦務、交通、教育等。西元一九〇一年，《辛丑合約》將其改名為外務部，位列六部之首。不過因為保守且簽署了一系列不平等條約，總理衙門備受東西方的詬病，在西元一八七〇年後其地位逐漸被李鴻章的通商大臣兼直隸總督地位所取代。

91

民國第一夫人轟動全美

宋美齡讓求援變成合作

在中國政治史的浩渺煙波裡，偶有一些女政治家星辰閃爍，點綴著中華燦爛的文化。至民國時期，隨著男女平等思想的提出，女政客的數量大增，其成就更是巾幗不讓鬚眉。

民國第一夫人宋美齡就是其中一位，她與蔣介石戎馬半生，在中國的危難之際飛赴美國尋求支援，這也成為她一生中最耀眼的經歷。

西元一九四三年二月，宋美齡來到美國，在國會發表演說。誰都不曾想到，這位操著美國南方口音的瘦弱女性僅說了二十分鐘的話，就震撼了整個美國社會。

本來美國遠在太平洋彼岸，對中國的戰況根本不瞭解，但經過宋美齡的講述，美國人才知道中國人民加入了抗擊法西斯的陣營，正在為反抗侵略而英勇奮戰。

然而，這位第一夫人不僅僅想要呼籲美國政府協助抗敵，她還有更長遠的目標——建立一個初步理性的國際社會。

宋美齡的政治見解為美國朝野所折服，她的演講多次被議員們的掌聲所打斷，有時候議員們熱淚盈眶，甚至鼓掌有五分鐘之久。

很快，宋美齡的演講透過電波傳到美國的各個角落，掀起了一場罕見的「宋美齡效應」，每一天，人們的信件像雪花似的飛入美國白宮的信箱，而收件人的姓名都是「宋美齡」。

就在宋美齡演講的第二日，她又舉行了記者招待會。各大州的記者們蜂擁湧向白宮，向宋美齡拋出各種尖銳問題。

宋美齡保持著高貴而優雅的姿勢，大方應對每一個問題，她還狡黠地逼著羅斯福表了態，讓對方答應「以上帝允許的速度」向中國運送軍火。

華盛頓的行程結束後，宋美齡又馬不停蹄地去了美國其他各州。每到一處，她都受到美國民眾的熱烈支持和歡迎，中國的抗戰也引發了美國的極大關注。

宋美齡於西元一九四三年在美國母校衛斯理學院發表演說的宣傳海報。

宋美齡的此番訪美來得正是時候。

西元一九四一年十二月七日，日本偷襲了美國的珍珠港，此舉導致美國與日本的反目成仇，美國政府轉而同情被日本侵略的中國，並預備廢除排華法案，加大對中國的援助。

宋美齡的到來加速推動了美國廢除排華法案在國會的順利通過，當她與美國總統羅斯福會面後，兩人還就戰後中國和亞洲的不少問題達成了共識，他們的觀點成為日後舉行的開羅會議的建設性理論。

六月份，宋美齡返回中國，中美關係已經煥然一新，四個月之後，在美國的極力勸說下，蘇聯終於同意中國與美、蘇、英三國在維持全世界安全的《莫斯科宣言》上簽字，這份協議是第二次世界大戰後建立聯合國的理論檔案，為中國日後做為聯合國安理會五個常任理事國之一的地位打下了堅實的基礎。

宋美齡是民國四大家族之一宋氏家族中最小的女兒，也是蔣介石的第四任妻子。她集美貌與智慧於一身，憑藉孔家和宋家的強大實力與美國留學背景，長期活躍在中國的政治、外交舞臺上。

她是蔣介石的得力助手，在西安事變發生後，她積極行動，邀請澳洲記者好友為蔣介石周旋，並成功救出丈夫。她還邀請美國將軍到中國擔任空軍顧問，組建了「飛虎隊」，她自己也成為中國空軍的總司令，被稱為「中國空軍之母」，在西元一九三七年與蔣介石同時榮膺《時代》週刊年度風雲人物。

【小常識】

民國四大家族

西元一九二〇年，中共領導人瞿秋白首次提出了「四大家族」的概念，分別指的是蔣中正家族、宋子文家族、孔祥熙家族和陳果夫、陳立夫家族，這種概念起初帶有批判色彩，但在西元一九八〇年以後便逐漸退出了歷史舞臺。如今的評論認為，蔣陳家族的家產並沒有人們想像中的那麼龐大，而孔宋家族屬於個人資本主義經濟範疇，非官僚資本主義，所以腐敗程度也未達到驚人的地步。

92

用生命換來國家獨立

甘地與非暴力不合作運動

印度人心目中的「聖雄」甘地原本是一名律師，且因年輕時留學英國而屬於親英派，可是沒想到在他回國後發生了一件事情，從此永遠地改變了甘地和印度的命運。

學成回國的甘地接到的第一個案子需要去南非出差，當他到達南非後，驚訝地發現印度人在當地飽受白人的歧視和虐待。

甘地的內心湧起了為印度人爭取平等權利的渴望，他成立了為國人爭取人權的組織，整日大聲疾呼，希望南非政府消除種族歧視。

「聖雄」甘地。

他為了這件事情奮鬥了二十多年，最終南非首領做出部分妥協，比如同意撤銷一些為難印度人的法律，讓印度人也可享有與白人同等的地位。

甘地因此成為了全印度的英雄，當他回到印度後，敏感地發現國人在本土仍然受著歧視，他非常痛心，下決心要為自己的民族抗爭到底。

當時，印度處於英國的殖民統治之下，

印度人民飽受白人的剝削和壓迫，甘地不齒殖民當局的種種做法，便開始在自己的國家大力宣揚他創立的非暴力學說，號召整個民族跟他一起為獨立而抗爭。

西元一九一九年，殖民當局頒布了《羅拉特法》，明文規定要鎮壓印度的民族解放運動。甘地認為英國人在倒行逆施，因而無比失望，他更加積極地發起非暴力不合作運動，得到了全國人民的一致回應，很快，非暴力抵抗運動之火便在印度轟轟烈烈地燃燒開來。

英國人迅速鎮壓了這些抵抗運動，甘地不忍發生流血事件，加上他對英國當局仍抱有幻想，便試圖與英國政府合作。

結果他再度失望，英國政府兒壓根就沒有讓步的意思，甘地不再對英國人心存幻想，他專心致志地去推動非暴力不合作運動，使得這項運動日趨成熟，為未來的印度獨立奠定了基礎。

西元一九二〇年九月，非暴力不合作計畫首度成為印度國大黨的黨綱，要求印度自治也成為這時候的甘地等人心中的美好願望。

國大黨是一個代表印度群眾的新興資產階級政黨，甘地成為該黨派的靈魂人物，鼓舞著萬千印度士兵的士氣。

西元一九二九年，英國殖民當局壟斷食鹽生產，恣意提高鹽價，讓很多印度人大為不滿。

這時甘地發起了「食鹽長征」運動，率領一群信徒去海邊煮鹽，以切身經歷告訴大家要自給自足。當時他身體羸弱、疾病纏身，卻咬牙堅持了三個星期。

這種無聲的抗議對印度百姓的觸動很大，大家紛紛效仿，不再去買英國人的鹽，給了英國人沉重的打擊。

英國政府當然不允許甘地破壞他們的經濟掠奪計畫，遂展開了大規模逮捕行動，將包括甘地在內的六萬名印度人關進了監獄。

印度百姓被激怒了，他們憤怒地聲討殖民當局，要求釋放甘地等人。眼見局面不可控制，英國政府被迫允許印度人生產和銷售食鹽，自此甘地的非暴力不合作運動再一次取得勝利。

在經歷了多年抗爭之後，甘地對英國的態度逐漸發生了變化，他從一個親英派最終變成了一個決絕的反英鬥士，並呼喊出「讓英國退出印度」的口號。

英國政府非常恐慌，殘酷地鎮壓甘地的抵抗運動，並再度將甘地抓進牢中。直到第二次世界大戰結束，英國已無實力繼續進行對印度的殖民統治，才答應讓印度獨立。

甘地非常欣慰，不過，他也心痛地發現由於印度教和伊斯蘭教積怨已久，加上英國政府實行的分而治之政策，印度與巴基斯坦的分治已無可避免，只得黯然神傷地接受祖國分裂的事實。

然而，印巴之間的衝突並沒有完結，為了緩和矛盾，甘地多次組織絕食來平息教派之間的仇殺，卻在西元一九四八年遭到一名狂熱的印度教徒殺害而身亡。而在四天之前，印度才剛剛獨立。

「聖雄」在印度語中代表均有崇高品德和無邊智慧的人，印度人將其做為甘地的尊稱，可見他們對這位民族英雄的崇敬程度。

甘地的最大貢獻是提出了非暴力不合作主義，即甘地主義，並最終推動了印度的獨立。

所謂不合作主義，即以和平的手段，如罷工罷學、抵制英貨、拒絕繳稅來對抗英國政府。甘地一共舉行了四次最重要的不合作運動，並為該運動付出了三次入獄的代價。非暴力不合作運動的好處是打擊殖民者的囂張氣焰，總的來說，有其積極意義。

【小常識】

印巴分治

由於印度國內有印度教和伊斯蘭教兩種教派，英國人當年在統治印度時為方便管理，將南亞次大陸分為印度和巴基斯坦兩個自治區，結果西元一九四七年，英國公布了「蒙巴頓方案」，宣告印巴從此正式成為兩個國家，讓三十多年來致力於國家統一獨立的甘地惋惜不已。

93

餐桌上的談判高手

擅長調動氣氛的邱吉爾

在武俠小說中，真正厲害的高手絕非一上場就擺足氣勢叫囂一通的強人，而是在不起眼角落裡沉默不語的掃地神僧。

在政壇上，真正厲害的政客絕非一開口就咄咄逼人讓人畏懼的強硬派，而是在和風細雨的言談中巧妙讓對方妥協，以致於談判結束後，對方雖然有心反對卻又覺得無法提出辯駁的理由。

英國前任首相邱吉爾就是一個善於營造平和環境的人，他最大的特色是在餐桌上談政治，而且基本上十拿九穩。他認為，餐桌外交能讓對手在輕鬆的氛圍下暴露自己的性格，以便讓他更好地控制對方。

所以，想跟邱吉爾談判嗎？先坐下來喝杯茶、吃個飯吧！

第二次世界大戰後期，英國與德國苦戰正酣，急切想得到美國的支持，可是美國態度中立，一副事不關己的模樣，讓邱吉爾非常無奈。

西元一九四一年八月九日，當他得知美國總統羅斯福搭乘的「奧古斯塔號」軍艦靠近了紐芬蘭海岸的消息後，立刻帶著英國國王的親筆信，去會見羅斯福。在例行公事的寒暄之後，天色已經暗淡下來，羅斯福邀請邱吉爾共進晚餐。邱吉爾求之不得，他覺得，說動美國的希望就在眼前。

這頓飯吃得非常愉快，邱吉爾的妙語連珠讓羅斯福不時爆發出會心的笑聲。

羅斯福總統也許已經動了要與英國結盟的念頭，因為他在第二天也來到邱吉爾搭乘的「威爾士親王號」軍艦，要和英國人一起做禮拜。

羅斯福為這場會面做足了功課，他特地吩咐英國人要以十萬分的熱情對待美國人，還親自對著羅斯福噓寒問暖，表現得極為貼心。

在兩國元首吃過幾次晚餐之後，終於讓美國同意加盟。羅斯福與邱吉爾簽訂了《大西洋憲章》，答應建立國際反法西斯統一陣線，而邱吉爾也鬆了一口氣，看來那幾頓飯沒有白吃啊！

在拉攏了美國後，邱吉爾又將目光轉向同樣與德國激戰的蘇聯。

可是英、蘇結盟談何容易！邱吉爾長期敵視蘇維埃政權，導致兩國之間的關係如履薄冰，雖然兩年前邱吉爾與史達林開始互相書信，但也僅是點到為止，從未有過深交。

西元一九四二年八月，邱吉爾訪問莫斯科。這次是史達林做東，為邱吉爾準備了一桌佳餚。

時值蘇聯物資缺乏期，但史達林仍舊安排人準備了魚子醬、鱘魚、烤羊肉等美味，而且在烹飪上也特別照顧了邱吉爾的英國口味。

晚宴從一開始就氣氛凝重，兩位領導人各懷心思，而邱吉爾還帶來了一個壞消息：英國不會為蘇聯開闢第二個與德軍作戰的戰場。

邱吉爾只好盡力博取史達林的親近，講了一些作戰策略，當史達林聽到英國轟炸德國的事情時，他的眼睛亮了起來，那兩撇象徵性的大鬍子也興奮得顫動不已。就這樣，原先劍拔弩張的氣氛緩和了很多。

可是，直到晚餐結束，邱吉爾想要達成的聯盟也沒有結果，他不由得非常沮喪，對自己的餐桌外交產生了懷疑。

第二天，他向史達林辭行，史達林卻邀他到自己的住處去喝一杯。邱吉爾頓時興奮起來，覺得會談還有轉機，便欣然前往。

他們邊喝邊聊，談得非常愉快，時間不知不覺地流逝，史達林順勢又請邱吉爾吃晚飯。這次的晚飯甚至比上一次還要豐盛，足有三十個人的份量，史達林再也不像之前那樣板著一張臉了，他吃得津津有味，甚至顧不得招呼邱吉爾，自己就捏著豬肉大快朵頤。

邱吉爾重新對自己的餐桌外交拾回了信心，後來他得意地對英國副首相阿特利發電報，稱在史達林的私人寓所，他們共吃了六個鐘頭的飯，氣氛非常融洽，英國與蘇聯的關係達到異常和諧的程度。

邱吉爾是第二次世界大戰中的重要領導人，因反法西斯的勝利而在歐美享有極高的威望，但人們或許更容易記得他是一個雪茄不離手的「大菸槍」。他多才多藝，是歷史上掌握英語單字最多的人，也是一個成功的演說家和文學家，西元一九五三年，他憑藉著作《不需要的戰爭》獲得諾貝爾文學獎。此外，他還獲得了諾貝爾和平獎的提名，並連續三十六年擔任英國布里斯托大學的校長。在西元二〇〇二年，邱吉爾被 BBC 選為有史以來最偉大的一百位英國人之一。

邱吉爾和史達林在雅爾達會議上的合影。

【小常識】

法西斯

在古羅馬，劊子手常用一把被多根木棒捆綁的斧頭毆打犯人，因而衍生出拉丁詞語「束棒」，法西斯便是由「束棒」翻譯過來的德語，自希特勒之後，便被指代一種極端民族主義的國家政治運動，其思想被稱為「法西斯主義」。

94

解救數千猶太人的外交官

「日本辛德勒」杉原千畝

西元一九八六年的一個夏日，在日本神奈川縣一個叫鎌倉的地方，一位名叫杉原千畝的老人在淅瀝的細雨中永遠閉上了眼睛。

出殯那一天，鄰居們驚訝地發現葬禮上竟然出現了很多猶太人，而每一位猶太人的眼中都飽含著熱淚，口中也在不斷地說著感謝的話語。這時人們才知道，原來平時看起來毫不起眼的杉原千畝竟然是一位挽救了數千猶太人性命的英雄！時至今日，杉原千畝被譽為日本的「辛德勒」，成為全世界的英雄，而在當年，他只是一個小小的外交官，並且由於違抗政府的命令而丟掉工作，到死都飢寒交迫。

西元一九四〇年，又是一個炎熱的夏日，日本駐立陶宛領事館被巨大的嘈雜聲所淹沒，杉原千畝發現屋外已經擠滿了成千上萬的猶太難民。由於難民過多，造成街道擁塞，難以前行的汽車司機開始不耐煩地鳴笛，令場面加倍混亂。

「救救我們！我們需要簽證！」屋外，無數雙可憐的眼睛凝視著杉原千畝，猶太人在向這個外交官求救。

杉原千畝感覺到事態的嚴重性，他立刻找來一個猶太律師問明原因。

律師解釋道：「我們的家人被納粹殺害，不得不逃難到立陶宛。可是，這裡早晚也是會發生戰爭的！我們只有從蘇聯逃到其他國家，才有生存的希望！可是，我們必須得到其他國家的准許入境簽證才行！」

杉原千畝同情地問：「那你們辦到簽證了嗎？」

律師無奈地嘆了一口氣，緩緩地搖了搖頭：「我們找了好多家領事館，但他們不是拒絕給我們簽證，就是已經關閉，你這裡是我們最後的希望了！」

聽到這裡，杉原千畝的正義感油然而生，他義不容辭地表示：「我願意幫忙，不過我必須先請示東京。」

其實，杉原千畝將事情想得太過簡單了。

當時日本正準備與德國結盟，所以日本政府並不同意向猶太人發放簽證，儘管杉原千畝一再請求政府施捨同情，結果卻無功而返。

杉原千畝和他的妻子由紀子商量了一個晚上，到第二天拂曉的時候，他們橫下一條心要盡可能地幫助猶太人，因為他們要對得起自己的良心。

於是從七月三十一日起，一直到八月下旬，杉原千畝的工作重心始終只有一個：為猶太人發放簽證。由於他的努力，大量猶太難民來到了日本的橫濱、神戶兩個港口，並迅速引發了日本政府的注意。

政府嚴厲警告杉原千畝，讓其終止「違法的舉動」。

此刻，杉原千畝不再理會政府的命令，他依舊做著自己認為正確的事情。

西元一九四〇年九月一日，他與妻子前往柏林，在自己乘坐的火車即將啟動的那一刻，杉原千畝仍在簽發簽證，並將那些簽證扔給等候在窗外的猶太人。

短短一個月，杉原千畝拯救了約六千名猶太人，可是日本政府卻懷疑他收受了猶太人的賄賂，在第二次世界大戰結束後將他免職，且終生棄用。

西元一九七二年，以色列政府就授予了杉原千畝「以色列建國的恩人」和「全世界最正義的人」的勳章，但日本政府一直對嘉獎杉原千畝的事置若罔聞。

杉原千畝。

西元二〇〇〇年，迫於美國和以色列的壓力，日本政府終於承認了杉原千畝的英雄事蹟，並首次為他舉行紀念儀式，還為他樹立了雕像。

西元二〇〇七年，日本的天皇和皇后在對歐洲進行訪問期間，特地去立陶宛為杉原千畝致哀。當天皇在杉原千畝的墓前低頭請求原諒時，日本國內正鋪天蓋地地報導杉原千畝的動人事蹟，這位被日本冷落了半個多世紀的外交官終於可以含笑九泉了。

【小常識】

辛德勒是誰？

辛德勒指的是第二次世界大戰時期的一位德國商人奧斯卡．辛德勒。他同情猶太人，為使猶太人免受納粹殺戮，他託管德國人的工廠，然後以極低的工資聘請猶太人為自己打工，如此一來，既保護了猶太工人的性命，自己又可以大發一筆。後來，辛德勒開始不計代價地保護猶太人，由他挽救的猶太人佔了波蘭全部存活猶太人數量的一半。

辛德勒位於耶路撒冷的墓。上面的希伯萊語寫著「國際義人」，德語寫著：「一千兩百名受迫害猶太人無法忘懷的救星」。

95

政治或許可以純潔

中美和平大使季辛吉

在中美外交史上，有一位美國外交官不能被人們忘記，他從西元一九七一年至今，在四十多年間訪問中國七十餘次，為中美兩國的友好關係建立打下了堅實的基礎。如今，這位年屆九旬的老人仍在兢兢業業地發揮著他的外交餘熱，令人十分欽佩。

他就是敲開中美關係堅冰的外交官季辛吉。

中華人民共和國自建國以後，就因政治理念不同與美國產生了嚴重的分歧，兩國一直處於對峙狀態。不過西元一九六九年，尼克森總統意識到世界的格局已經改變，於是萌生出與中國改善關係的念頭。

兩年後，時任美國國務卿的季辛吉帶著尼克森總統的委託，踏上了前往中國北京的班機。他的心中既充滿期望又頗有幾分忐忑，因為他並不知道中國是否將對他以誠相待。

當時季辛吉非常想與中國國家主席毛澤東會面，但他知道尼克森想成為會見毛澤東的美國第一人，為了不惹怒總統，他只好避開毛澤東，會見了周恩來總理。

季辛吉後來在四十年後的訪

季辛吉訪問中國。

華座談會上聲稱，首次來中國他「按捺住了見毛澤東的強烈願望」，因為當時來中國的每一位政要都以受到毛澤東的接見為最高外交待遇。為了彌補遺憾，在西元一九七二年至一九七五年的時間裡，季辛吉總共與毛澤東見了五次面。

在季辛吉的印象中，毛澤東是一個具有堅強意志的人，儘管在那個時候毛澤東已身患重病，但他依舊有著清醒的意識。

當談論起美國的對外關係，毛澤東一針見血地說：「你們所要考慮的優先順序，首先是蘇聯，然後是歐洲，再往後是日本……」

這足以讓季辛吉大吃一驚，他沒有想到，中國領導人能站在美國的立場上幫美國剖析對外局勢，而且還是那麼的準確！

因為毛澤東身患重病，所以每次見面的時間都不長，但季辛吉與周恩來「交手」的時間卻很多。在兩人初次碰面的那一刻，周恩來面帶微笑，熱情地與季辛吉握手。隨後，兩國代表微笑握手的照片讓全世界為之驚嘆：兩個同樣擁有龐大疆域的國家終於走上了和解之路！

季辛吉對周恩來的印象非常好，他覺得對方氣質優雅、智慧超群，難得的是，對方還擁有一份真切的慈悲心。

除了與毛、周見面外，季辛吉與鄧小平的關係也很好，他與鄧小平的首次會面是在西元一九七四年的紐約，當時鄧小平的嚴肅犀利給他留下了很深的印象。

時間匆匆流逝，到了八〇年代初，季辛吉又在北京見到了鄧小平，後者完全沒有耄耋之年的老態，反而更加積極地為改革開放做準備，這讓季辛吉再次感嘆中國的不朽生機。

雖然從二十世紀七〇年代後期起，季辛吉從美國政壇上退出，但他仍以學者、政治評論員的身分活躍在中國關係的舞臺上，他感嘆：「中國已經成為我生命中重要的一部分。」

西元二〇一一年，季辛吉邁著蹣跚的步履再度踏上中國的土地，並受到時任中國國家主席的胡錦濤的熱情接待。算一算，他為太平洋東西岸的兩個大國做出了四十多年的努力，儘管兩國至今仍有紛爭，但這位老人對兩國的前途依然信心十足：「政治可以純潔，中美關係沒必要也不應該變成『零和遊戲』，我期待兩國之間的合作更精彩！」

季辛吉是德國猶太後裔，曾擔任美國尼克森政權時期的國家安全事務助理、國務卿，他在就職期間多次走訪中國，對中國的歷史、現狀、風土民情都有著深刻的瞭解，因此成為美國前後八位總統對華的政策顧問。

中國媒體對季辛吉的評價非常之高，認為現今在改善中美關係問題上需要有更多的季辛吉式外交官，但季辛吉卻不同意，他認為時代已不需要英雄，兩國人民的共同努力才最重要。

【小常識】

什麼是「零和遊戲」？

「零和遊戲」也稱「零和博弈」，屬於博弈論的一種概念，意思就是說，參與博弈的兩方永遠不能達到雙贏的結果，如果其中一方獲益，另一方就必然會遭遇損失，而兩者的收益與損失加在一起只能為「零」，所以二者沒有合作，只有弱肉強食的關係。

96

熊貓留洋記

美國總統尼克森的旁敲側擊

在中美外交史上，西元一九七二年絕對是具有歷史意義的一年，那一年，尼克森總統首次訪華，打破了中美關係的堅冰，讓中美兩國人民印象深刻。

不過，令中國外交部印象深刻的，則是尼克森夫人對中國國寶大熊貓的熱情。

儘管訪華行程非常緊湊，可是尼克森夫人始終在行程裡留了一項看望大熊貓的計畫。

就在抵達中國後的第二天，她欣喜地來到北京動物園，參觀了熊貓館，還親自為憨態可掬的熊貓拍照片。當工作人員催促總統夫人離開時，她依舊對大熊貓流露出戀戀不捨的神情。

隨後，尼克森夫人在逛街時，又買回了一大堆熊貓玩具。外交部敏銳地察覺出，夫人是在委婉地表達想要熊貓的意思，於是便向總理周恩來反映了這一情況。周恩來聽罷只是點頭，卻沒有發表任何意見。

其實中國外交部猜得沒錯，尼克森夫婦此行的目的，不僅是為了與中國建立友好關係，還想為美國動物園要一頭大熊貓。

早在十五年前，美國就有兩家動物園向北京動物園提出交換大熊貓的請求，可惜當時中美處於冷戰階段，加上美國國務院得知消息後進行阻止，所以最終未能實現交換。

如今美國總統重新動了爭取大熊貓的心思，中國領導人卻始終不給個說法，這讓矜持的尼克森夫婦不免有些失望。

就在總統離開中國的前一天，周恩來為尼克森夫婦踐行。

當時，尼克森夫人儘管在微笑，言語中卻顯得有點沮喪。周恩來便指著餐桌上的一盒「熊貓」牌香菸對夫人說：「我們要送給你們兩樣東西。」

尼克森夫人以為是香菸，頓時連連擺手，驚訝地說：「我們不抽菸的。」

周恩來被逗笑了，解釋道：「不是煙，是大熊貓，一對大熊貓。」

尼克森夫人驚喜地睜大眼睛，似乎不敢相信自己的耳朵，她拿起香菸盒，指著熊貓圖案對尼克森說：「理查，你聽到了嗎？總理要送我們大熊貓呢！」

接到上級指示後，中國立刻開始甄選旅美的兩隻大熊貓。因為是外交禮物，所以大熊貓必須符合四項基本標準：三歲左右、身體健康、體型適中、外觀漂亮。

經過層層篩選，北京動物園的兩隻雌性大熊貓「玲玲」和「興興」被選中，於尼克森總統訪華後的第三個月來到華盛頓動物園。

兩隻大熊貓到來的當天，天空正在下著大雨，可是雨水並沒有澆滅八千多名美國民眾的熱情，大家激動地等待中國國寶的降臨，而尼克森夫人也再度興致勃勃地看望了這對遠道而來的熊貓客人。

西元一九七二年成了美國人的「熊貓年」，「玲玲」和「興興」的一舉一動都能引發眾人的焦點，至於大熊貓的周邊產品更是層出不窮。

熊貓大使在美國安逸地生活了二十多年，前後歷經五任總統，成為中美關係的友好見證。後因衰老而死亡，美國動物園還專門為這對熊貓樹立了紀念碑，讚揚牠們為幾百萬遊客帶來了無窮的歡樂。

以動物做為外交手段在各國都不乏其例，如東南亞國家崇拜大象，他們送給其他國家的動物往往也是大象；俄羅斯的國寶為西伯利亞貓，這種貓絨毛密實，肌肉發達，是珍貴的大體型貓；非洲國家盛產野生動物，於是獅子、老虎、長頸鹿就做為了外交禮物；南美國家則多蜥蜴，蜥蜴也是外交大使之一。

在這些動物中，最悲劇的當屬法國總統奧朗德的駱駝了。西元二〇一三年二月，奧朗德在訪問馬里時獲贈一隻駱駝，可是駱駝太大，總統帶不回去，只好放在撒哈拉沙漠邊緣的一戶人家寄養。這戶人家或許不知道這頭駱駝的重要性，竟然因為貪吃而將總統的駱駝做成了一鍋燉肉。

【小常識】

《功夫熊貓》的原型

看過《功夫熊貓》的人肯定會被那隻名叫「阿波」的熊貓逗得前仰後合，實際上阿波與中美關係有著深厚的淵源。西元一九九九年，中國借給了美國亞特蘭大動物園一對大熊貓夫妻—倫倫和洋洋。七年後，這對夫婦產下了一隻雄性幼崽「美蘭」，次年又產下了第二隻雄性「喜蘭」，而「美蘭」據說就是《功夫熊貓》的原型。

97

強勢女政客的精神支柱

柴契爾夫人的手提包

都說每一個氣質女人都需要擁有一款得體的手提包，即便是強勢的女政客，也不能例外。

英國政壇上著名的柴契爾夫人也遵循了這個規律，不過她似乎是個很專情的人物，因為在她執政期間，只有一款牌子為 salvatore ferragamo 的手提包始終陪伴在她左右。

西元一九八二年，柴契爾夫人就香港問題首次來到中國，與鄧小平進行了為期五天的磋商。

細心的記者很快發現了一個有意思的現象：當柴契爾夫人用左手提手提包時，她的心情通常比較愉快；而當她用右手提包時，她的表情往往是嚴肅刻板的。

後來人們才得知，柴契爾夫人左手提包，意謂著當天的談判有利於英國，而右手提包，則說明形勢對英國不利。

柴契爾夫人的手提包除了有這個象徵意義外，基本功能更是必不可少，平日裡包裡不僅裝著各種筆記、公文，還裝有各類化妝品和手帕，以確保這位女強人在任何時候都能以最佳狀態示人。

除此之外，這個包裡還有一些神奇的「寶貝」。

在西元一九八四年去訪問香港的途中，柴契爾夫人在夏威夷做了短暫停留。儘管隔天就要出發，且她到達時已是深夜，柴契爾夫人卻覺得機不可失，執意要去參觀珍珠港事件中被擊沉的軍艦「亞利桑那號」。

美國工作人員一味搖頭，說道：「天太黑了，只怕夫人您要失望的，還是好好休息吧！」

柴契爾夫人回了一句：「沒有問題，我帶了手電筒。」說罷，她真的從手提包裡掏出了一支手電筒。

柴契爾夫人又不是修理工，她為何會自備手電筒呢？原來，就在那一年，她出席英國保守黨召開的布萊頓全國大會期間，其下榻的酒店遭到愛爾蘭共和軍的炸彈襲擊，酒店裡頓時伸手不見五指。

當時柴契爾夫人便產生了一個念頭：無論何時，常備一支手電筒絕非壞事。

此外，柴契爾夫人的包裡還有一件令人震驚的物品——解毒劑。前保守黨議員尼爾・漢密爾頓的妻子是柴契爾夫人的摯友，她在自己的書中透露，柴契爾夫人十分擔心有人會向她潑硫酸，所以她要時刻保持警惕，並在包裡放入緊急救援物品。

柴契爾夫人的手提包不僅是主人的政治話語、百寶箱，更是夫人的攻擊武器。據說，柴契爾夫人曾用這手提包來擊打反對她的政治同僚，令很多紳士聞風喪膽。

但如此說法顯然有違柴契爾夫人的淑女風範，又有人說，那手提包裡裝有各種檔案，為夫人的激辯提供了很大的幫助，這才是讓對手真正的膽寒的東西。

英國前首相布雷爾曾經也領教過這個手提包的厲害。

當年，布雷爾還是一名衝動而年輕的議員，做為反對黨，他渴望能讓柴契爾夫人嚐到失敗的滋味。

有一次，他輕蔑地問柴契爾夫人：「聽說夫人學識淵博，不知您是否聽說過三〇年代著名經濟學家凱恩斯寫的一篇關於就業的評論呢？」

柴契爾夫人的神色沒有半分慌亂，她慢條斯理地說：「當然讀過，而且巧得很，我的包裡就有一篇。」

布雷爾碰了一鼻子灰，從此他再也不敢小看柴契爾夫人了。

西元一九九〇年，柴契爾夫人辭職，她的手提包似乎也走到了政治生涯的終點。

十年後，柴契爾夫人將這個手提包捐給英國慈善機構進行拍賣。

聽聞是陪伴柴契爾夫人二十餘年的手提包，參與拍賣會的人們都瘋狂了。最終，這個手提包以十萬英鎊的天價被買走，相較之下，當時英國首相布雷爾的夫人切麗捐獻的手提包只賣出了四百九十英鎊的價格。

對於「老朋友」的離去，柴契爾夫人並沒有任何遺憾，她反而很欣慰自己的手提包能發揮餘熱，正如她在政壇上的功績一樣，不能被任何人抹煞。

柴契爾夫人是英國迄今為止唯一的女首相，且她的任期也是相當之長——足足有十一年。由於她也和邱吉爾一樣高調反對共產主義，因此被前蘇聯戲謔為「鐵娘子」，沒想到這個綽號從此在世界政壇上叫響，成為她的代號。

柴契爾夫人是英國保守黨的核心人物，這位叱吒風雲的女政客在上任之初就因馬島戰爭的勝利而獲得了極高

柴契爾與雷根。

的支持率，但在其執政晚期卻因她反對英國與歐洲有更密切的往來而遭到質疑，並最終導致了她的辭職。

【小常識】

根據柴契爾夫人創造的英文

柴契爾夫人的手提包是與邱吉爾的雪茄、張伯倫的雨傘同樣重要的隨身物品。由於她的這個手提包名氣太大，「手提包」居然從名詞變成了動詞。在牛津詞典中，「to handbag」被解釋為抨擊或威嚇，這個詞語頗具有柴契爾夫人的強硬色彩。

98

獲得諾貝爾獎的悲劇英雄

戈巴契夫與辛納屈主義

西元一九九一年八月十九日，一個令全世界為之震驚的事件在蘇聯悄然展開：蘇共內部發生政變，正在黑海度假的總統戈巴契夫被強硬派迅速軟禁。隨後，前者的政敵葉利欽宣布蘇共為非法組織，並限制其在俄羅斯聯邦的一切活動。

到了耶誕節那一天，戈巴契夫終於迫於壓力發表了辭職演講，在鏡頭前，他顯得非常無奈，語氣也頗為沮喪，有點英雄遲暮的感覺。

他的演說象徵著蘇聯的正式瓦解，當他將核按鈕交到葉利欽手中時，後者的臉上浮現出勝利的微笑，俄羅斯新一代領導人產生了！

事實上，很多人並不同情戈巴契夫，因為在他擔任俄羅斯總統期間，發生了東歐劇變和蘇聯解體這兩件震驚全球的大事，前蘇聯除俄羅斯外的其他加盟共和國全部獨立，一個堪與美國抗衡的超級大國從此消失無蹤。

時至今日，戈巴契夫仍是人們口中一個爭議性人物，有的人對他恨之入骨，因為他讓社會主義蘇聯走上了資本主義之路；而擁護他的人則不吝讚美之詞，認為戈巴契夫是歷史的功臣，推動了世界和平的腳步。

真相究竟如何？我們且還原一下這位帶有悲情色彩的人物在二十世紀八〇年代末九〇年代初的傳奇經歷。

西元一九八七年，戈巴契夫首次提出了一個在蘇聯前所未有的觀念，他語驚四座：「我們必須改造這座社會主義大廈，從經濟基礎到上層建築！」

在他之前，蘇聯主席赫魯雪夫和勃列日涅夫僅是針對史達林模式提出批判，卻從未想過對蘇聯的政體動手術，可是戈巴契夫不一樣，他想打造一個全新的國家，哪怕自己的想法會給整個東歐帶來巨大的影響。

一年後，他開始行動了，他在蘇共第十九次代表會議上提出了民主的概念，並宣布允許東歐各國民主化，他開玩笑地說：「我的這個主意和勃列日涅夫教條不同，叫『辛納屈教條』，所以每個國家都可以走自己的路。」

會議結束後，私有制開始在蘇聯實行，計畫經濟的桎梏逐漸被打破，大鍋飯的局面似乎正在消亡。

可惜，政治制度仍舊限制了經濟的發展，戈巴契夫意識到這點，決定大刀闊斧地改革蘇聯的政體。

西元一九九〇年，他提出了多項政治改革措施，包括實施總統制、建立多黨制方針，經過他的一系列努力，民主與自由之火在蘇聯的各個角落燎原了，三權分立也具備了應有的雛形。

此時的東歐各國突然意識到：我們是自由的，是有活力的，不應再受蘇聯的約束，而此時的蘇聯早已像匹骨瘦如柴的駱駝，雖然骨架仍舊巨大，卻搖搖欲墜，隨時可能崩潰。

西元一九九〇年，戈巴契夫因辛納屈主義獲得了諾貝爾和平獎，他在致感謝詞時充滿信心，對著全世界宣稱：「我願意向你們保證，蘇聯的領導層正在為建立一個公開、信任和具有普遍價值的未來而努力！」

就在戈巴契夫的一九八八年改革後，西元一九八九年，東歐各社會主義國家的政體發生了翻天覆地的變化，由波蘭開始，後擴展到華沙條約的各組織國，史達林時期的社會主義制度無一不演變成資本主義制度。

之所以會發生這些變化，是因為在戈巴契夫之前，東歐一直處於蘇聯的控制之下，一些小國甚至沒有自治權，需要仰仗蘇聯的鼻息，這導致東歐國家產生了渴望脫離蘇聯的心理。東歐劇變最終以蘇聯解體告終，象徵著冷戰的結束，但如今的說法是冷戰的結束促成了蘇聯解體。

戈巴契夫。

【小常識】

辛納屈

二十世紀，美國誕生了一位著名的音樂人，他就是法蘭克·辛納屈，一位能與貓王和披頭四媲美的爵士歌手。他的代表作裡有一首《my way》，風靡全球數十年，這首歌的歌詞講述了一段渴望走自己的路，哪怕遇到艱難險阻也不需任何人評判的人生，非常貼合戈巴契夫的對東歐國家的態度，所以他將自己的政策取名為「辛納屈主義」。

99

全球最值得信賴的外交官

科菲・安南

做為全球唯一一個聯結世界的國際性組織，聯合國對任何一個國家都具有重要的作用和影響。

可是偏偏有一個國家並不把它當回事，原因很簡單：該國是聯合國的創始國兼東道主。

答案不言自明，這個國家就是美國。

二十世紀九〇年代末，美國參議員傑西・赫爾姆斯就自信十足地說過一句話：「這個世界上的任何一份合約或法律都無法代替這一份讓所有美國人認為神聖的檔案——美國憲法！」

甚至連聯合國的內部也流傳著一種說法：「有了美國不行，沒了美國絕對不行！」

因為固執地相信自己擁有著英明的決斷，美國不信任聯合國，甚至很多時候在違反國際法辦事，比如西元一九九八年為避免美國公民受到約束，美國試圖削弱國家刑事法庭；再比如美國多年來一直拖欠聯合國的強制性會費，導致這筆款項截止至西元一九九七年，已變成了總價在十億至十三億之間的巨債，再這樣下去，聯合國將瀕臨破產的危機。

有意思的是，美國一貫的盟友英國也在拖欠會費這件事上表達了對美國的不滿，因為若美國不交錢，其他國家就得為美國的債務買單，這是不公平的做法。根據《聯合國憲章》規定，如果一國的聯合國會費拖欠到一定數額，將喪失聯合國的參與決定權。

西元一九九七年，科菲·安南在這樣的困境中登上了聯合國秘書長的職位，而他的前任、第六任聯合國秘書長布特羅斯·布特羅斯-加利就是因為主張擴大聯合國在維和行動中的作用，而被美國政府趕下了臺。

儘管困難重重，安南仍決心向賴帳的美國發出挑戰。

他將自己的第一個拜訪國首都訂在了華盛頓，這一次訪問不僅是要解決美國拖欠會款的問題，更是要緩和美國與聯合國之間的關係。

「據瞭解，貴國在一九九七年的軍費開支達到兩千八百億美元，我完全相信你們有能力償還聯合國的欠款。」安南如是對美國官員說。

令所有人都沒想到的是，他居然成功了，美國同意還債。四年後，美國最終還清了欠費，而美國國會也越發尊重安南，甚至傑西·赫爾姆斯也一改驕傲的口吻，稱讚安南是一位卓越的秘書長。

然而，安南解決的問題只是冰山一角，西元一九九八年，美國代表在羅馬展開了長達七週的談判，目的就在於阻止可與美國決斷力抗衡的國際刑事法院的建立。

在拉丁美洲進行訪問的安南得知這個消息後心急如焚，他急忙中止拉丁美洲的行程，趕赴羅馬幫助制訂國際刑事法院的實施策略。

最終，國際刑事法院在西元二〇〇二年正式成立，但美國仍舊不承認其合法性，所以其暫時還不能行使管轄權。

但無論如何，安南的種種努力讓他獲得了人們的稱譽，他在任期間被稱為「全球最可信賴的外交官」。

西元二〇〇〇年，美國國會代表甚至對聯合國安理會進行了一次訪問，要知道，在那個年代，還沒有一個美國參議員會如此大費周章地出現

科菲・安南。

在聯合國的最高委員會上。

科菲・安南是加納庫馬西人，第七任聯合國秘書長，精通英、法及非洲多國語言。早在西元一九九〇年他未擔任秘書長時，他就在海灣戰爭中表現出色，幫助協調解決西方人質問題和五十萬滯留在海灣地區的亞洲人的疏散問題。

西元一九九八年，他親赴巴格達調解伊拉克武器核查問題，並與伊拉克簽署了友好協定，從而使伊拉克看到了避免捲入戰爭的希望。

有鑑於他的卓越表現，西元二〇〇一年他獲得了諾貝爾和平獎，成為公認的和平使者。然而安南對自己並不滿意，他痛心地看到人權仍在被踐踏，發展中國家也被邊緣化，而沒能阻止伊拉克戰爭的愧疚也讓他深感不安，西元二〇一二年，他主動提出辭呈，不再連任聯合國秘書長一職。

【小常識】

國際刑事法院

國際刑事法院主要是針對締約國中犯有侵略罪行的個人進行起訴和審判的法院，根據《羅馬國際刑事法院規約》規定，必須有六十個國家簽署和批准《規約》後該法院才可成立。截至西元二〇〇六年底，全球已有一百三十四個國家簽署了《規約》，但中國、俄羅斯、印度等國因政治原因持反對意見。

國際刑事法院設於荷蘭海牙，可選擇在其他地方開庭，法官由締約國公民擔任，一共有十八位來自不同國家的法官，法官的任期為九年，因該法院成立與西元二〇〇二年七月一日，所以無權審理該日期以前發生的案件。

100

不僅是一枚胸針

歐布萊特的首飾含意

愛美之心人皆有之，女人更是不例外。每個愛美的女人都或多或少有一些首飾，且對於某一種類型的首飾有著獨特的偏愛。

美國前國務卿馬德琳·歐布萊特就對胸針特別喜歡，而她的胸針竟然有兩百多枚！

政客的一切都帶上了濃濃的政治氣息，難道歐布萊特的胸針真的只是做為裝飾之用嗎？

答案當然是否定的，這些胸針除了具備一般裝扮禮儀的功能，還是歐布萊特表達自己政治語言和立場的武器。

在她執政時期，她以其鮮明的風格被人們譽為「胸針外交」，那些胸針無一不彰顯了她的強烈個性。

其實，歐布萊特佩戴胸針的方式很單一，就是在自己上衣的靠左肩處別上一枚胸針，只是她每次出席會談，挑選的胸針都不一樣，所以由胸針所流露出來的意思也就各不相同。

有一次，她與巴勒斯坦前總統亞西爾·阿拉法特會晤時，佩戴了一枚黃蜂胸針，黃蜂有著令人害怕的毒刺，這正是歐布萊特所要說的，她絕不會妥協。

還有一次，她與韓國前總統金大中見面時，特地選了一枚太陽胸針，希望藉太陽的溫暖來營造出會面的溫馨氛圍，可見她對金大中是持歡迎態度的。

當時的美國總統柯林頓很快就注意到了歐布萊特的胸針，但他知道這是自己得力幹將的一種表達方式，就沒有太在意。可是，俄羅斯領導人普京卻對那些胸針非常好奇，並告訴柯林頓他想解讀不同胸針的意思。結果，歐布萊特在自傳《解讀我的胸針》一書中，將「八卦」的普京寫了進去。

另外，俄羅斯前外長伊萬諾夫也留意到了歐布萊特的胸針，當他跟歐布萊特會晤時，他發現對方別了一枚導彈模樣的胸針，於是傻乎乎地指著歐布萊特的肩膀問：「請問這是美國的攔截導彈嗎？」

「您說得沒錯！」歐布萊特面無表情又不失禮貌地回答：「您也看到了，我們可以把它做到很小，小到幾乎沒有人注意，所以請您做好談判的準備！」

伊萬諾夫悻悻然地打消自己想繼續發問的念頭，此時此刻，他心中一定在嘀咕：這個女人可真不好對付！

不過，歐布萊特也不是每次都如此針鋒相對的，做為經常需要出席外交場合的政客，她更希望能傳達出一種和平的信號。

所以，她經常會佩帶以色列前總理伊紮克·拉賓遺孀贈送的一枚鴿子胸針，有時候還會戴遺孀配套送給她一條鴿子項鍊。

後來，她在自傳中承認，那些胸針確實「行使了重要的外交使命」，代替她完成了「增加親切感或嶄露必要鋒芒的任務」。

馬德琳·歐布萊特是美國歷史上第一位女國務卿，她生於捷克，但因為外交官父親被政府指控叛國而不得不跟隨家人來到美國避難。

歐布萊特在成年後進入政壇，但她沒有想到自己有一天會身居要職。

馬德琳·歐布萊特。

也許是上天垂青於她，她在克林頓總統上臺前認識了對方，當柯林頓成為白宮主人後，歐布萊特也隨之平步青雲，成為聯合國安理會唯一的一位女代表。柯林頓在連任之後，建議歐布萊特出任國務卿，後者雖然已有五十九歲，卻毫不猶豫地答應擔任這一歷來屬於男性的職位，頗有柴契爾夫人的鐵娘子作風。

【小常識】

解讀歐布萊特的胸針

蝸牛、烏龜胸針：談判進度太慢了！

蜘蛛、蛇：我很有耐心吃掉你！

蜻蜓：我是不會放棄的！

熱氣球、瓢蟲、蝴蝶：這次會面真愉快！

貓頭鷹：看來這個對手不太聰明。

雄鷹：趕緊臣服於我吧！

鴿子：我是友好的，不騙你。

蜜蜂：這次談判可能不妙啊！

國家圖書館出版品預行編目資料

讀故事學外交 / 陳安邦著.
－－第一版－－臺北市：宇河文化 出版；
紅螞蟻圖書發行，2017.09
面 ； 公分－－(Discover；42)
ISBN 978-986-456-295-4（平裝）

1.外交 2.通俗作品

578 106014474

Discover 42

讀故事學外交

作　　者／陳安邦
發 行 人／賴秀珍
總 編 輯／何南輝
責任編輯／韓顯赫
校　　對／鍾佳穎、周英嬌、賴依蓮、謝容之
美術構成／Chris' office
封面設計／張一心
出　　版／宇河文化出版有限公司
發　　行／紅螞蟻圖書有限公司
地　　址／台北市內湖區舊宗路二段121巷19號(紅螞蟻資訊大樓)
網　　站／www.e-redant.com
郵撥帳號／1604621-1　紅螞蟻圖書有限公司
電　　話／(02)2795-3656（代表號）
傳　　真／(02)2795-4100
登 記 證／局版北市業字第1446號
法律顧問／許晏賓律師
印 刷 廠／卡樂彩色製版印刷有限公司
出版日期／2017年 9 月　第一版第一刷

定價 300 元　港幣 100 元

ISBN 978-986-456-295-4　Printed in Taiwan